河南师范大学学术专著出版基金资助

# 地方本科院校人事分配
## 制度深化改革研究

黑建敏 ◎著

人 民 出 版 社

# 目　　录

绪　论 ……………………………………………………………… 1

第一章　关于高校改革的文献资料综述 …………………………… 10

　第一节　研究涉及的政策规定和法律法规 …………………… 10

　第二节　研究的现状 ……………………………………………… 17

　第三节　研究现状的评析 ……………………………………… 26

第二章　地方本科院校人事编制改革研究 …………………………… 30

　第一节　高校现存人事编制模式及其弊端 …………………… 30

　第二节　编制问题存在的根源 …………………………………… 42

　第三节　编制改革 ……………………………………………… 45

第三章　地方本科院校权力运行模式研究 …………………………… 81

　第一节　权力的种类和适用范围 ……………………………… 81

　第二节　权力运行中存在的突出问题 ………………………… 86

　第三节　权力运行的规范模式探讨 …………………………… 110

第四章　地方本科院校专业技术岗位设置研究 ……………………… 134

　第一节　专业技术岗位设置原则研究 ………………………… 134

　第二节　特聘教授岗位设置研究 ……………………………… 137

　第三节　终身教职岗位设置研究 ……………………………… 147

　第四节　专业技术岗位职责研究 ……………………………… 155

第五章　地方本科院校聘任制研究 ……………………………… 168

第一节　聘任主体和聘任程序研究 ……………………………… 168

第二节　聘任的合法性研究 ………………………………… 191

第三节　落聘人员的安置形式研究 ……………………………… 201

第六章　地方本科院校考核问题研究 ……………………… 205

第一节　考核的种类和目的研究 ……………………………… 205

第二节　考核内容研究 ………………………………… 211

第三节　考核方式研究 ………………………………… 219

第七章　地方本科院校分配制度改革研究 ……………… 236

第一节　分配制度改革原则研究 ……………………………… 237

第二节　分配制度模式研究 ………………………………… 250

第三节　河南代表院校典型分配模式剖析 ………………… 259

# 绪　论

## 一、教育改革进入攻坚阶段,迫切需要理论方面的指导

自 1999 年开始的由教育部首先倡导、随后中央组织部和人事部共同参与倡导的高校人事分配制度改革,到 2009 年年底已经进行了十年。但是改革还没有结束,因为设定的改革目标还没有完全实现,而且随着改革不断向纵深发展,面对的问题难度越来越大,教育部党组书记、部长袁贵仁对目前的教育改革所处阶段的的评价是:"教育改革已进入深水区,许多问题没有现成答案,需要在科学调研的基础上做到科学决策、科学执政,更加自觉、更加坚定地推进教育改革创新。"①其中的科学决策,就是要加强对改革的理论指导,即解决问题的方案应该整体设计、系统规划、充分论证、分步实施,这无论是对实践工作者还是对理论工作者,都是一种无法回避的责任和义务。

### (一)改革的相关政策规定

2000 年,中共中央组织部、人事部、教育部关于印发《关于深化高等学校人事制度改革的实施意见》的通知,明确规定了本次改革的指导思想和目标。

深化高等学校人事制度改革的指导思想:以邓小平理论和党的十五大精神为指导,认真贯彻实施科教兴国的战略方针,实施《教师法》、《高等教育法》和党中央、国务院关于深化教育改革的一系列重大决策,以合理配置教育人才资源、优化高等学校人员结构、全面提高教育

---

① 《袁贵仁在教育部机关司局级干部会议上的讲话》,http://www.sina.com.cn,2010 年 1 月 2 日。

质量和办学效益为核心,理顺人事管理体制,引入竞争激励机制,加强机构编制管理,进一步改革用人和分配制度,为高等学校的改革与发展提供强有力的组织保证和人才支持。

深化高等学校人事制度改革的目标:通过规范政府及其职能部门、高等学校主管部门与高等学校的职责权限,理顺政事关系,下放管理权限,落实高等学校办学自主权,为高等学校的改革和发展创造良好的社会环境;逐步建立符合高等学校特点的学校自主用人、人员自主择业、政府依法监督、配套措施完善的人事管理新体制;进一步健全高等学校内部的竞争机制和激励机制,转换人事管理的运行机制,搞活用人制度和分配制度。

按照文件要求,这次改革的主体有两个,一是主管高校的政府部门,二是高等学校。前者负责从政策层面理顺高校主管部门与高校的关系,主要从宏观方面进行管理,充分保障高校的办学自主权,为高校的发展创造良好的外部环境;后者负责自己职责范围内的不适合市场经济要求和高等教育自身发展规律要求的改革。具体说,就是改革五个方面的弊端:

第一,教职工事实上属于捧着“铁饭碗”,坐着“铁交椅”,吃着“大锅饭”,缺少工作的内动力;

第二,学校管理机构政府化倾向严重,机构重叠,非教学人员比例过大,冗员过多,人浮于事,效率低下;

第三,用人效益较低,1998 年全国普通高校生员比和生师比分别是 5.1∶1 和 11.2∶1,远低于世界平均水平;

第四,优秀人才和中青年教师待遇偏低,教师积极性没有得到充分发挥;

第五,大量应当由社会负担的工作没有从学校分离出去,过多地占用了学校的编制和经费。

依据时任北京师范大学党委书记陈文博同志的观点,衡量这次高校人事分配制度改革成败的标准为四个“有利于”:“有利于落实高校办学自主权,有利于高校人员结构的整体优化,有利于调动广大教职工的积极性,有利于提高教学、科研水平和办学效益。"

　　在这四个"有利于"中,前两个"有利于"主要是靠政府主管部门转变观念和调整政策来实现的,后两个"有利于"则是要依靠高校自身的改革来实现的,也是这次改革要达到的最终目标。

　　(二)已经取得的改革成果

　　关于教育部规定的从身份管理向岗位管理转变的目标,从公开的资料和了解到的情况来看,除了刚刚专升本的院校需要一段时间进行整合外,绝大部分地方本科院校都实现了岗位管理。以河南省的高校为例,30所公立本科院校中,除了13所刚升本科的院校外,其余17所本科院校全部实行了岗位管理,它们借助高校有利的政策环境、舆论环境、职工较高的心理承受力,以自筹经费的岗位津贴作为调控杠杆,在普遍提高收入的前提下,缓慢但稳妥地转变了管理模式。

　　管理模式由身份管理向岗位管理的转变,可以概括为三个方面:

　　第一,编制意识已经初步建立,人力资源投入已经与办学的社会效益和经济效益联系在一起了。尤其是教育部在全国范围推行的本科教学工作水平评估,将人力资源投入作为一项重要的评估指标来进行评价,客观上强化了高校的编制意识,无论是人员编制还是机构编制,都有了学校自己的选择标准。

　　第二,聘任制在形式上得到了全部的落实。最直观的表现形式就是教职工与学校之间聘任合同的签订,无论是否真正意义上的职工与学校之间的双向选择,至少在形式上确认了职工与学校之间的聘任关系。

　　第三,分配方式上基本摒弃了平均主义模式,进而采用"效率优先,兼顾公平"的模式。这是学校自身积极性比较高的一项改革,一是因为高校之间发展竞争的加剧,促使学校充分利用分配杠杆来调动教职工的工作积极性和主动性,以提高学校的综合竞争力;二是因为地方本科院校发放的岗位津贴是学校自筹经费,筹措难度较大,使用过程中就会分外珍惜,客观上要实现效益的最大化。

### （三）目前和今后一段时间要解决的问题和实现的目标

地方院校的这次人事分配制度改革是在没有同类院校改革模板的情况下开始的，只能是一边探索一边改革。因此改革的理论研究相对滞后，这就带来了一系列急需解决的问题，有必要对改革实践进行系统的总结，从感性认识上升到理性认识。

改革初期的效果确实非常明显，主要是与原来旧体制下运行效果相比反差太大的缘故。但是，随着改革的深入和力度的加大，许多深层次的、以前被遮蔽的问题逐步浮现，到了不得不面对的时候，标志着改革进入攻坚阶段。这些问题表现为改革中要解决的深层次问题，集中体现为三方面的转变，即从定性向定量的转变，从封闭向开放的转变，从形式到实质的转变，包括：

第一，怎样从量的层面确定改革指标的科学性和合理性。包括生师比和生员比的合适参数，班级规模的合适人数，标准工作量的数值，公平度与效率度的具体数值等。

目前改革过程中的这些参数虽然都有具体的量的标准，但不是得到官方或学界认可的标准，而是各学校从经验当中得到的数据，并且不同学校包括同类学校之间的标准差距也比较大，说明对这些标准的科学性还缺乏足够的把握，处于一种想当然的阶段。下一阶段的工作就是找出这些标准后面包含的合理性和科学性，只有从量上解决了这些问题，做到既知其然又知其所以然，才能说高校的改革是一种真正科学意义上的改革，是一种理论指导下的改革。

第二，怎样依托社会保障体系，建立开放、流动的聘任制体系。

高等学校的人事分配制度改革不是孤立的行业改革，而是在全国市场经济体制要求下全面改革的一个组成部分。改革的成功既依靠行业自身的改革积极性和改革理念与改革举措，也当然依靠国家的改革政策支持和社会的环境支持，两方面是相辅相成的，缺一不可。

目前的改革还主要是限于大学校园内的改革，聘任制还只是一种形式上的聘任制，基本上游离于社会之外。这不是学校不愿意将自身的改革融入到社会之中，而是因为社会还不能为高校的聘任制改革提供必要的政策支持,包括落聘人员的社会保障机制和再就业机制,现有人员新旧身份的转换机制等。随着社会上事业单位改革的不断深化,高校改革融入到全社会之中的条件将逐步成熟,各学校面临的问题是如何创造条件在合适的时间点并入社会的问题。

第三,怎样从岗位管理进一步过渡到岗位管理与业绩管理相结合的新的管理模式。

岗位管理相对于身份管理来说,是一种巨大的进步,但岗位管理并不是一种最完美的管理模式,它也存在自身的缺陷和不足。随着改革的不断深化,岗位管理中存在的不尽如人意的地方也逐步被认识到,有些问题也暴露得越来越充分,已经到了不解决这些问题改革就不能继续进行下去的程度。因此,相当多的高校开始了自己独立解决这些问题的探索,正面的经验和反面的教训也越来越多,这为对改革进行全面理论总结提供了沃土。在河南高校中,目前也是按照身份管理→岗位管理→岗位与业绩相结合的管理模式的改革路线图进行改革的,目前大部分高校处于第二阶段向第三阶段的过渡中。

**(四)攻坚成功的条件**

顺利完成改革攻坚阶段的任务,需要具备外部和内部两方面的条件。

外部条件包括国家对改革的政策支持和社会提供的环境支持。前者主要是建立一个协调统一的法律、政策和制度体系,后者主要是为改革提供背景支持和平台支持。目前制约改革到位的因素主要集中在外部条件中,包括新旧用人体制转换过程中无缝对接所需要的政策支持和社会保障体系。但整个发展趋势是正面的和有利的,因为全国范围内事业单位的改革深化为高校的改革创造出良好的外部环境,在高校改革面临突破的临界状态,全社会事业单位的改革也进入到一个攻坚阶段,一系列之前停留在理论上的提法逐步变成现实,如2006年全国范围的第四次工资制度改革,进一步加大了岗位工资、绩效工资与岗位和贡献联系的力度,使"岗变薪变"的改革理念成为现实;2008年2月29日国务院的常务会议,原则上通过了《事业单位工作人员养老保险制度改革试点方案》,确定在山西、上海、浙江、广东、重庆5省市先期开展试点,与事业单位分类改革配套推进,试点的主要内容包括养老保险费用由单位和个人共同负担,退休待遇与缴费相联系,基金逐步实行省级统筹,建立职业年金制度,实行社会化管理服务等。同时作为待岗平台的各级人才交流中心相继成立并开始运营,各种社会保障政策也相继开始实行,这为高校的改革提供了难得的契机和切入点,哪一所高校成功抓住这个机遇,就会内部活力大增,以有利的自身条件投入到新一轮的高校发展竞争中。

内部条件主要包括各高校自身的改革理念和改革举措。随着改革进入突破阶段,面临问题的解决难度空前增加,利益调整越来越具体,改革阻力也越来越大。对高校来说,处于两种可能的选择中:一是认准目标,克服困难,主动创造条件推进改革,迈过最后一道门槛,率先享受改革带来的丰厚成果,大幅度提高学校在同类高校中的核心竞争力;二是坐等条件成熟后再顺其自然进行改革,让社会大环境来消化改革矛盾点。本次改革由政府倡导、高校主导的特点,决定了两种选择都存在现实可能性。

**二、全国范围的地方本科院校改革实践,为理论总结提供了现实可能性**

**(一)地方本科院校的特点**

地方院校是相对部属院校而言的,在数量上是我国高校的主体部分。根据统计资料显示,截至2009年年底,我国共有717所非军事类本科普通高等学校,其中中央部门所属高校106所,占14.8%,地方本科院校611所,占85.2%。

相对于部属院校,地方院校有六个方面的特点:

属于地方政府管理——在管理上虽然参照国家教育行政主管部门的相关规定,但更多的是依照地方政府的规定进行管理,政策指向性和针对性强,便于通过政策进行统一协调,有利于改革中政令畅通。

服务地方经济——服务对象明晰,目标明确,改革效果体现周期短,有利于政府支持。

　　经费有限——相对于部属院校,地方院校中经费不足是普遍现象,决定了地方院校的人事分配制度改革不能主要以经费为杠杆进行调控,而应该更多地通过管理体制和运行机制方面的改革来实现办学效益的提高。

　　师资队伍建设存在薄弱环节——与部属院校相比,地方院校师资队伍数量方面相对不足,质量方面差距明显,决定了改革过程中一定要把留住和稳定高层次人才作为一个重要因素考虑。

　　学校定位明确——从学术层面而言,国家重点大学坚持学、术兼容,尊学为主;地方普通高校坚持学、术并举,崇术为上,以教学科研型和教学型为主,综合性较弱,决定了"类"的特征明显,便于改革中分类指导。

　　管理自主性较大——对改革的认识主要与地方政府发展高等教育的理念和经济发展水平有关系,如果改革认识到位,则可充分发挥较大管理自主性的特点,在人事分配制度改革中体现出更大的力度和更高的速度;如果认识不到位,也可偏安一隅,没有政策等政策,有了政策等意见,有了意见等经验,有了经验等照搬,非强力推动不改。

　　上述特点决定了地方院校的人事分配制度改革,既不能照抄照搬国外高校的做法,也不能照抄照搬国内重点高校的做法,只能走有中国地方院校特色的改革之路。

　　**(二)地方本科院校的改革进程评价**

　　这一轮高校人事分配制度改革仍然是按照先部属院校后地方院校的顺序开展的。

　　清华大学和北京大学率先对人事分配制度改革进行探索,以此为标志,全国范围的高校在这一框架下开始了各自的以人事分配制度改革为龙头的系列改革,包括教学改革和后勤社会化改革,是改革开放后全国高校范围最广、力度最大的一次对原有管理体制、运行机制的变革,地方院校在这样一场广度和力度空前的改革面前,一开始似乎没有做好充分的准备,简单地以为人事分配制度改革就是变相地提高教师的收入,没有认识到这次改革带来的管理体制和运行机制的巨大变化,没有意识到新的资金投入带来的巨大效益,抱怨部属院校改革给地方院校带来了巨大的资金压力和人才稳定压力,使得高层次人才的流失速度大大加快,地方院校与部属院校的差距进一步加大。但随着改革成效的显现,地方院校以前的错误认识渐次得到更正。地方院校已经渐渐地深刻认识到这次改革给学校发展带来的机遇也是空前的,改革积极性随之不断高涨,而且由于地方院校在某些方面具有更大的灵活性,非常适宜于加大改革的力度和速度,因此越来越多的地方院校加入到改革的浪潮中,成为新世纪之初中国改革最具活力的领域,突出地表现为:

——部属院校的改革探索给地方院校的改革树立了样板

部属院校人事分配制度改革逐步显示出的成效,使编制概念首次与教职工的满负荷工作量联系在一起;使岗位职责概念首次与教职工的责任联系在一起;使考核概念首次同评价和收入联系在一起。从而使岗位概念第一次同身份概念相区别,聘任概念第一次同"铁饭碗"概念相区别。所有这些改革理念和措施,前所未有地调动了教职工的工作积极性,教学、科研、管理、服务都在原来的基础上跃上了一个新的台阶,大学校园里洋溢着久违的活力,为没有进行改革、仍在沿用原来管理体制和运行机制的地方院校树立了样板,一场更大规模的高校人事分配制度改革正蓄势待发。

——改革的明显收益激发了地方院校进一步改革的积极性

面对部属院校改革的明显效果,地方院校除了感受到不改革带来的人才流失压力、学校核心竞争力降低的压力外,还从中发现了自身难得的发展机遇,从担心改革到盼望改革,从被动模仿到主动出击;与此同时,改革的外部环境也逐步好转,形成了改革的强烈共识。

### 三、笔者的特殊工作经历促成了本研究的实现

从事本问题的研究,与笔者的身份和经历有关。从 20 世纪 90 年代末到 2008 年,笔者作为河南师范大学人事处的副处长、处长,经历和

参加了高校人事分配制度改革从起始阶段到不断深化的全部过程,对改革前后的变化对比有着切身的认识,对改革中遇到的问题有着切肤的感受。因此,作为改革第一线的直接参与者,对改革进行认真的研究和探索就责无旁贷,其目的是通过研究提升自己对地方本科院校人事分配制度改革实践的认识,实现从感性认识到理性认识的飞跃,再用这些理性认识指导改革实践。

为了制定本单位的人事分配制度改革方案,充分借鉴和吸收国内已经实施改革的高校的成功经验,笔者实地考察了上海市、北京市、广东省、山西省、安徽省、江苏省、山东省和河南省的代表性高校共40多所,收集了大量珍贵的第一手资料。同时,利用网络、报纸和学术期刊收集了大量的关于改革的研究和总结的材料、数据。这些材料既有感性方面的,也有理性方面的,既有部属院校的,也有地方院校的,为多视角、全方位地探索改革的规律提供了现实可能性。

笔者于2004年至2008年在华东师范大学教育科学学院攻读比较教育专业博士研究生,学位论文的选题即是地方本科院校的人事分配制度改革深化研究。在此期间笔者充分利用华东师范大学雄厚的高等教育管理研究的资源,在导师和其他高等教育管理专家的指导下,着重从理论层面对改革进行总结,提高了自己研究的理论水平和研究成果的学术含量。

2006年9月至12月,笔者对以宾夕法尼亚大学为代表的美国高校进行了实地专题考察,考察学校中既有世界一流水平的常青藤集团属下的大学,也有中等水平的大学和社区学院,获得了世界上高等教育最发达国家的高校管理和运作的感性认识,这无异有助于从国际视野审视国内高校的人事分配制度改革的成败得失。

# 第一章　关于高校改革的
# 文献资料综述

## 第一节　研究涉及的政策规定和法律法规

### 一、研究涉及的政策规定和法律法规

### (一)相关文件及法律法规

本次高校人事分配制度改革是依据党和政府的具体要求而展开的,是各高校必须完成的重要任务之一,带有强制性和权威性。由于这次改革涉及的重要内容之一是干部制度改革,因此中央组织部全程参与了改革的文件制定,会同人事部和教育部,下发了一系列改革文件,对改革的指导思想和改革的目标及改革的组织领导等,提出了明确要求。

中央组织部和国家教育部要求各高等学校要在深入调查研究和科学论证的基础上,研究制订切实可行的具体方案,精心组织,周密部署,积极稳妥地推进本校的改革工作。学校党委书记、校长要亲自挂帅,成立专门领导小组,积极推进改革。改革的一些重大措施,要在充分酝酿的基础上,由学校党政领导班子集体讨论决策,注意通过教职工代表大会等多种途径广泛征求教职工的意见。要发挥党组织的政治优势,正确把握改革方向,有针对性地开展思想政治工作,引导广大教职工积极支持和参与改革,认真处理好高等学校改革、发展和稳定的关系,确保各项人事制度改革收到实效,以促进我国高等教育改革与发展各项工作的顺利进行。

对高校人事分配制度改革进行指导和规范的政策、法律、法规共有

14 个(部):

1. 教育部《关于进一步深化高等学校人事分配制度改革的意见》(教人发[1999]16 号)。

2. 中共中央办公厅关于印发《深化干部人事制度改革纲要》的通知(中办发[2000]15 号)。

3. 中共中央组织部、人事部《关于加快推进事业单位人事制度改革的意见》(人发[2000]78 号)。

4. 国务院办公厅转发人事部《关于在事业单位试行人员聘用制度的意见》(国办发[2002]25 号)。

5. 中共中央组织部、人事部、教育部《关于深化高等学校人事制度改革的实施意见》(人发[2000]59 号)。

6.《中国共产党普通高等学校基层组织工作条例》(中共中央 1996 年 4 月 16 日公布)。

7. 河南省委组织部、人事厅、教育厅《关于深化高等学校人事制度改革的若干意见》(豫教人[2003]88 号)。

8.《河南省高等学校坚持和完善党委领导下的校长负责制暂行规定》(豫组[2006]9 号)。

9.《教师法》(1993 年 10 月 31 日第八届全国人民代表大会常务委员会第四次会议通过)。

10.《高等教育法》(1998 年 8 月 29 日第九届全国人民代表大会常务委员会第四次会议通过)。

11.《劳动法》(1994 年 7 月 5 日第八届全国人民代表大会常务委员会第八次会议通过)。

12.《劳动合同法》(2007 年 6 月 29 日第十届全国人民代表大会常务委员会第二十八次会议通过)。

13.《合同法》(1999 年 3 月 15 日第九届全国人民代表大会第二次会议通过)。

14.《工会法》(1992 年 4 月 3 日第七届全国人民代表大会第五次会议通过,2001 年 10 月 27 日第九届全国人民代表大会常务委员会第二十四次会议通过《关于修改〈中华人民共和国工会法〉的决定》)。

**（二）相关文件的主要内容及解读**

这些文件要求的高校人事分配制度改革内容,涉及编制改革、用人制度改革和分配制度改革三部分。

1. 编制改革

（1）对编制改革的重要性有着高度的共识

编制改革涉及人力资源的投入成本和效益,与办学效益密切相关,历来是国家教育主管部门十分重视的工作,其重要性无论是在计划经济体制下还是市场经济体制下,都不会得到削弱。

编制问题的重要性涉及两个方面:

第一,学校人员编制标准是政府对教育人力资源投入水平的反映,也是教育发展的基础。国家确定学校人员标准,首先应考虑基本保证各级各类教育的发展,并确保学校能够完成国家赋予的教育教学任务;其次才是努力提高用人效益。低水平的教育质量,即使用人效益再高,也不可能有办学的高效益。因此,确保学校教育教学质量是研究各级各类学校编制标准的前提和基础。

第二,学校的教育教学任务和教师工作量标准是确定学校人员编制的逻辑起点。

（2）编制改革的原则

《中共中央组织部、人事部、教育部关于深化高等学校人事制度改革的实施意见》(人发[2000]59号)对高等学校编制改革的原则作了明确规定:"按照'总量控制、微观放权、规范合理、精简高效'的原则进行高等学校机构编制改革。理顺编制管理体制,实行国家制定编制法规和实施宏观控制、高等学校主管部门贯彻编制法规和进行检查评估、高等学校遵守编制法规和有效实施编制管理的管理办法"。这是进行编制改革的总的指导思想和原则。

（3）编制问题涉及的学校利益

编制问题涉及的主要是各高校的经济利益,包括长远的经济利益和短期的经济利益:

——与政府部门对学校的拨款联系在一起。按照河南省现行的高校拨款机制，编制内的人员经费足额拨付，超编人员不享受政府的拨款。

——与学校补充人员的数量联系在一起，涉及人员经费。学校在确定补充人员数量时，首要考虑的因素是编制标准，在政府没有制定统一的编制标准时，学校会制定自己的编制标准。目前各个高校都有编制标准，它们之间差别巨大，到了亟须统一和规范标准的时候。

——与学校可持续发展联系在一起，涉及办学的经济效益。在目前高校用人制度还没有改革到学校具有独立的用人自主权时，补充新人员是一笔可观的经济投资。根据测算，每接收一名应届毕业生到学校工作，退休之前学校的经济支出都在120万元以上，再加之目前通行的高校自己解决职工的福利问题，使得学校尽可能控制进人数量，甚至到了影响教学质量的程度。

（4）编制标准的滞后、紊乱和难产

现在能够作为编制标准和依据的主要有四个文件，一是原国家教育委员会1980年出台的《高等学校编制规程》；二是教育部［1999］16号文件提出的到"十五"末全国高校平均生师比为14∶1；三是教育部《高等学校编制规程》（第十一讨论稿）；四是教育部目前实行的全国高校本科教学水平评估规定的优秀、良好和合格的生师比标准。这四个文件有三方面的共同特点：

第一，滞后现实。即使是目前生师比标准最高的本科教学水平评估所规定的编制标准，与实际情况相比，也有较大的差距，无论是部属院校还是地方院校，由于大规模扩招的外部条件和现代教育技术的长足发展的共同作用，在追求经济效益的驱动下，全国高校的生师比基本上都高于这个标准。

第二，相互之间冲突、紊乱。无论是生员比、生师比的数据标准，还是它们的内涵标准，都存在冲突的地方，彼此既无外部的历史联系，也无内部的逻辑联系。

第三，不能作为权威的、具有可操作性的编制标准。教育部1980

年的《普通高等学校编制规程》虽然权威和具有可操作性,但早已过时,不具有实用性,其他两个标准仅能作为参考,不具有可操作性。

(5)编制改革的方向

学校编制管理改革将在两个方向进行,一是政府方面的宏观管理,二是高校内部的微观调控,应主要着眼于建立一种新的运行机制和管理模式,目标是既加强政府对编制的宏观调控,又同时建立学校的自我约束机制。目前我国编制管理中存在的"宏观管不住,微观搞不活"的弊端,主要是政府和高校在编制问题上权责没有划分造成的。[详见《普通高等学校编制管理规程》(草案),1999年9月27日第十一稿,教育部人事司副司长吕玉刚在《中国高等教育》2005年第7期发表的文章《深化高校人事制度改革的几点思考》]。

文件中只有对编制重要性和编制管理中存在的问题的认识及编制改革的基本思路,但对最重要的编制参数却没有结论,只能靠学校在政府编制管理不到位的情况下自行探索。

学校对编制改革的探索,注定因其复杂性要经过一段较长而困难的过程,教育部从1995年开始组织力量研究高校编制管理规程,到1999年共出台了11稿草案,但目前仍然没有定稿,足见其复杂性和艰巨性。

2. 用人制度改革

这是改革的最实质性部分,也恰恰在这最重要的部分上,改革实践中进展最慢、受制因素最多。对现状的总结可以表述为"以文件落实文件,以通知贯彻通知",只有目标,没有措施。

《中共中央组织部、人事部、教育部关于深化高等学校人事制度改革的实施意见》(人发[2000]59号)对高等学校人事制度改革的目标和措施作了明确的规定。

(1)目标

"深化高等学校人事制度改革的目标是,通过规范政府及其职能部门、高等学校主管部门与高等学校的职责权限,理顺政事关系,下放管理权限,落实高等学校办学自主权,为高等学校的改革和发展创造良好的社会环境;逐步建立符合高等学校特点的学校自主用人、人员自主择业、政府依法监督、配套措施完善的人事管理新体制;进一步健全高等学校内部的竞争机制和激励机制,转换人事管理的运行机制,搞活用人制度和分配制度。"

"进一步强化竞争机制,改革固定用人制度,破除职务终身制和人才单位所有制,按照'按需设岗、公开招聘、平等竞争、择优聘用、严格考核、合同管理'的原则,在高等学校工作人员中全面推行聘用(聘任)制度。学校根据学科建设和教学、科研任务的需要,科学合理地设置教学、科研、管理等各级各类岗位,明确岗位职责、任职条件、权利义务和聘任期限,按照规定程序对各级各类岗位实行公开招聘,平等竞争、择优聘用。学校和教职工在平等自愿的基础上,通过签订聘用(聘任)合同,确立受法律保护的人事关系。"

(2)措施

"按照'老人老办法'的原则,对本实施意见实行前原学校教职工中的落聘、待聘人员,采取校内转岗聘任等办法,以及鼓励高等学校教师到其他大学、高职、专科学校或中小学任教,形成合理的梯次流动。对少数因身体原因等不适合继续工作的教职工,可按照国家有关文件规定办理退休手续。"

"有条件的高等学校可设立校内人才交流中心,主要承担本校教师及专业人员的人才交流工作。待聘、落聘等富余人员可通过高等学校人才交流中心与所在地政府人才交流机构形成的网络,在学校之间、地区之间进行流动,也可由所在地政府人事部门所属的人才交流机构实行人事代理。"

对改革中最困难的部分,文件在任务分工上对高校承担的部分做了详细的规定,但对政府应该提供的相应政策保障和措施保障,则粗略带过或没有提及,如怎样建立对事业单位职工的社会保障体系,政府在管理高校中如何简政放权、转变职能以落实高校办学自主权等,都没有具体的措施,这是制约人事分配制度改革深化的重要政策因素。

由中共中央组织部、人事部、教育部共同下发的关于高等学校人事制度改革的文件,是目前为止关于高等学校人事制度改革的最权威文件,也是对用人制度改革表述最全面的文件,从改革的目标到改革的措施,都有具体的要求。但将这些要求变成现实,却是一项宏大的工程,需要具备主观和客观两方面的条件:主观方面需要学校具有改革的积极性,能够结合学校自身的实际情况,循序渐进地逼近改革目标;客观方面需要政府创造必要的外部条件,与学校的改革配套。但在改革实践中,无论是主观方面还是客观方面,都存在制约改革的因素,使这一部分的改革艰难而曲折,但总体上是向前推进的。

对地方本科院校来说,这一部分的改革,给了高校充分发挥主观能动性的空间。

从积极方面看,较大的弹性政策空间,使得学校可以根据自身的实际情况,探索出一条新路,既使学校从改革中受益,也反过来促使政府改革政策的完善。

从消极方面看,这一部分改革的风险性也最大,对组织者的能力、智慧和魄力都是一种严峻的考验,如果知难而退,也是在政策许可的范围,完全可以实施有名无实或改换包装的用人制度改革。

3. 分配制度改革

这一部分规定的原则比较明确,"效率优先,兼顾公平"的分配原则在所有文件上都是相同的,"在国家政策指导下,进一步加大搞活学校内部分配的力度,扩大学校分配自主权,建立重实绩、重贡献、向高层次人才和重点岗位倾斜的分配激励机制","高等学校要积极探索适合本单位特点的多种分配形式和办法,根据'效率优先,兼顾公平'、'生产要素参与分配'的原则,探索建立以岗定薪、按劳取酬、优劳优酬、以岗位工资为主要内容的校内分配办法。"①

将分配原则落实到改革实践中时,还要解决一系列棘手的问题:效率度与公平度如何把握? 在效率与公平的哪一个平衡点上才能确保学

---

① 中共中央组织部、人事部、教育部《关于深化高等学校人事制度改革的实施意见》(人发[2000]59号)。

校的可持续发展？改革深化到一定程度时，效率与公平的平衡点又应该怎样变化？解决这些问题没有统一的答案，需要各学校根据自身的情况去摸索和总结。

## 第二节　研究的现状

如火如荼的高校人事分配制度改革实践，必然带来对改革的理论探讨和总结。新一轮十余年的改革，渐次催生了大批相关研究成果，这些成果在指导改革实践的过程中发挥了一定的积极作用。然而，毋庸讳言，由于这次改革没有统一的、可资完全借鉴的模板，使得改革模式具有多样性，相应的理论探索也同样具有多样性，研究者必然受自身经历、观察改革的视角、选择个案范围等因素的制约，使相关理论研究成果具有一定的局限性，这也为进一步研究提供了较为广阔的空间。

关于目前我国高校人事分配制度改革中存在的突出问题，教育部人事司副司长吕玉刚总结为三个方面：①

第一，2003 年以来新一轮改革的关键词：建立学术生涯早期的竞争淘汰与晚期的职业保护相结合的用人机制；向优秀学术人才进行政策倾斜；推行教师岗位分类管理；实行教师公开招聘；教师聘任管理重心下移；教师聘任工作中充分发挥教授的作用；淡化资格评审，强化岗位聘任；推进灵活多样的弹性用人机制。

第二，教师聘任制改革应重点突出 7 个方面的转变：

（1）由封闭式管理向开放式管理的转变。

（2）由重资格评审机制向重岗位聘任机制的转变。

（3）由论资排辈向竞争择优、激励约束机制的转变。

（4）由行政任用关系向平等协商的聘任合同关系转变。

（5）由单一的用人形式向灵活多样的弹性用人机制的转变。

---

① 吕玉刚：《深化高校人事制度改革的几点思考》，《中国高等教育》2005 年第 7 期。

（6）由教师岗位职数控制向结构比例宏观指导转变。

（7）由依靠教师个体能力单兵作战向创新团队协同攻关转变。

第三，职员制改革试点情况：

（1）探索建立职务与职级相结合的职员管理制度。

（2）进一步强调职员分类管理，抓好岗位设置工作。职员聘任制度应与教师聘任制度改革同步进行，完善聘任合同。

（3）管理的相关政策和程序。

（4）职员薪酬制度设计应与国家人事工资政策和标准接轨。

（5）根据岗位职责确定相应的考核标准和办法。

吕玉刚的特殊身份，决定了其观点具有权威性和代表性，事实上与改革相关的研究基本就是围绕上述问题进行的。具体说：

1. 关于编制改革

这一部分涉及两方面的问题，一是人员编制；二是机构编制。这两部分的研究都不多，似乎研究者认为编制问题是政府部门的事情，个人研究的意义不大。为数不多的研究文章中也只是提出了编制方面存在的问题，重申编制管理的原则等，对如何根据高校现有实际情况确定生员比和生师比，则没有相关研究。例如：

华北电力大学人事处屈朝霞和杨实俊同志对编制管理问题是这样认为的："2000 年中央编办的文件（征求意见稿）有两个主要问题需要进一步研究和完善，一是分类问题，《规程》主要按理工、财经政法、农林、综合等学科对高校进行分类，已不适应高校的发展变化。1998 年以后，涵盖理工、人文、农业、医学等学科的综合性学科越来越多，且原编制规程没有艺术类院校的编制标准，需要补充。二是生师比标准需要调整，2001 年全国高校当量生师比为 18.22 ∶ 1，《规程》的标准在 14 ∶ 1 左右，已明显偏宽。"①

---

① 屈朝霞：《深化高校人事分配制度改革的思考》，《黑龙江高教研究》2005 年第 9 期。

　　杜亚刚、王立彬提出了编制的四重属性问题①,提出编制的科学属性、经济属性、法规属性、行政属性。

　　李广达列举了目前编制管理中存在的问题②:编制与经费统一的弊端,编制标准滞后的弊端,编制标准本身的弊端,编制管理限制了人员流动,编制管理限制了学校特色的发展;提出了淡化政府对高校编制管理的可行性:编制管理的作用已经退化;淡化企业编制为淡化高校编制创造了良好的社会环境;高校编制的分类管理已为淡化编制管理创造了有利条件;有的原部属院校的管理体制为淡化编制管理提供了经验;随着高等学校自筹经费能力的增强,政府通过控制编制来控制经费的作用逐步减弱,从而使淡化编制成为可能。

　　翁子健提出的编制管理改革的意见是③:确立编制的权威性;解决编制管理滞后性问题;改革政府拨款体制,实行编制与人员经费脱钩;转变政府职能,发挥高校自主办学权利。

　　还有一些学者从中外高校比较的角度,进一步提出我国高校编制管理方面存在的问题。例如:

　　文东茅提出了确定编制标准时需要考虑的一个重要问题是班级规模问题④,并比较了中美大学的班级规模。

　　李建忠介绍了印度高校的人力资源配置情况,包括教师队伍的结构组成、整体生员比和生师比情况⑤。

　　张驰、张斌贤介绍了美国不同种类大学的生师比和班级规模数⑥。

---

　　①　杜亚刚:《对编制管理改革的思考》,《辽宁工学院学报》2003 年第 2 期。
　　②　李广达:《淡化编制管理,扩大高校办学自主权》,《辽宁教育研究》2003 年第 11 期。
　　③　翁子健:《高校编制管理探微》,《福建农林大学学报(哲社版)》2006 年第 9 期。
　　④　文东茅:《中美著名大学规模与结构的比较》,《中国高教研究》2002 年第 6 期。
　　⑤　李建中:《印度高校内部人力资源配置和管理》,《比较教育研究》2001 年第 12 期。
　　⑥　张驰:《美国大学与学院的生师比和班级规模》,《教育发展研究》2002 年第 1 期。

程晋宽介绍了美国大学教师的工作量情况①。

科学的高校内部管理机构设置和运作模式,可以彻底改变高校目前机构设置政府化、运行官僚化的状况,克服工作效率低下的痼疾。涉及机构设置的数量,机构的名称和工作内容,运转机制等,目前还没有发现相关研究文献,估计主要是把这项工作视为上级政策规定的范围。实际上,机构设置是高校办学自主权的重要组成部分,学校在这方面大有作为,有必要进行理论探讨。

与编制有关的还有一个重要问题目前的研究中还未触及,即编制数与聘任数的关系。按照传统的观念,聘任数与岗位数有关,而岗位数又必须在编制数的范围以内。这实际上是一个非常狭隘的理解,是束缚思路的保守理解。从本质上理解编制,它实际上是一个经济指标,是人力资源投入的一个量化的经济指标,在工作中应该作开放式的理解:在编制限额涉及的经费投入额内,学校可以有多种用人方式,包括外聘、返聘、短聘、人事代理等,对这些新的用人方式涉及的数量、管理等问题,目前的研究几乎没有触及,非常有必要做理论上的探讨。

除此之外,如何从本质上认识编制的功能,并对编制功能进行充分地开发,是一个理论性、实践性兼而有之的重要问题,有必要进行深度探讨和研究。

2. 关于用人制度改革

用人制度改革的主要内容是由身份管理转为岗位管理,关键词是设岗、终身教职设立(无固定期限合同)、岗位职责、聘任、分流和考核,是整个改革中最重要的部分,也是从理论上研究最多的部分,对现实中存在弊端的分析、改革的原则、需要处理的重要关系、理想的用人制度模式等,都有比较透彻的分析和研究。

这部分的主要内容包括:

(1)从身份管理转变为岗位管理,再进而发展到岗位管理与目标管理相结合,标志着高校用工方式与国家经济体制要求的适应度越来越高

---

① 程晋宽:《美国大学教师工作量浅析》,《高等教育研究》2005 年第 6 期。

在计划经济体制下,高校实行人才单位所有制,实行的是身份管理,身份与各项待遇联系在一起,用管理体制保护了惰性;在市场经济体制下,人才市场化,人力资源的配置通过市场机制调控,优胜劣汰,用机制激发职工的工作积极性和创造性。新的用人模式是市场经济体制的必然要求。

(2)关于高校专业技术岗位的设置

学校类型的科学划分:教育部《关于加强高等学校教师队伍建设的若干意见》中规定了不同类型高校的专业技术人员岗位设置数量,把高校分为研究型大学、研究教学型大学、教学研究型大学和教学型大学,地方本科院校如何对号入座,找准自己的位置,是岗位设置的基础性工作。

不同类型高校中高级职务数占专业技术人员总数的合适比例:国外同类院校的设岗比例给我们什么启示,地方本科院校如何根据自身特点确定这一比例。

设岗的原则:"按需设岗,精简高效;保证重点,兼顾一般;动静结合,微观调控;虚位以待,宁缺无滥"能否作为设岗原则,是一个兼具理论性和实践性的问题,对岗位管理至关重要。

岗位职责的确定:怎样体现岗位职责的内容和职责标准的群众性和挑战性,是实行岗位管理最重要的前提,直接与改革效益相联系。

(3)建立符合国情特点的、真正意义上的聘任制,是激发职工工作积极性和创造性的长效机制,是人力资源管理方面与国际先进模式接轨的重要标志

这是改革深化的突破点,是改革理论研究的热点。涉及的主要内容是:

聘任制从单纯的形式走向形式与内容的统一:不再是身份管理的翻版,通过低职高聘和高职低聘来体现改革的力度,显示淡化身份管理的决心。

建立高聘和低聘的控制机制:防止从一个极端走向另一个极端。

适应高等学校的特点,建立学术早期竞争、晚期保护的机制:如何

实行有中国特色的全员聘任与终身教授制相结合的聘任制。

聘任制与相关法律、法规、规章的衔接：主要是国家政策规定和学校政策规定与《劳动法》、《合同法》、《民法》等法规的衔接。

退出机制：涉及落聘人员的待遇、管理，人才交流中心的调控作用等。

（4）建立科学的考核体系，是实现人事分配制度改革目标的根本保证

这是实现岗位管理的关键环节，没有考核就没有岗位管理。但现实考核中问题比较多，主要是如何适应高校专业技术人员和党政管理人员的职业特点设计考核方案做得不够，以至于要么流于形式，要么机械照办企业的考核方式，带来诸多问题。目前这方面的研究内容比较多，共识也越来越多。主要内容是：

系统化的考核理念：考核的指导思想，考核与改革目标实现的关系，高校知识分子的工作特点，科研数量与质量的关系，年度考核与聘期考核的关系等。

考核模式：建立一套适合中国高校知识分子特点的评价体系。

（5）关于高校中运行的五种权力定位问题

改革中涉及五种权力的运行，包括党委权力、行政权力、学术权力、职工民主权利和学生权力，这五种权力应该如何定位和有序运行，是一个应该下大力气研究的问题。

所有这些内容的研究，目前的文献中均有体现，在理论层面已经比较完善，例如，西南师大的陈时见、华东师大的王小明等人认为，在高校实行党委领导下的校长负责制的过程中，由于认识上的差异和各高校内部环境及条件的不同，在实践过程中难免出现新的情况与新的问题，主要表现为：班子重叠，职责不明，管理效率偏低；以党代政，以政代党，人际关系紧张；领导不负责，负责不领导，工作流于形式①。

_____

① 陈时见、王小明：《正视问题　研究对策　践行党委领导下的校长负责制》，《中国高等教育》2003 年第 23 期。

　　集美大学的叶美萍认为,聘用制改革中应该避免的问题是人才流失,难点问题是科学设岗问题,聘用办法问题,教师工作评价问题,经费问题。①

　　中国人民大学校长纪宝成认为,实施聘任制时要处理好几种关系:

　　——高校办学目标与教师自身价值的关系,拔尖人才培养与学术梯队建设的关系,拉开收入差距与保证分配公平的关系,队伍稳定与人员流动的关系,职责重心下移和宏观指导监督的关系,统一思想、政策与因校制宜、分类实施的关系,改革、发展与稳定的关系。

　　他对改革与完善教师聘任制的措施与建议是:

　　——科学设岗,实现教师资源的合理配置;

　　——健全教师职业准入制度,拓宽用人渠道,探索新型用人方式;

　　——建立科学全面的绩效考核机制;

　　——加强聘后管理,建立学术信用制度;

　　——实现三个转变,形成以能力建设为核心的教师发展制度;

　　——积极为改革和完善教师聘任制度争取良好的社会环境和条件。②

　　华中科技大学党委副书记刘献君认为,聘任制改革中应把握的关系是确立教师和学校新型的关系,推进现代大学人事制度的建立;通过岗位设置,大力推进学科建设;推动教师进行反思,明确自身发展方向;充分调动教师的积极性、主动性和创造性。③

　　清华大学常务副校长何建坤认为,在聘用中应该按岗位职责划分职务系列,实施人才队伍分类管理;严格规范教师职务系列,提高教学科研水平;提高实验技术队伍素质,为教学科研提供有效技术支撑;完

　　① 叶美萍:《谈地方院校聘用制改革》,《中国高等教育》2005 年第 3 期。
　　② 纪宝成:《以改革精神把教师聘任制完善和实施好》,《中国高等教育》2005 年第7 期。
　　③ 刘献君:《把握方向,实现教师聘任制预期目标》,《中国高等教育》2005 年第 7 期。

善教育职员制度,实现高校管理工作的职业化。①

华东师范大学师资办主任唐玉光认为,教师职务聘任制需要终身教授制的补充,理由是:教师职务聘任制是一把双刃剑,需要扬长避短;"终身职位"制度可以克服教师职务聘任制中的消极因素,因为大学是研究高深学问的场所,学术活动的最主要的目的是通过研究发现知识和通过教学传播知识,而知识的创造和传播有自身的特点和规律,它的目标是长期的,因而具有一定的模糊性;它的价值是广泛的、难以计量的,具有长效性;它需要一个宽松的、稳定的支撑环境;实施过程中要抓住的三个关键问题是聘任条件要注意社会的公认度,聘任要求要强调终身教授的岗位职责,岗位管理要注重自我管理和自我激励。②

首都师范大学教务处谢新水认为,高校法权威的建构及其途径应该是科学定位两种权力及其作用领域;形成良好的法律关系;建立法权威基础上的科学决策机制;建立权力运行中的程序规范。③

北京大学光华管理学院院长张维迎提出的"校长治校、教授治学"观点:"Wiliam Brown 认为,教授对大学事务的最优参与度与决策类型有关。他把大学管理决策分为两类,一类是学术事务,另一类是行政管理。前者包括课程的设置,学位的设置,业绩的考核,教员的聘用等,后者包括资源的分配,新学科的建设,教员的编制,院长的任命等。他们发现,教授参与管理学术事务的程度越高,学校的业绩表现越好;而教授参与管理行政事务的程度越高,学校的业绩表现越糟糕。原因在于:在参与学术性事务方面,教授不仅有信息优势,而其个人利益与组织的目标不冲突;相反,在参与行政事务方面,教授不仅没有信息优势,而且其个人利益往往与组织的目标相冲突。"④

---

① 何建坤:《实施岗位分类管理,促进人才科学聘用》,《中国高等教育》2005 年第8 期。

② 唐玉光:《教师职务聘任制需要终身教授制的补充》,《中国高等教育》2005 年第9 期。

③ 谢新水:《突破高等学校权力"两分"的思维模式》,《复旦教育论坛》2005 年第5 期。

④ 张维迎:《大学的逻辑》,北京大学出版社 2003 年版,第 39 页。

　　杨光钦认为,大学的弊端之一就是"学术权力弱化,等级制度明显,官本位意识根深蒂固。①

　　从上述研究可见,高校人事分配制度改革在理论层面已经探讨得比较完善,所缺乏的是对具体改革实践的分析和相关理论研究成果实施必要条件的研究。对高等学校人事分配制度改革的政策要求,即使从 2000 年算起,到目前为止也已 10 年,聘任制度给高校带来的优越性从文件到研究成果,都已经说得透彻明白,但实际上还有许多地方本科院校仍然停留在身份管理阶段,或者名义上实行了岗位管理,但实质上还是身份管理,原因究竟出在哪里? 目前的研究中没有涉及。这就非常有必要从实践和理论上加以澄清:什么是真正的岗位管理,其主要标志是什么? 制约岗位管理的内部和外部条件是什么? 岗位管理还存在什么弊端,进一步改进的目标和途径是什么? 另外,国外的相关做法对国内高校有多少参考价值,适用条件是什么,也需要深入研究,目前这方面的研究也没有涉及。如国外大学的终身教职做法,地方本科院校如何借鉴其带来的稳定高层次人才的积极意义,加以本土化改造,为我所用,是一个值得花力气研究的现实问题。

　　3. 关于分配制度改革

　　与身份管理相适应的分配模式是平均主义的"大锅饭",干多干少一个样,干好干坏一个样,甚至干与不干一个样,严重挫伤了职工的工作积极性。在岗位管理模式下,分配与完成岗位职责联系在一起,实行的是效率优先、兼顾公平的分配原则,真正实现了多劳多得、优劳优酬,从分配导向上鼓励职工充分发挥自身潜能,实现人生价值。

　　这方面研究内容比较多,观点也比较多,但主要是理论层面的原则性研究,即定性研究。在操作层面的研究,如怎样评价一个分配体系的公平度和效率度,公平与效率对学校可持续发展的影响是什么,则现有的研究中没有涉及。实际上,改革实践中的主要问题是效率与公平的平衡点如何把握,这是改革深化中非常现实的问题。因为在改革初期,

---

　　①　杨光钦:《大学改革》,社会科学文献出版社 2005 年版,第 51 页。

职工对经济收益的比较,主要是进行自身的纵向比较;而到改革后期,则更多地进行经济收益的横向比较,如果在收益上"度"的把握出现问题,就会影响职工工作积极性的发挥。主要的研究成果如:

西安交通大学李玉华认为,目前考核中存在的缺陷是考核定位模糊;考核指标笼统;考核方法不科学;考核结果利用乏力。建议建立指标体系的三个结合:干部个人考核与单位考核相结合;重点工作考核与一般工作考核相结合;共性指标与个性指标相结合。①

东北师范大学党委书记孙家学认为,构建科学的教师考评体系应该建立适应学校发展的考评理念;要与学校的办学理念和发展定位相适应;要与师资队伍建设目标相衔接;要与建立宽松的环境相结合;要与成果评价的导向相一致;要坚持实事求是原则。同时要合理选择灵活多样的考核方式。②

安徽理工大学校长张文祥提出了"捆绑式"量化考核的想法,他认为现行考核制度只考核人,不考核事,人、事考核脱节,应该实行"捆绑式"考核,使单位、领导和员工成为一个"利益共同体",同时下放管理权限,赋予院系更多的自主权和调控权。③

## 第三节　研究现状的评析

对目前研究现状的整体评价可以概括为"四多四少"现象:

### 一、涉及具体问题的多,整体层面上研究的少

目前关于高校人事分配制度改革的研究结果,主要是涉及某一方面具体的问题,如聘任问题、分配问题、考核问题等,从整体上系统研究

---

① 李玉华:《建立科学可行的高校中层管理干部绩效考核机制》,《中国高等教育》2005 年第 10 期。

② 孙建学:《构建科学的教师考评体系》,《中国高等教育》2005 年第 10 期。

③ 张文祥:《谈"捆绑式"量化考核的实践》,《中国高等教育》2005 年第 10 期。

高校人事分配制度改革的少。这主要有两方面的原因,一是因为改革还处在一种经验探索阶段,还局限在高校自身范围内所致,只有高校的改革融入全社会事业单位的改革中,才可能出现对高校改革的整体研究;二是相对缺少既有丰富的高校人事分配制度改革实践第一线的经验又擅长理论总结的研究人员。如关于考核问题的研究,多数论文涉及的主要内容是考核的方式怎样改进,考核中的几种关系如何兼顾,而怎样从系统论的角度研究考核与实现人事分配制度改革目标的关系,怎样定位高校专业技术人员在管理工作中的人性假设等整体层面上研究考核问题的,则比较少。

### 二、经验方面的多,理论方面的少

　　某些问题在实践过程中获得了满意结果,就进行经验总结,很少上升到理论方面进行分析和研究,因此许多成果都属于经验交流性质的,不利于改革向纵深方向发展。这主要是因为研究者大都是改革一线的组织者和参与者,研究的目的主要是解决改革中遇到的实际问题,缺乏从学术视野总结改革的一般性、规律性的成果。

　　最明显的如编制问题,这是人事分配制度改革首先要涉及的问题,从某种程度上说是改革的逻辑起点,它的主要参数是生师比和生员比,由于它直接与国家对高校人力资源的投入和收益联系在一起,长期以来一直是由国家教育行政部门统一规定的,各学校自己无权改变,目前国家教育行政部门在编制方面的工作已经远远落后于改革的实际,拿不出一个符合高校实际的指导性意见,而高校的人事分配制度改革首先面对的就是无法绕过的编制问题,于是各个参与改革的学校都根据自己的实际情况制定了自己的编制标准,结果生师比参数横跨12∶1到21∶1,甚至更大,是改革中最无序的部分。而如何论证该参数的合理性,则主要是凭感觉确定。实际上,生师比的确定是一个非常复杂的问题,教育部从1995年对编制问题进行调研,到目前已进行了10年,但只出台了第11个讨论稿,足见其复杂程度之高,这涉及一系列理论方面的分析和研究。从理论方面澄清参数的合理性,对指导改革来说至关重要。

### 三、部属院校的多,地方院校的少

由于高校人事分配制度改革最先是从部属院校开始的,因此对改革的总结和研究也是部属院校方面的多,同时理论界似乎有一种默契,认为总结和研究出了部属院校的成果,地方院校直接参考就可以了,忽视了地方院校和部属院校的差别决定了在改革过程中的不同思路和做法。这主要是因为在我国高等教育的发展过程中,一直存在地方院校比部属院校慢半拍的现象,部属院校的今天就是地方院校的明天,导致改革的理论研究同样不合拍的现象。

实际上,在改革中忽视地方院校与部属院校的差别而生搬硬套的做法是非常危险的,在实践中已经出现过惨痛的教训。如关于聘任问题,对部属院校来说,学校处于买方市场地位,聘任中可以基本不考虑教师的流失问题,而对地方院校来说,学校基本上处于卖方市场地位,如果不考虑教师的差别而采用一刀切的做法,很可能会出现聘任的过程就是人才流失的过程;再比如岗位职责的确定,如果不考虑两类学校整体素质的差别,在科研上执行部属院校的标准,就会使大部分教师经过努力也不能完成岗位职责,使改革失去群众基础,最终导致改革的夭折。

### 四、国内研究的多,国外研究的少

对于西方发达的工业化国家,经过长期的探索和完善,在高等教育方面已经形成了相对完善的与经济发展体制相适应的发展模式,因此对于中国这种从计划经济向市场经济过渡过程中的特殊发展阶段,如何进行高校人事分配制度改革,不存在研究的社会基础,也不会有相关的研究成果。而国内的情况则完全相反,在国家经济体制从计划经济向市场经济过渡的过程中,高等教育如何适应经济体制的变化,建立一种与其适应的管理体制和运行机制,是一个无法绕开的问题,必须做出选择,因此国内的研究成果较多。但是,西方发达国家高等教育发展过程中的许多做法和参数标准,可以作为中国高校改革的重要参考,如同类院校的生师比和生员比参数,教授终身制的相关规定等,但这种参考不能是照抄照搬,对地方本科院校来说尤其如此。因为不同的国情和不同做法依托背景的差异,处理相同的情况就不能用相同的方法。如美国大学的上课班级规模,小班(20人以下)比例达到85%以上,50人以上班级属于大班,只占10%左右,而我国地方本科院校在连续扩招的政策背景下,平均班级规模都在100人左右,不是学校不知道小班上课的好处,而是硬件设施限制了学校的选择,这是短期内无法克服的问题。这样与班级规模有关的教师工作量、编制核算等,就不能照搬国外的做法,而应该探索具有中国特色的循序渐进的改革模式。

# 第二章 地方本科院校人事编制改革研究

编制改革是高校人事分配制度改革的首要问题。为此,在廓清高校现存人事编制管理模式及其弊端,并深入分析高校现存人事编制管理模式之弊端根源的基础上,提出具有针对性与创新性的编制管理改革策略,才能为高校人事分配制度改革的全面深化奠定基础。

## 第一节 高校现存人事编制模式及其弊端

目前,我国地方本科院校的人员编制普遍是由地方政府主管部门控制或管理的。这样的管理模式无论是管理内容,还是管理方式,均存在着严重脱离高校发展实际的现象,已经成为制约高校可持续发展的重要因素之一。李广达同志以辽宁省的实际情况为例,将政府对高校编制管理的弊端总结为四个方面①:编制与经费的统一,是学校吃国家经费"大锅饭"的体现;编制标准严重滞后;编制管理限制了人员流动;编制管理限制了学校特色的发展。他总结的虽然是辽宁省的情况,但这也是全国范围内的共性问题,这一问题因此在河南省同样存在。

河南省编制委员会(常设编制办公室,负责具体工作,与人事厅合署办公)是河南省高校编制管理的政府主管部门,目前在编制管理方面对高校实行的是用编制杠杆控制进人和拨款的方式,十数年一贯制,

---

① 李广达:《淡化编制管理,扩大高校办学自主权》,《辽宁教育研究》2003 年第 11 期。

仍然是计划经济体制下编制管理思维方式的惯性延续,已经与市场经济体制下高校作为事业单位进行人员聘用制改革的实际严重脱节。同时,由于编制标准严重滞后于各高校的实际,严重地制约着各高校的可持续发展。

当然,高校自身在编制管理方面存在的问题上也负有不可推卸的责任,因为在被动接受政府主管部门编制领导的同时,还可以对编制的功能进行主动开发,充分发挥编制的作用。但实际上,不少高校还不能正确认识编制的功能和作用,不能使用好编制方面的自主权,在编制功能的开发方面还存在不作为现象。

### 一、地方政府存在的编制管理问题

1. 将编制与拨款联系在一起,无激励机制

目前,地方政府给高校的经费拨款包括人员经费,公用经费,专项经费三种,其中人员经费的拨付是以编制为依据的。

按照河南省的人员经费拨付办法,凡是在政府下达编制内的人员,按实际人数拨款,超过编制的人员,不作为拨款的人员基数。学校为了可持续发展的需要,一般不会把编制用完,而这种正常的理性做法则又成为获得政府拨款的不利因素,成为一个明显的悖论。

表 2—1　2006 年河南 5 所学校的人员经费① 　　（单位:万元）

| 学校名称 | 标准生数(人) | 编制数(人) | 人员经费 | 备注 |
|---|---|---|---|---|
| 郑州大学 | 51817 | 6500 | 21450 | |
| 河南大学 | 41965 | 3966 | 12690 | |
| 河南师范大学 | 23918 | 2094 | 6762 | |
| 河南科技大学 | 33117 | 3193 | 10217 | |
| 河南理工大学 | 22239 | 2012 | 6988 | |
| 备注 | 标准生数的计算标准按本科教学工作评估方案规定的标准 | | | |

① 数据来自河南省教育厅信息中心。

表 2—2　河南师范大学 2005—2007 年人员经费及
占学校当年预算的比例(不包含贷款)

(单位:万元)

| 项目 | 2005 年 | 2006 年 | 2007 年 | 备注 |
|---|---|---|---|---|
| 国拨人员经费 | 6137 | 6762 | 10123 | |
| 预算总收入 | 15152 | 17554 | 24160 | |
| 国拨人员经费占预算总收入的比例(%) | 40.5 | 38.5 | 41.9 | |

　　这种拨款方式从形式上看,是非常公平的,各个学校都是按照相同的标准拨付经费,实际上蕴涵着极大的不公平,完全是计划经济体制下的思维方式和做法,是一种经费分配上的平均主义"大锅饭"模式。不管办学质量高低、社会效益如何,有了编制内人员就可以得到经费。因为它把至关重要的办学效益因素排除在分配经费时需要考虑的因素之外,同时把需要考虑的学校层次、学校类别等因素也排除在外,造成的直接后果就是政府丧失了用经费杠杆调控高等学校不断提高教育教学质量的激励作用,同时高等学校之间也丧失了竞争发展的机制。于是就出现了一种非常奇怪的现象,在高校招生扩招中,社会公认的优质教育资源发挥不出应有的作用,而一些刚刚专升本的院校则在师资力量、基础设施还比较薄弱的情况下,招生数量大规模膨胀,不能不说是畸形拨款体制下的一种必然现象。

表 2—3　部分专升本院校与其他本科院校本科学生规模比较①

| 学校 | 2004 年在校生数(人) | 2005 年在校生数(人) | 2006 年在校生数(人) |
|---|---|---|---|
| 郑州大学 | 33720 | 34330 | 32461 |
| 河南大学 | 24594 | 27350 | 30406 |
| 河南师范大学 | 15325 | 16789 | 17101 |

---

①　数据来自河南省教育厅信息中心。

续表

| 学校 | 2004 年在校生数(人) | 2005 年在校生数(人) | 2006 年在校生数(人) |
|---|---|---|---|
| 河南科技大学 | 23986 | 27307 | 28586 |
| 河南理工大学 | 18315 | 17706 | 19035 |
| 南阳师范学院(专升本) | 15569 | 15899 | 15689 |
| 洛阳师范学院(专升本) | 13677 | 15124 | 15393 |
| 安阳师范学院(专升本) | 13075 | 14035 | 14476 |
| 黄淮学院(专升本) | 10536 | 12257 | 13205 |
| 许昌学院(专升本) | 11001 | 12472 | 13248 |

从表 2—3 可以看出,除了郑州大学、河南大学和河南科技大学因为合并其他学校而学生数比较大之外,新升本学校的本科生规模已经与老本科学校的规模相差不大,而老本科学校是经过数十年的发展才达到这个规模的。

2. 编制标准严重滞后,制约学校发展

如果说将编制与经费拨付联系在一起,造成的问题是分配上的大锅饭,那么在编制标准上出现的问题,则涉及人力资源的投入效益,其危害性较前者有过之而无不及,事实上也确实如此。

河南高校编制实际上是在一种无标准状态下存在的。自从 1996 年核编以来,政府主管部门再没有颁布过新的标准,也没有发布过指导性的编制意见,只是在高校连续扩招造成师资数量缺口很大、不调整编制就不能维持学校正常教学工作的情况下,政府主管部门才在各学校 1996 年编制的基础上,按比例增加适量的编制(见表 2—4)。

这种编制管理方式是一种典型的违背编制管理自身规律的做法,完全失去了编制应有的管理职能,失去了编制的权威性。

第一,以 1996 年的编制为基础,意味着承认当年的编制标准有一定的现实合理性,而事实上当年的编制标准已经没有一点现实的参考性。按照 1996 年教育部的高校核编标准,高校的生师比很低,而现在教育部本科教学工作水平评估规定的生师比则远远高于此标准。

第二,在国家已经出台了关于编制标准的指导性意见后,主管部门既不参照执行,也不出台本地高校的地方标准,仍然坚持用20世纪九十年代的标准做参考,是一种完全脱离实际的做法。教育部1999年出台的教人字[1999]16号文件规定"十五"期间高校的平均生师比要达到14:1,这一指导性意见理应作为地方编制管理部门制定地方标准的基础。此外教育部2002年颁布本科教学工作水平评估方案后,关于生师比的标准是一种最新的也是最接近实际的标准,有充分的理由作为地方政府编制管理部门的核编依据。事实上,这两种可以参考的新的编制标准,河南省编制主管部门均未采用。

表2—4　河南省部分高校编制调整情况一览表①

| 学校 | 1996年编制数(人) | 2004年编制数(人) | 2005年编制数(人) | 2006年编制数(人) |
|---|---|---|---|---|
| 郑州大学 | 5925 | 6140 | 6320 | 6500 |
| 河南大学 | 3909 | 3928 | 3947 | 3966 |
| 河南师范大学 | 1864 | 1941 | 2018 | 2094 |
| 河南科技大学 | 2801 | 2902 | 3063 | 3193 |
| 河南理工大学 | 1499 | 1815 | 1914 | 2012 |
| 南阳师范学院 | 889 | 1022 | 1155 | 1288 |
| 洛阳师范学院 | 827 | 948 | 1069 | 1189 |
| 安阳师范学院 | 803 | 864 | 925 | 985 |
| 黄淮学院 | 710 | 764 | 818 | 873 |
| 许昌学院 | 615 | 688 | 761 | 834 |
| 备注 | 合并院校1996年编制数为合并前院校编制数之和 | | | |

3. 管理方式落后,管理效益低下

目前政府编制主管部门的管理方式只有两种,一是作为人员经费的拨付标准;二是作为控制进人的标准。

---

① 数据来自河南省教育厅信息中心。

这种管理方式对于实现编制本身的管理目标来说,南辕北辙,无异于缘木求鱼。编制作为人力资源投入的重要指标,与其说是纯粹的经济效益指标,毋宁说是一种教育教学质量控制指标。正常情况下,它应当实现的目标有两个:

第一,从人力资源投入上控制教育教学质量。如果从投入和产出的角度考察高校的人才培养过程,那么高校培养人才的数量和质量即是产出,学校为此招聘的教职工和建设的基础设施所支出的费用等,都是投入。一般来说,投入越多,产出越高,但当产出达到一定规模时,投入对产出的影响会越来越小(管理理论上的边际效应),从效益的角度看,实现产出目标时最小的投入即是效益最高的投入。这是最理想的一种情况,也是现有条件下最难控制的一种情况,基本上不具有可操作性。但是退而求其次,在保证产出目标的前提下,一些重要投入项目的最小值却是可以凭经验和测算确定的,这当中就包括人力资源的最小投入,编制即是控制教育教学质量的重要参数,政府对高校的宏观管理,最重要的内容就是保证高校的教育教学质量,这就决定政府应该适时地用编制杠杆控制高校的最低人力资源投入,目前对编制标准采用放任自流的方式,不可能实现这一管理任务。

第二,衡量办学的经济效益。按照我国《高等教育法》的相关规定,政府对高校实行的是宏观管理,高校具有独立的办学自主权。因此,无论是政府主管部门,还是高校自身,都具有关心办学经济效益的政策基础和责任基础。政府作为高校办学的主要经费投资主体,理所当然地关心投入资金的经济效益,从其管理职责上要求高校在保证教育质量的前提下,投入最少的人员编制数;高校作为办学主体,也是投资主体之一,学校的社会声誉、发展状况同学校全体职工的命运和利益联系在一起,他们比其他人更关心学校的发展前途,更关心自己的收益,因此会对投入产出比表示出更大的兴趣,从自身利益上追求能保证教育质量的最少人员编制数。

目前的编制管理方式无助于实现上述任何一种目标。政府采用按编制平均拨款的方法,对拨款经济效益的评估实际上处于一种空白状态,没有组织过全省统一的高等学校教育教学质量评估,实际上是一种管理缺位的表现,既不能用编制来评估高校的人力资源投入是否达标,又不能以编制数来衡量高校的办学效益。如果非要说对人员经费进行过核查的话,2006年省政府对全省进行过一次事业编制人员工资情况检查,包括高等学校在内,出现了许多在政府登记的工资报表中有名字实际却不在岗人员,其中高等学校的情况尤甚,使得政府抱怨、批评高等学校执行国家政策大打折扣,而没有反思政府拨款方式上存在的弊端。从根本上说,造成这种上有政策、下有对策的情况,是政府拨款方式造成的,从任何一方面说,政府都不能解释其拨款的合理性。如果说政府核定的编制是科学的、准确的,当然应该按编制拨款,而不应该按编制内的实有人数拨款;如果说政府核定的编制是不科学的、不准确的,那就应该相信学校,按学校的实际教职工数拨款。因此学校为了从政府不适当的拨款方式中减少损失,将实际脱岗人员计算在领取工资人员名单中也就是可以理解的。这从反面说明了现有的拨款方式已经到了非改不可的时候了。

实际上高校在编制方面存在"两本账"现象,已经是公开的秘密,也是学校对付和应付政府主管部门编制管理方式僵化和落后的无奈之举。高校为提高用人效益,尽力提高生师比,改变之前职工工作量标准偏低的不正常状况,但另外一方面,政府又要按编制拨款和控制进人,高校按自身改革标准上报编制,就会减少拨款和进人计划,马上带来现实的经济损失。于是,为了避免损失,学校在编制上实行"两本账",对内是一本实际的编制账,人员编制数尽可能压缩,体现改革精神;对主管部门,则是另外一本账,按照传统的标准申报编制,尽可能增大人员编制数。出现这种管理者和管理对象互相失去基本信任的现象,其背后隐藏的管理方式弊端是值得双方尤其是在管理过程中处于主导地位的管理者的深思的。

4. 政府部门多头干预,削弱了编制的权威性

对编制管理一直存在政出多门的现象,严重干扰了高校的编制管理工作,直接削弱了编制的权威性。从国务院各部门到省政府各部门

两个层面上,都存在这种现象。最明显的如教育部关于学生辅导员配备数量的要求,根据政治形势不断变更辅导员数与学生数的比例要求;教育部和解放军总参联合下文,对军训工作和军事课教学工作涉及的武装部人员编制的要求;工会系统对工会人员的编制要求;共青团中央对共青团工作人员编制的要求;公安部门对保卫人员编制的要求;新闻出版部门对学报编辑工作人员编制的要求;卫生部门对校医院工作人员编制的要求;教育厅和银行系统对学生助学贷款工作人员编制的要求等,如果严格按各方面的要求核算编制,将会出现令人啼笑皆非的结果,用编制调控高校人力资源配置的设想将荡然无存,充分说明政府部门在编制管理上存在严重的无序现象,还没有建立一个科学的管理体系。

[案例2—1]:关于高校就业指导人员的数量要求

教育部教学[2002]18号文件《关于进一步加强普通高等学校毕业生就业指导服务机构及队伍建设的几点意见》规定:"要把就业指导队伍建设摆到整个高校师资队伍建设的重要位置,努力提高就业指导队伍的专业化和职业化水平。近期,专职就业指导教师和专职工作人员与应届毕业生的比例要保证不低于1:500。"

[案例2—2]:关于高校学生政治辅导员的数量要求

中共教育部党组教党[2000]21号文件《关于进一步加强高等学校学生思想政治工作队伍建设的若干意见》规定:"高等学校应该配备精干的专职人员作为学生思想政治工作队伍的骨干。在当前高等学校内部管理体制改革确定各类人员编制时,各高等学校要充分考虑学生思想政治工作的任务和特点,按照队伍精干和有利工作的原则,既要保证队伍不被削弱,又要进一步优化结构,提高队伍素质,统筹考虑这支队伍必需的编制定额。根据各高校的经验和实际工作的需要,影响较大、稳定工作任务较重的高校,原则上可按1:(120—150)的比例配备专职学生思想政治工作人员。"

教育部《关于加强高等学校辅导员班主任队伍建设的意见》(2004年)规定:"高等学校要根据实际情况合理地配备足够数量的辅导员和班主任,专职辅导员总体上按1:200的比例配备,保证每个院(系)有一定数量的专职辅导员。同时,每个班级要配备1名兼职班主任。"

如果真正按此要求配备学生专职辅导员,则会在实际中形成一支数量庞大的政工队伍,既影响到专业教师的编制,又涉及给这支队伍寻找发展出路加大难度的问题,冲击了学校正常的编制规划。

### 二、学校方面存在的管理问题

学校在编制管理方面也同样存在着不可推卸的责任:

#### 1. 片面追求经济效益,影响到教育教学质量

河南高校自2001年以来开始实行人事分配制度改革,在保持原来国家发放工资数量不变的情况下(所谓的"存量不动",意在减少改革阻力),自筹经费用于发放职工的岗位津贴,用新增经费作为调控职工收入的杠杆,享受岗位津贴人员,就要在相同的起点上接受新的管理办法,这不失为在保持稳定的前提下打开改革局面的行之有效的做法,但同时需要付出的成本是巨大的经费压力。部属院校由于有国家财政的投入,所以不存在经费压力,河南高校在没有政府财政支持的情况下进行人事分配制度改革,所有学校都存在这种压力。于是想方设法解决资金来源问题就成了所有高校面临的共同问题,"国拨经费保工资,自筹经费促改革,贷款经费求发展"成为高校间的共识。其中,人员编制标准的缺失,也给了高校可资利用的机会,尽最大可能提高生师比的标准来减少人员的补充,以追求尽可能高的经济效益,而不考虑是否影响到教育教学质量。造成的直接后果就是用中学教育的方式来办大学。

表 2—5　河南省部分高校改革当年生师比一览表①

| 学校 | 本校改革文件规定的生师比 | 本校实际存在的生师比 | 改革年份 | 当年国家指导标准 |
|------|------|------|------|------|
| 郑州大学 | 16：1 | 22.4：1 | 2001 | 14：1（"十五"期间标准） |
| 河南大学 | 16：1 | 15.4：1 | 2001 | |
| 河南师范大学 | 16：1 | 25.0：1 | 2002 | |
| 河南科技大学 | 16：1 | 20.8：1 | 2003 | |
| 河南理工大学 | 18：1 | 20.0：1 | 2002 | |
| 南阳师范学院 | 18：1 | 20.5：1 | 2003 | |
| 洛阳师范学院 | 18：1 | 17.1：1 | 2003 | |
| 安阳师范学院 | 18：1 | 16.5：1 | 2003 | |
| 黄淮学院 | 18：1 | 19.8：1 | 2005 | |
| 许昌学院 | 16：1 | 16.4：1 | 2003 | |

这种情况直到社会上出现公开质疑高校扩招后的教育质量时才有所改变,教育部也适时出台了对全国本科院校进行本科教学水平评估的规定,其中对生师比提出了明确的最低标准。由此也可以看到,《高等教育法》规定的高校依法自主办学和政府的宏观管理,二者是相辅相成的,缺一不可。政府机关在监督办学质量方面的任何缺失,都会带来极大的消极影响。

2. 用人观念保守,限制了用人方式选择

在计划经济体制下,高校的进人全部是事业编制性质的人员,工资由政府发放,学校只是被动地按编制计划接收人员即可。到了市场经济体制下,情况已经发生了很大的变化,高校的办学自主权也从法律上确定了下来,从理论上说学校在用人方面有充分的自主权,但实际上存在的用人方式却很单调,主要是沿用以前的以事业编制身份进人,学校可以自主决定的适应人才市场需要的人员配置数量仍然很少。

————

① 数据来自河南省教育厅信息中心。

表2—6　部分高校2006年非传统用人方式涉及人员数量比较

| 学校 | 聘任的兼职教师数(人) | 人事代理人员数(人) | 劳务委派人员数(人) |
|---|---|---|---|
| 郑州大学 | 883 | 320 | 0 |
| 河南大学 | 161 | 72 | 0 |
| 河南师范大学 | 85 | 93 | 160 |
| 河南科技大学 | 350 | 84 | 0 |
| 河南理工大学 | 138 | 7 | 0 |
| 南阳师范学院 | 171 | 60 | 0 |
| 洛阳师范学院 | 98 | 14 | 0 |
| 黄淮学院 | 205 | 152 | 0 |
| 许昌学院 | 131 | 210 | 0 |

地方院校在目前的政策环境下,理论上可以选择并实施的通过人才市场进行人员配置的方式有:

(1)聘任兼职教师。学校可以自主地按要求从社会上招聘兼职教师,完成约定的工作量后(主要是教学工作量)获得约定的报酬。这是一种世界上通用的被证明是行之有效的高校教师用工形式,它以一定的教学工作量为标的进行考核和经费结算,不涉及当事人的人事关系。无论是办学的经济效益还是办学的社会效益,都是值得提倡的用人形式。

(2)人事代理。这是一种新兴的通过半官方中介方式获得人员使用权的用人方式,其显著优点是:

第一,用人方式灵活。数量可多可少,标准可高可低,完全由学校根据工作需要自主确定。

第二,社会保障体系健全,不存在后顾之忧。目前的人事代理机构主要是地方政府的人才交流中心或其认可的中介机构,对人事代理者的各种社会保险可以非常顺畅地办理,一旦合同终止或履行完毕,当事人无后顾之忧。

第三，为高校的聘任制改革减轻阻力。聘任制改革的重点是将职工由"学校人"变成"社会人"，这是完全靠国家政策推动和保障的改革，改革前作为"学校人"的数量越少，改革时的阻力越小，经济负担越小。通过人事代理方式解决学校对大量专业性要求相对不很高的岗位的用人需要，如网络维护、电教设备维护等，可以大量减少事业编制人员数量，为改革的深化创造有利的条件。

（3）劳务委派。这是一种新型的人才租赁方式，主要适合工勤岗位的用人，如体育场地维护、实验动物饲养、实验田管理以及炊工等岗位，都可以通过劳务委派的方式用工。由于委派人员的所有保险和福利全部由专业的公司负责办理，学校只管用工，所以是一种对各方均有利的用人方式。

所有这些用工方式都是高校在目前情况下可以实施的，但从前边的统计表中可以看出，这些对高校非常有利的用工方式还没有被高校广泛接受和采用。

3. 机构编制仍然有改进的余地

河南省高校经过近两轮的改革后，在内设管理机构上，数量已基本满足《普通高等学校编制规程》（讨论稿十一）的要求，尽管学生规模均超过 15000 人，但机构总数都在 20 个以内；在管理人员编制确定上，基本上全部控制在基本教育规模编制的 15% 以内，符合教育部［1999］16号文件规定的编制要求。但是，按照更高的编制管理标准和各学校近年来改革的实际情况，这一部分仍然存在进一步改进的余地。

第一，机构整合还有余地。原来的机构设置还有力度不够的情况，如普遍存在的党委办公室和校长办公室并存的现象，存在整合的可能性，因为国内其他省市的许多高校早已将两个办公室合二为一，并被实践证明是非常成功的；纪委办公室、监察处和审计处的合署办公还存在有名无实的现象，不是实质上的合署办公；随着高等教育改革的深化，一些新的管理内容迫切需要增加，如招生和就业工作的强化，法律咨询工作的强化，学校无形资产的管理等，要么设置新的管理部门，要么扩大原来管理部门的职责范围。

第二,管理人员编制还有进一步压缩的余地。职员编制控制在基本教育规模编制的 15% 以内,是教育部 1999 年的要求。到了 2004 年,编制标准和要求又发生了新的变化,教育部于 8 月 12 日公布了《普通高等学校本科教学工作水平评估方案(试行)》,对各类学校的生师比提出了新的标准,与 1999 年的生师比标准相比,有了较大的增长幅度,在教师工作量有了较大的增长时,管理人员的工作量也应该同步增长,所以职员编制还应该进一步压缩;同时,当职员编制增加到某一个界点时,它将不再随总编制数的增加而增加,而是要稳定一个阶段,收获职员编制的边际效益。

## 第二节　编制问题存在的根源

编制管理中存在的问题,主要归结为两方面的原因,一是管理者管理理念的落后;二是管理者对编制职能缺乏科学的理解。

1. 管理理念落后

如果在宏观上用一句话总结存在问题的根源,那就是管理主体在市场经济体制下仍然用计划经济体制下管理高校编制的思维模式。

在计划经济体制下,高校是国家的高校,高校的设置、管理、发展全部由国家决定,高校只是按要求执行即可;所有资源的配置按计划进行,设施、经费、招生、教师等人、财、物资源,由政府按计划配置,毕业生由政府按计划分配。高校没有自身发展的压力,没有毕业生就业的压力,也没有与其他学校竞争的压力,处于一种比较自在的状态,付出的代价就是接受政府的无条件控制,这是一种符合逻辑的管理过程。

在市场经济体制下,高校不再是政府的附属物,高校的独立办学自主权被国家用法律的形式进行了确认,涉及学校发展的一系列压力不再由政府替学校承担了——生存压力、发展压力、毕业生就业压力、经费压力等,需要学校独自承担。政府要做的实际上只有两方面,一是为学校的发展创造良好的外部环境,主要是政策环境;二是监控学校的办学方向和办学质量。在这种权利、责任、收益模式下,政府对高校的管理只能是政策层面的宏观管理,不可能既要学校承担无限的责任,政府又在管理的各个层面束缚学校的手脚。目前编制问题上政府的管理模式已经严重制约了学校自主性的发挥,是沿用计划经济体制下管理思维的典型代表之一。在这种管理模式下,学校最重要的自主权之一的用人自主权不能得到根本的保障。

政府管理部门落后的管理理念,使得高校只得被动适应,如为了能从政府部门多得到拨款,学校只能放弃通过人才市场自主用工的形式,因为自主用工的经费是学校承担,而通过事业编制进入的人员的经费是政府拨付的;另外,高校的用人观念也存在保守问题,没有跟上时代变化的步伐。用市场的方式配置包括人力资源在内的各种资源,是市场经济的必然要求,也是高校人事分配制度改革的重要内容之一,仅仅因为经费上的一点利益就放弃采用新的用人方式,是一种只顾眼前利益、不考虑长远利益的短视做法,是自己在为改革的进一步深化设置障碍。

2. 缺乏对编制职能的科学理解

(1)编制的职能

所谓编制,实质上是完成一定工作任务量需要配置的最低人力数量;编制管理则是确定人力资源配置标准,并监控这一标准的实施。编制具有三方面的职能:

管理职能——编制既然是人力资源投入的数量标准,高校主管部门就可以通过适时地制定编制标准,来调控高校的人力资源投入,并对投入过程实施监控;在高校内部,人力资源管理部门就可以根据学校发展的需要和完成教学、科研工作任务的需要,用编制杠杆调控校内人力资源配置。

经济职能——编制的外在表现形式是人数,其实质则是费用。因为所有的人力资源最终都是与经费联系在一起,按目前的收入标准测算,学校招聘一名25岁的硕士研究生到校工作,在他退休前的35年工作中,学校将为他支付的费用在100万元以上;再具体一点,河南师范大学2007年的职工平均收入是2.45万元/人,这也是一个编制所体现的经费投入数。

在现行的编制管理模式下,高校总是要求政府主管部门增加编制,主管部门总是尽可能压缩编制,二者经常是矛盾的,因为双方都明白,编制是与经费挂钩的;学校内部进行编制分配时,学校与各单位的关系,几乎是政府主管部门与学校关系的翻版,归根到底仍然是经费的问题。

编制的经济职能使我们可以从实质上理解编制的内涵,即使纯粹地从经济效益的角度考虑,也应该进行用人成本的对比。很明显,一个纳入事业编制的人力成本要远远高于一个按工作量支付报酬的人力成本。因此,正常情况下学校应该根据人才市场上人才的供求状况,增加兼职教师的数量,这在大部分高校自筹经费已经超过政府拨款的今天,学校有足够的理由去扩大兼职教师的数量,但实际情况却不是这样,兼职教师数量甚至远远低于教育部本科教学工作水平评估方案中规定的比例,只能说明学校对编制经济功能的认识还处在一个比较狭隘的范围中。

评价职能——编制的标准属性决定编制必然具有评价职能,即按照保证教育教学质量的最低的人力资源投入标准对高校进行评价,对政府编制主管部门来说,这一职能至关重要,是行使宏观管理职能的重要手段。

教育部自2002年开始的对全国本科院校进行的教学工作水平评估,其中对人力资源投入情况的评估,实际上就是发挥编制的评价职能。对省级政府编制管理部门来说,用编制评价职能对所属高校进行人力资源投入评估,应该属于常项工作。

(2)对编制职能的正确定位

编制的三种职能,对政府主管部门和高校具有不同的意义。对政府主管部门来说,更应该发挥编制的管理职能和评价职能,以体现政府对高校的宏观管理;对高校来说,更应该发挥编制的经济职能,提高人力资源的使用效益。

目前在编制管理方面存在问题的根源是对编制职能方面定位上的

错位,政府部门只看重编制的管理职能而忽视其评价职能,学校只看重编制的经济职能,只是在编制内压缩人员数量、冒着降低教育教学质量、增加教职工负荷的风险以提高经济效益,而不会用增加兼职教师数量、在保证教育教学质量的基础上提高经济效益。如果不从编制定位错位方面进行反思和改进,目前编制管理方面的不正常状况还将继续存在下去,编制效益还不会充分体现出来。

## 第三节　编制改革

根据前面对编制管理方面存在弊端的分析,编制改革已经到了非改不可的时候了,改革的内容包括三个方面:

### 一、编制管理体制改革

主要是政府和学校在编制管理方面的分工改革,理顺后的分工应该是政府进行宏观管理,通过制定政策和编制标准进行调控和评估,彻底改变目前的直接管理造成的一管就死而且管不好、管不住的状况。学校在微观层面充分发挥自主性,建立一套科学的、有自我约束性的编制管理办法,充分发挥编制的经济功能,在保证教育教学质量的前提下,加大通过人才市场对人力资源进行配置的力度,多渠道多途径用人。

1. 政府的宏观管理

（1）制定权威的最低编制标准

这个标准既是一个效益指标、成本核算指标,同时也是一个教育质量评估指标。

实践已经证明,学校的层次、学科性质的不同,编制标准上会有极大的不同,试图等待国家出台统一的编制标准是一种消极的做法,虽然教育部从 1995 年开始组织力量研究大、中、小学编制管理规程,到目前已经出台了 11 稿草案,但仍然没有定稿,一个重要的原因就是统一的国家标准不能适应不同层次和不同学科性质的学校,省级政府应该担负起编制标准制定方面的责任,根据各高校 10 年多的探索和这一轮本科教学工作水平评估的结果,可以有足够的依据制定河南省高校的最低编制标准。

政府可以用这个标准评估学校的办学质量和办学效益,从宏观上调控高校的人力资源配置。

这一标准不适宜作为拨款指标。理由有二:一是与国家对高校拨款政策要求不一致。《中国教育改革和发展纲要》明确提出:"改革对高等学校的拨款机制,充分发挥拨款手段的宏观调控作用,对于不同层次和科类的学校,拨款标准和拨款方法应有所区别。改革按学生人数拨款的办法,逐步实行基金制"。二是不能体现拨款的激励机制。拨款作为重要的经济调控手段,既应该考虑公平性(高校发展的基本需要),也应该考虑效率性,鼓励各高校在自己的类别和层次上不断提高水平。编制不与经费挂钩,就可淡化编制,让学校享有充分的用人自主权。作为过渡措施,在更加科学的拨款方式未确定前,可以按学生人数和教育质量评价结果相结合的方式拨款,把公平与效率结合起来,发挥拨款对高校的激励机制。

(2)发挥编制的评估职能

政府可以通过制定"一高一低"两个标准,来发挥编制的评估职能,即根据制定的一系列具有指导性的标准和评估体系对高校编制管理进行检查监督。所谓的"一低"标准,是指在确定生师比标准的问题上,政府可以只确定生师比的最低标准,允许学校在这一标准之上确定符合自身发展的实际标准,就可以保证高校基本的人力资源投入,防止高校一味追求教育的经济效益,以透支教师的体力和精力甚至牺牲教育质量为代价,盲目提高生师比,从而降低教育质量。所谓的"一高"标准,是指在机构编制上政府可以制定机构数量的最高限额,防止高校机构盲目设置和人员再度膨胀。

2. 学校的微观管理

这方面涉及编制的分类管理和调控。

(1)编制的分类管理

在整体上生师比比较高的情况下,职工工作量普遍加大,学校在编

制管理上更应该重点突出,层次分明,在三类编制管理上采取不同的方法:

关于基本教育规模编制——

这是高等学校履行高等教育基本职能,完成国家人才培养任务所必须配备的人员编制,包括教师编制、教辅编制和职员编制。其重点是保证教师编制足额到位,然后根据教师的工作量,确定教辅人员、职员的编制。在教师编制中,要优先保证重点学科、学位点、重点实验室、新建专业的编制。

所谓的重点保证,按照1999年教育部下发的《普通高等学校编制管理规程》(草案)的规定,"高等学校内部教师和科研人员、教育教学辅助人员、职员等各类人员须形成合理的结构比例。学校教学科研人员和教育教学辅助人员应占学校人员总数的80%以上,其他人员不超过人员总数的20%",除此标准外,还有一个教师编制占基本教育规模编制的比例问题,一般要求超过50%。

这些要求的可行性,在改革实践中已经得到了检验,编制标准和结构问题是各高校改革中重点探索的问题之一。以河南师范大学为例,其作为河南省典型代表高校之一,其改革前后的编制比较如表2—7所示。

表2—7　河南师范大学2001年与2006年基本教育规模编制比较

| 时间 | | 标准生数（人） | 编制总数（人） | 其中 | | | |
|---|---|---|---|---|---|---|---|
| | | | | 教师编制（人） | 教辅编制（人） | 职员编制（人） | 机动编制（人） |
| 2001年 | 数量 | 12816 | 1708 | 854 | 443 | 262 | 149 |
| | 占编制总数比例(%) | | | 50.0 | 26.0 | 15.3 | 8.7 |
| 2006年 | 数量 | 20939 | 2549 | 1309 | 640 | 360 | 240 |
| | 占编制总数比例(%) | | | 51.4 | 25.1 | 14.1 | 9.4 |
| 数量、比例变化数 | | +8123 | +841 | +1.4% | -0.9% | +1.2% | +0.7% |
| 备注 | | 机动编制是为后勤改革后"老人"预留的编制 | | | | | |

由表 2—7 结果可以知道,《普通高等学校编制管理规程》(草案)(十一稿)提出的相关标准是可以达到的,而且还有进一步提高的余地。

关于专职科研编制——

指高等学校承担国家重要科学研究任务所专项配置的人员编制,以及国家为批准成立的专门科学研究机构所下达的人员编制。计算公式为:

$$A = (X_1 + X_2 / 2.5) T_1 + T_2$$

由于 $T_2$ 作为科研编制是个变数,所以导致整个科研编制也是一个变数。对于地方本科院校来说,科研实力相对部属院校较弱,$T_2$ 的选择一般较小,河南省代表学校的 $T_2$ 取值一般为教师编制数的 10% 以内。

科研编制属于虚拟编制,主要用于保证省级以上科研项目用人的需要,通过编制数核算出人员经费,然后以人事代理或劳务委派的方式用工。

关于附属单位的编制——

它包括两部分,一是学校中实行经济核算管理,逐步社会化或部分社会化的生活后勤服务单位,如教职工和学生食堂,学生宿舍,绿化卫生等单位的人员编制;二是目前学校承担公益性社区服务任务的单位,如校医院、附中、附小、幼儿园等单位的人员编制。这是改革后应该从严控制的编制,为其社会化减轻人员压力,原则上实行编制负增长,坚决控制事业编制人员的增加,为下一步改革的深化减少阻力。要用自然减员的方式降低编制数,确需用人的,用新的用人方式即人事代理的方式招聘人员。

(2)编制的调控

编制核算尽管体现学校人力资源配置的基本指导思想,但只是发挥编制调控作用的基础,更重要的在于将编制与人员聘用联系起来的过程调控,这是发挥编制作用最集中的体现。

编制的调控,要建立在这样几组概念的基础上:

进人编制与评价编制:从理论上讲,每一个编制都应该对应于一个岗位,都可以实际聘任一个人员,但实际上不能这样,因为编制核算时要考虑全面,不留空当,实际聘用时则要考虑具体情况,当条件不具备时,就不能聘任。如学校核定的图书编制和实验编制,是按标准生数的比例核算的,是一个理想编制数,实际聘任时则要考虑图书馆的藏书规模、服务工作量、设备利用率等,实验室的数量、服务的学生数等,当条件不具备时就要按实际情况聘任,原来的编制则只具有评价方面的意义。另外,根据教育部本科教学工作水平评估方案中关于编制的要求,按生师比核算出的教师数中可以有1/4的数用于外聘教师,这一部分编制是可以不作为制订进人计划依据的,仅仅是评价编制。

实际编制与虚拟编制:有的编制从一开始就是虚拟编制,是不能实际聘用人员的。如科研编制中根据科研项目核算出来的编制,只是对科研工作量的一种评价和认定,是不能实际聘用人员的。一旦科研项目完成,编制也就不复存在。

固定编制与流动编制:编制一经核定和公布,就具有严肃的刚性,不能随意变动,但实际上高层次人才招聘的不确定性和临时工作任务的不可避免性,决定编制变动的必然性,因此学校必须掌握一定数量的机动编制作为流动编制,用于调控突发情况对编制的需要。流动编制是相对固定编制而言的,一旦临时性工作结束,流动编制也就随之取消。

缺编与缺编费:即使对于实际的进人编制,也不宜满编制进人,理由有三:第一,目前的编制标准还处在一个探索和总结过程,还不是最终的结论,满编制进人就失去了总结余地;第二,适度缺编可以使职工逐步适应改革深化后的满负荷工作量要求;第三,在职工目前还是"学校人"而非"社会人"的情况下,进人越多(尽管是必需的),将来改革深化的难度越大。因此应该通过有效的调控机制控制进人,而能让学校各单位主动配合学校适度缺编的做法,合适的调控机制就是发放缺编费,缺编费的标准就是职工当年度的平均工资。根据河南师范大学的情况来看,调控效果非常明显。为了防止出现另外一种极端情况,即个别单位为多领缺编费而无节制控制进人,学校可以制定缺编费核算时的限制性规定,如河南师范大学规定,单位缺编数在编制数15%以内的,可以正常核算缺编费,超过15%部分,学校不再承担缺编费;河南大学规定,缺编人员按助教岗位津贴的标准拨付经费给缺编单位。这些措施把保证教育教学质量和提高用人效益有机地结合了起来,是调控编制的有效手段。

根据对河南省高校的考察,目前在编制控制上既有明确的目标,又有有力的措施的高校,还只是少部分,大多数学校还处于一种初期的粗放式管理阶段,被动地按政府主管部门核定的编制享受经费和补充新人员,对校内各单位的编制调控还没有配套的措施,说明这些学校在编制的微观搞活方面的改革还有许多工作要做。

## 二、人员编制标准改革

这是目前编制改革中最急迫的部分,现在能够作为编制标准和依据的主要有四个文件,一是原国家教育委员会1980年出台的《高等学校编制规程》;二是教育部[1999]16号文件提出的到"十五"末全国高校平均当量生师比为14:1;三是教育部《高等学校编制规程》(第11讨论稿);四是教育部目前实行的全国高校本科教学水平评估规定的优秀、良好和合格的生师比标准。尽管这四个标准都不符合河南省高校目前的实际,但由于评估标准的权威性,现在各学校主要参考此标准。

教育部评估标准将全国高校不分办学层次和学科类别地进行了统一,本身就存在天然缺陷,适合河南省高校的生师比和生员比标准,有进一步探讨和研究的必要。

研究的前提:教育教学质量满足国家的要求,主要以教育部本科教学工作水平评估的结果为准。

研究的参照系:国内部属院校,国内地方本科院校,国内私立大学,国外部分大学。

## （一）各类高校编制标准比较

1. 河南省高校生员比、生师比现状（见表2—8）

表2—8　河南省本科高校的生员比和生师比统计①

| 学校 | 类别 | 评估结果 | 1998 年 | | 2006 年 | |
|---|---|---|---|---|---|---|
| | | | 生员比 | 生师比 | 生员比 | 生师比 |
| 郑州大学 | 综合 | 优秀 | 6.4∶1 | 13.2∶1 | 7.07∶1 | 10.97∶1 |
| 河南大学 | 综合 | 待定 | 4.6∶1 | 8.17∶1 | 11.73∶1 | 16.68∶1 |
| 黄河科技学院 | 综合 | 未评 | 5.0∶1 | 12.1∶1 | 17.3∶1 | 18.53∶1 |
| 黄淮学院 | 综合 | 未评 | 3.9∶1 | 7.7∶1 | 15.9∶1 | 19.06∶1 |
| 平顶山学院 | 综合 | 未评 | 5.0∶1 | 8.0∶1 | 15.0∶1 | 17.9∶1 |
| 许昌学院 | 综合 | 未评 | 4.7∶1 | 10.6∶1 | 15.3∶1 | 18.5∶1 |
| 河南理工大学 | 理工 | 优秀 | 5.6∶1 | 11.9∶1 | 13.5∶1 | 17.9∶1 |
| 河南工业大学 | 理工 | 未评 | 5.5∶1 | 11.1∶1 | 12.4∶1 | 17.8∶1 |
| 河南科技大学 | 理工 | 未评 | 5.5∶1 | 11.8∶1 | 11.0∶1 | 17.9∶1 |
| 郑州轻工学院 | 理工 | 良好 | 4.5∶1 | 9.7∶1 | 11.2∶1 | 17.6∶1 |
| 中原工学院 | 理工 | 良好 | 5.4∶1 | 11.9∶1 | 11.4∶1 | 18.0∶1 |
| 华北水电学院 | 理工 | 未评 | 4.5∶1 | 10.4∶1 | 13.2∶1 | 18.1∶1 |
| 河南科技学院 | 理工 | 待定 | 4.3∶1 | 9.7∶1 | 11.2∶1 | 16.9∶1 |
| 平顶山工学院 | 理工 | 未评 | 5.9∶1 | 10.2∶1 | 18.3∶1 | 19.7∶1 |
| 南阳理工学院 | 理工 | 未评 | 6.5∶1 | 12.9∶1 | 12.2∶1 | 17.2∶1 |
| 安阳工学院 | 理工 | 未评 | 4.9∶1 | 7.6∶1 | 15.6∶1 | 18.9∶1 |
| 河南师范大学 | 师范 | 优秀 | 4.6∶1 | 9.7∶1 | 12.4∶1 | 15.5∶1 |
| 信阳师范学院 | 师范 | 待定 | 4.9∶1 | 9.0∶1 | 11.4∶1 | 15.3∶1 |
| 洛阳师范学院 | 师范 | 待定 | 4.3∶1 | 9.0∶1 | 15.7∶1 | 17.6∶1 |
| 南阳师范学院 | 师范 | 待定 | 5.1∶1 | 10.3∶1 | 14.1∶1 | 16.9∶1 |
| 商丘师范学院 | 师范 | 未评 | 4.1∶1 | 8.2∶1 | 14.6∶1 | 18.1∶1 |

① 数据来自河南省教育厅信息中心。

续表

| 学校 | 类别 | 评估结果 | 1998 年 | | 2006 年 | |
|------|------|----------|---------|---------|---------|---------|
| | | | 生员比 | 生师比 | 生员比 | 生师比 |
| 安阳师范学院 | 师范 | 待定 | 4.7：1 | 9.6：1 | 13.4：1 | 16.9：1 |
| 周口师范学院 | 师范 | 未评 | 4.0：1 | 7.8：1 | 12.6：1 | 17.9：1 |
| 河南中医学院 | 医学 | 优秀 | 4.2：1 | 8.5：1 | 13.2：1 | 18.1：1 |
| 新乡医学院 | 医学 | 优秀 | 5.0：1 | 5.5：1 | 9.1：1 | 14.2：1 |
| 河南农业大学 | 农林 | 未评 | 4.8：1 | 9.6：1 | 12.6：1 | 17.2：1 |
| 河南财经学院 | 财经 | 待定 | 5.6：1 | 12.5：1 | 13.0：1 | 17.3：1 |
| 郑州航空学院 | 财经 | 良好 | 7.0：1 | 14.6：1 | 12.4：1 | 17.7：1 |

## 2. 国内部分师范院校生员比和生师比（见表 2—9）

### 表 2—9　国内部分师范院校生员比和生师比统计一览表①

| 单位 | 1998 年 | | | 2006 年 | | |
|------|---------|---------|---------|---------|---------|---------|
| | 标准生数（人） | 专任教师数（人） | 生师比 | 标准生数（人） | 专任教师数（人） | 生师比 |
| 华南师范大学 | 12231 | 1074 | 11.4：1 | 25406 | 1451 | 17.5：1 |
| 华东师范大学 | 13155 | 1572 | 8.4：1 | 28566 | 1710 | 16.7：1 |
| 东北师范大学 | 11484 | 1107 | 10.4：1 | 22953 | 1401 | 16.4：1 |
| 陕西师范大学 | 8775 | 872 | 10.1：1 | 21442 | 1370 | 15.7：1 |
| 华中师范大学 | 9846 | 989 | 10.0：1 | 58602 | 3321 | 17.7：1 |
| 平均值 | 11098 | 1123 | 9.9：1 | 31393 | 1850 | 17.0：1 |
| | | | | | | |
| 山东师范大学 | 9885 | 987 | 10.0：1 | 32655 | 1809 | 18.1：1 |
| 上海师范大学 | 11646 | 930 | 12.5：1 | 29873 | 1620 | 18.4：1 |
| 天津师范大学 | 6797 | 765 | 8.9：1 | 24874 | 1341 | 18.6：1 |
| 安徽师范大学 | 7429 | 872 | 8.5：1 | 24107 | 1345 | 17.9：1 |

---

① 数据来自教育部教育管理信息中心。

续表

| 单位 | 1998 年 | | | 2006 年 | | |
|---|---|---|---|---|---|---|
| | 标准生数(人) | 专任教师数(人) | 生师比 | 标准生数(人) | 专任教师数(人) | 生师比 |
| 浙江师范大学 | 12481 | 674 | 18.5∶1 | 22574 | 1288 | 17.5∶1 |
| 平均值 | 9647 | 846 | 11.4∶1 | 26816 | 1480 | 18.1∶1 |
| | | | | | | |
| 湖北师范学院 | 3265 | 286 | 11.4∶1 | 43534 | 2648 | 16.4∶1 |
| 玉溪师范学院 | 1833 | 203 | 9.0∶1 | 7409 | 443 | 16.7∶1 |
| 衡阳师范学院 | 3045 | 281 | 10.8∶1 | 11387 | 634 | 18.0∶1 |
| 绵阳师范学院 | 2645 | 225 | 11.8∶1 | 14182 | 843 | 16.8∶1 |
| 赣南师范学院 | 5075 | 489 | 10.4∶1 | 16528 | 895 | 18.5∶1 |
| 平均值 | 3173 | 297 | 10.7∶1 | 18608 | 1092 | 17.0∶1 |

3. 综合类大学

表 2—10 部分综合类大学生师比情况①

| 单位 | 1998 年 | | | 2006 年 | | |
|---|---|---|---|---|---|---|
| | 标准生数(人) | 专任教师数(人) | 生师比 | 标准生数(人) | 专任教师数(人) | 生师比 |
| 清华大学 | 23616 | 2026 | 11.7∶1 | 40427 | 2505 | 16.1∶1 |
| 四川大学 | 26489 | 2816 | 9.4∶1 | 69233 | 3968 | 17.5∶1 |
| 吉林大学 | 13754 | 1137 | 12.1∶1 | 80580 | 4425 | 18.2∶1 |
| 武汉大学 | 15887 | 1310 | 12.1∶1 | 68134 | 3442 | 19.8∶1 |
| 上海交通大学 | 17951 | 1753 | 10.2∶1 | 29161 | 1445 | 20.2∶1 |
| 平均值 | 19540 | 1808 | 10.8∶1 | 57507 | 3157 | 18.2∶1 |
| | | | | | | |
| 苏州大学 | 19307 | 1303 | 14.8∶1 | 34542 | 2205 | 15.7∶1 |

———————

① 数据来自教育部教育管理信息中心。

续表

| 单位 | 1998 年 | | | 2006 年 | | |
|---|---|---|---|---|---|---|
| | 标准生数（人） | 专任教师数（人） | 生师比 | 标准生数（人） | 专任教师数（人） | 生师比 |
| 云南大学 | 9014 | 910 | 9.9∶1 | 24868 | 1563 | 15.7∶1 |
| 南昌大学 | 12779 | 1244 | 10.3∶1 | 44815 | 2340 | 15.9∶1 |
| 汕头大学 | 6823 | 530 | 12.9∶1 | 6896 | 426 | 19.2∶1 |
| 聊城大学 | 6830 | 517 | 13.2∶1 | 25891 | 1470 | 16.2∶1 |
| 平均值 | 10951 | 900 | 12.2∶1 | 27402 | 1600 | 17.6∶1 |

## 4. 理工类大学

表 2—11　部分理工类大学生师比情况①

| 单位 | 1998 年 | | | 2006 年 | | |
|---|---|---|---|---|---|---|
| | 标准生数（人） | 专任教师数（人） | 生师比 | 标准生数（人） | 专任教师数（人） | 生师比 |
| 北京科技大学 | 11003 | 1277 | 8.6∶1 | 25380 | 1438 | 17.7∶1 |
| 哈尔滨工业大学 | 19691 | 1904 | 10.3∶1 | 50210 | 2948 | 17.0∶1 |
| 天津大学 | 16239 | 1482 | 11.0∶1 | 17715 | 988 | 17.9∶1 |
| 北京航空航天大学 | 14050 | 1098 | 12.8∶1 | 30247 | 1690 | 17.9∶1 |
| 北京理工大学 | 12937 | 1331 | 8.6∶1 | 39265 | 2199 | 17.9∶1 |
| 平均值 | 14784 | 1418 | 9.7∶1 | 32563 | 1853 | 17.6∶1 |
| | | | | | | |
| 西安工业大学 | 4873 | 378 | 12.9∶1 | 15233 | 917 | 16.6∶1 |
| 湖北工业大学 | 7418 | 612 | 12.1∶1 | 16736 | 981 | 17.1∶1 |
| 湖南科技大学 | 4190 | 442 | 9.5∶1 | 24864 | 1463 | 17.0∶1 |
| 武汉工程大学 | 4853 | 480 | 10.1∶1 | 14611 | 897 | 16.3∶1 |
| 西安石油大学 | 3795 | 572 | 6.6∶1 | 16803 | 964 | 17.4∶1 |

---

① 数据来自教育部教育管理信息中心。

续表

| 单位 | 1998 年 | | | 2006 年 | | |
|---|---|---|---|---|---|---|
| | 标准生数（人） | 专任教师数（人） | 生师比 | 标准生数（人） | 专任教师数（人） | 生师比 |
| 平均值 | 5026 | 497 | 10.1：1 | 17649 | 1044 | 16.9：1 |
| | | | | | | |
| 淮海工学院 | 3441 | 270 | 12.8：1 | 15723 | 958 | 16.4：1 |
| 常州工学院 | 3774 | 333 | 11.3：1 | 11196 | 668 | 16.8：1 |
| 上海电力学院 | 2163 | 211 | 10.3：1 | 9434 | 599 | 15.8：1 |
| 江苏工业学院 | 3387 | 353 | 9.6：1 | 12474 | 737 | 16.9：1 |
| 苏州科技学院 | 5718 | 527 | 10.9：1 | 14008 | 833 | 16.8：1 |
| 平均值 | 3697 | 339 | 10.9：1 | 12567 | 759 | 16.6：1 |
| 备注 | 湖南科技大学 1998 年时,为湘潭工学院;苏州科技学院是三校合并后的学校 | | | | | |

## 5. 医学、农林类院校

### 表 2—12　部分医学、农林类院校生师比情况①

| 单位 | 1998 年 | | | 2006 年 | | |
|---|---|---|---|---|---|---|
| | 标准生数（人） | 专任教师数（人） | 生师比 | 标准生数（人） | 专任教师数（人） | 生师比 |
| 上海中医药大学 | 2214 | 337 | 6.6：1 | 9072 | 565 | 16.1：1 |
| 成都中医药大学 | 3613 | 235 | 15.4：1 | 10320 | 655 | 15.8：1 |
| 辽宁中医药大学 | 1951 | 340 | 5.7：1 | 6378 | 449 | 14.2：1 |
| 长春中医药大学 | 2176 | 205 | 10.6：1 | 7803 | 580 | 13.5：1 |
| 山西中医药大学 | 861 | 122 | 7.1：1 | 11712 | 743 | 15.8：1 |
| 平均值 | 2163 | 248 | 8.7：1 | 9057 | 598 | 15.1：1 |

---

① 数据来自教育部教育管理信息中心。

续表

| 单位 | 1998 年 | | | 2006 年 | | |
|---|---|---|---|---|---|---|
| | 标准生数(人) | 专任教师数(人) | 生师比 | 标准生数(人) | 专任教师数(人) | 生师比 |
| 陕西中医学院 | 1569 | 212 | 7.4：1 | 6909 | 471 | 14.7：1 |
| 江西中医学院 | 1488 | 332 | 4.5：1 | 10860 | 622 | 17.5：1 |
| 甘肃中医学院 | 1846 | 180 | 10.3：1 | 4612 | 261 | 17.7：1 |
| 平均值 | 1635 | 241 | 6.8：1 | 7460 | 451 | 16.5：1 |
| | | | | | | |
| 中国协和医科大学 | 3305 | 1163 | 2.8：1 | 5263 | 643 | 8.2：1 |
| 山西医科大学 | 4478 | 592 | 7.6：1 | 12591 | 744 | 16.9：1 |
| 新疆医科大学 | 5451 | 520 | 10.5：1 | 11553 | 744 | 15.5：1 |
| 平均值 | 2647 | 758 | 5.8：1 | 9802 | 710 | 13.8：1 |
| | | | | | | |
| 辽宁医学院 | 3667 | 382 | 9.6：1 | 8361 | 559 | 15.0：1 |
| 泸州医学院 | 4103 | 410 | 10.0：1 | 14061 | 791 | 17.8：1 |
| 泰山医学院 | 2492 | 322 | 7.7：1 | 16952 | 952 | 17.8：1 |
| 桂林医学院 | 2114 | 174 | 12.2：1 | 6647 | 516 | 12.9：1 |
| 平均值 | 3095 | 322 | 9.6：1 | 11505 | 704 | 16.3：1 |
| | | | | | | |
| 南京农业大学 | 8835 | 817 | 10.8：1 | 24290 | 1369 | 17.7：1 |
| 华中农业大学 | 7591 | 741 | 10.3：1 | 22933 | 1194 | 19.2：1 |
| 东北农业大学 | 6465 | 673 | 9.6：1 | 21783 | 1339 | 16.3：1 |
| 新疆农业大学 | 4613 | 633 | 7.3：1 | 16738 | 880 | 19.0：1 |
| 莱阳农学院 | 4075 | 389 | 10.5：1 | 21039 | 1144 | 18.4：1 |
| 平均值 | 6316 | 651 | 9.7：1 | 21356 | 1185 | 18.0：1 |

## 6. 财经类院校

表 2—13 部分财经类院校生师比情况①

| 单位 | 1998 年 | | | 2006 年 | | |
|---|---|---|---|---|---|---|
| | 标准生数（人） | 专任教师数（人） | 生师比 | 标准生数（人） | 专任教师数（人） | 生师比 |
| 上海财经大学 | 7705 | 470 | 16.4 | 16654 | 866 | 19.2：1 |
| 云南财经大学 | 4222 | 431 | 9.8 | 13875 | 823 | 16.9：1 |
| 对外经济贸易大学 | 5259 | 525 | 10.0 | 14438 | 721 | 20.0：1 |
| 东北财经大学 | 9092 | 516 | 17.6 | 14367 | 749 | 19.2：1 |
| 平均值 | 6569 | 486 | 13.5 | 14833 | 789.75 | 18.8：1 |
| 浙江财经学院 | 4060 | 228 | 17.8 | 10002 | 585 | 17.1：1 |
| 山东财经学院 | 5060 | 360 | 14.1 | 12269 | 706 | 17.4：1 |
| 新疆财经学院 | 3623 | 401 | 9.0 | 12775 | 737 | 17.3：1 |
| 贵州财经学院 | 2612 | 294 | 8.9 | 8377 | 537 | 15.6：1 |
| 内蒙古财经学院 | 2767 | 321 | 8.6 | 10212 | 626 | 16.3：1 |
| 平均值 | 3625 | 321 | 11.3 | 10727 | 638.2 | 16.8：1 |

## 7. 私立大学的相关数据

表 2—14 河南省私立或民营高校生师比统计

| 单位 | 1998 年 | | | 2006 年 | | |
|---|---|---|---|---|---|---|
| | 标准生数（人） | 专任教师数（人） | 生师比 | 标准生数（人） | 专任教师数（人） | 生师比 |
| 升达经贸管理学院 | 4456 | 186 | 23.9：1 | 13597 | 650 | 20.9：1 |
| 成功学院 | | | | 3404 | 170 | 20.0：1 |
| 民生学院 | | | | 4055 | 242 | 16.8：1 |

---

① 数据来自教育部教育管理信息中心。

| 单位 | 1998 年 | | | 2006 年 | | |
|------|---------|---|---|---------|---|---|
| | 标准生数（人） | 专任教师数（人） | 生师比 | 标准生数（人） | 专任教师数（人） | 生师比 |
| 黄河科技学院 | 2097 | 172 | 12.1∶1 | 20902 | 1128 | 18.5∶1 |
| 新联学院 | | | | 3282 | 183 | 17.9∶1 |

结论:从上述统计表的数据中可以得出三条结论:

（1）以1999年全国高校大规模扩招为分界线,扩招之前的生师比普遍大幅度低于扩招后的生师比,说明扩招后高校人力资源投入的效益明显提高。

（2）本科教学工作水平评估之前,由于没有权威的生师比标准,使得即使可比性比较强的同类院校,其生师比的差别也比较大,表明政府制定最低编制标准的迫切性和重要性。

（3）本科教学工作水平评估方案规定了最低的生师比标准后,使得各类高校的人力资源投入有了依据,生师比趋于逐步规范。

这种高校在没有生师比标准参考下的摸索过程,可以通过河南师范大学的个案,得到生动的反映（见表2—15）。

表2—15　河南师范大学1990—2007年生师比变化情况

| 学年度 | 标准生数（人） | 折合教师数（人） | 生师比 | 生员比 | 备注 |
|--------|---------------|-----------------|--------|--------|------|
| 1990—1991 | 4882 | 832.5 | 5.9∶1 | 3.0∶1 | |
| 1991—1992 | 4746 | 848.5 | 5.6∶1 | 2.7∶1 | |
| 1992—1993 | 5130 | 855.5 | 6.0∶1 | 2.9∶1 | |
| 1993—1994 | 10950 | 866 | 12.6∶1 | 6.1∶1 | |
| 1994—1995 | 13299 | 863 | 15.4∶1 | 7.4∶1 | |
| 1995—1996 | 10167 | 826 | 12.3∶1 | 6.0∶1 | |
| 1996—1997 | 9619 | 895 | 10.7∶1 | 5.4∶1 | |
| 1997—1998 | 8816 | 844 | 10.4∶1 | 4.9∶1 | |
| 1998—1999 | 8064 | 834 | 9.7∶1 | 4.6∶1 | |

| 学年度 | 标准生数（人） | 折合教师数（人） | 生师比 | 生员比 | 备注 |
|---|---|---|---|---|---|
| 1999—2000 | 10162 | 738.5 | 13.8：1 | 6.5：1 | |
| 2000—2001 | 12541 | 686.5 | 18.3：1 | 8.3：1 | |
| 2001—2002 | 14208 | 728 | 19.5：1 | 9.2：1 | |
| 2002—2003 | 18573 | 743.5 | 25.0：1 | 11.9：1 | |
| 2003—2004 | 17432 | 1082 | 16.1：1 | 11.0：1 | |
| 2004—2005 | 18611 | 1177 | 15.8：1 | 11.5：1 | |
| 2005—2006 | 19007 | 1226 | 15.5：1 | 11.4：1 | |
| 2006—2007 | 23918 | 1262.5 | 18.9：1 | 12.4：1 | |
| 2007—2008 | 25607 | 1251.5 | 20.5：1 | 13.2：1 | |
| 备注 | 标准生数、专任教师数按本科教学水平评估标准核算 | | | | |

用曲线图表示为：

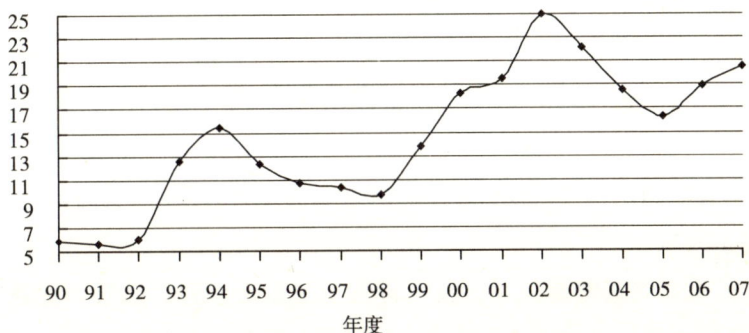

河南师范大学 1990—2007 年生师比变化表

从上图中可以清楚看出,20世纪90年代初的计划经济体制下,高校的生师比非常低,意味着办学效益低下;90年代末扩招后,伴随着高校办学自主权的逐步落实,在客观上师资力量的增长低于学生数的增长和主观上学校追求办学经济效益的双重因素影响下,生师比一路飙升,一度达到不可思议的25：1,然后教育部提出本科教学工作水平评估要求,生师比作为一项重要评估指标,学校开始将生师比参数降低到国家要求的标准。

**（二）制约编制标准关键因素研究**

在教育教学质量满足政府要求的前提下,制约生师比的因素主要有标准班人数和教师年标准教学工作量。此处以河南师范大学 2007 年本科生教学班上课情况为例作一剖析(这也是目前河南高校的整体状况)。

1. 班级规模

截至 2007 年 6 月,河南师范大学共有全日制本科生 16000 人,分为 2403 个上课班,平均学生班人数为 92 人。

表 2—16　河南师范大学班级规模统计

| 班级人数规模 | 班级次数(个) | 所占比例(%) | 总学生人次数 |
|---|---|---|---|
| 50 人以下 | 552 | 22.9 | |
| 51—100 人 | 1124 | 46.8 | |
| 101—150 人 | 430 | 17.9 | |
| 151 人以上 | 297 | 12.4 | |
| 合计 | 2403 | 100 | 221165 |
| 班级平均规模数:92 人/班 | | | |

涉及的主要问题是:这样的班级规模是否合适? 是否满足教学质量的要求?

如果根据教育部对该校本科教学工作水平评估结果为优秀来评价,这样的班级规模是合适的,也是可以满足教学质量要求的。但是,从教学自身的规律和国内外比较的角度来看,这样的班级规模是否合适还有进一步探讨的必要。

(1)国内关于合适班级规模的研究

根据广西师范大学教育科学学院蒋士会博士的研究,决定大学大班课堂教学规模,要考虑三方面的因素:师生课堂互动的需要,学科性质及教学任务的需要,教师的课堂控制能力。综合考虑三方面的因素,除语言类和体育、艺术类特殊学科外,大班的学生数在 50—100 之间为宜,极端情况可以控制在 150 人以内,超过 150 人的班级,课堂秩序难以控制,师生交流无法进行,教学效果更是无法保证。这一结论与我们的常识是一致的,也得到教师和学生的认可。

（2）国外关于班级规模的研究

美国作为世界上高等教育最发达的国家,其经验和做法应该具有比较大的参考价值。

在美国,班级规模是作为大学排行的一项重要指标①,小班比例越高,对排名靠前越有利。它将班级规模分为两类,一类班级规模,指 20 人以下的班级;一类班级规模,指 50 人以上的班级。

根据《美国新闻与世界报道》发布的 2002 年美国大学和学院"排行榜"中提供的相关数据,可以看到美国大学和学院班级规模的一些情况。该排行榜把美国大学和学院分为有权授予博士学位者、有权授予硕士学位者和有权授予学士学位者三大类。在有权授予学士学位的大学和学院中,又分为"自由艺术学院"和综合学院两类;在有权授予硕士学位的大学和学院以及有权授予学士学位的综合学院中,又按照四个区域(即北部、中西部、南部、西部)进行排行。

表 2—17　不同地区前 10 位大学和学院的班级规模②

| 地区 | 北部 | 中西部 | 南部 | 西部 |
|---|---|---|---|---|
| 小班平均比例(%) | 44.8 | 49.9 | 53.5 | 45.8 |
| 大班平均比例(%) | 2.3 | 2.8 | 2.1 | 2.2 |

表 2—18　四个地区综合学院排名前 10 位学校的平均班级规模

| 地区 | 北部 | 中西部 | 南部 | 西部 |
|---|---|---|---|---|
| 小班平均比例(%) | 54.90 | 51.40 | 68.60 | 60.80 |
| 大班平均比例(%) | 1.90 | 1.63 | 0.21 | 4.27 |

---

① 　文东茅:《中美著名大学规模与结构的比较》,《中国高教研究》2002 年第 6 期。

② 　http://www.usnews.com/usnews/edu/college/rankings/libartee/tllibarteel.htm.

从相关数据可以看出,美国大学的班级规模主要以小班为主,超过50人的班级非常少。对我国地方本科院校来说,参考价值最大的是综合学院的班级规模,而这类学校的班级规模同样是以小班为主。

对于研究型大学或者研究教学型大学,其本科生的上课规模更小(如表2—19所示)。

表2—19　部分美国研究型大学的本科生上课规模①

(单位:人)

| 学校 | 上课规模 | 学校 | 上课规模 |
|------|---------|------|---------|
| 麻省理工学院 | <10 | 宾夕法尼亚大学 | 10—19 |
| 耶鲁大学 | 10—19 | 东北大学 | 10—19 |
| 纽约大学 | 10—19 | 西南大学 | 10—19 |
| 华盛顿大学 | 20—29 | 哈佛学院 | <10 |

(3)结论

在我国目前全国范围内存在的大学大班上课情况,有着特殊的存在条件,最主要的原因是高校持续大规模的扩招,师资队伍和教学设施的建设滞后于扩招的需要,只好大班上课;其次是传统的教师单向满堂灌输的教学方法对管理者和教师的影响,不注意课堂上学生与教师双向交流对提高教育质量的作用,认为班级人数越多,教育的规模效益体现得越充分;再次是教育技术的现代化程度提高了,认为借助多媒体技术,教师就可以用同样的体力付出给更多的学生上课。

大班尤其是超过150人的超大班上课,严重制约了学生与教师之间的双向交流,也使正常的课堂秩序难以保证,对教学质量的消极影响正在逐步显示出来,也被越来越多的管理者和教师认识到。如果说扩招初期的大班上课,是一种无法克服的权宜之举,那么随着师资和设施的逐步到位以及教学管理的规范化建设,班级规模应该逐步调整到一

---

① Robert Franek、Tom Meltzer 著,牛维麟译:《全美最优秀的 375 所大学》,中国人民大学出版社,2005 年 11 月版。

个合适的水平。

综合比较国内外的研究成果,对地方本科院校来说,除了特殊的语言类、体育专项类和艺术类之外,比较合适的班级规模应该控制在 100 人以内。如果再进一步细分,教学研究型大学的班级规模可以控制在 70 人以内,因为要满足每节课教师与 1/10 左右学生的双向交流的需要,而对于教学型大学,班级规模可以控制在 100 人以内。

2. 教师年标准教学工作量

教师工作量问题是人事分配制度改革和教学规范化管理中一个非常重要的问题,是诸多工作量标准中起基准作用的工作量标准。

研究教师工作量问题,首先涉及教师的岗位职责,现在公认的岗位职责是教学、科研和社会工作;其次是岗位职责中各部分的权重,这是与学校类型有关的非常复杂的问题,我国地方本科院校基本上属于教学研究型和教学型类别,以教学为主,科研次之,社会工作更次之。

假定教学工作量以自然学时为标准(上课时间 50—60 分钟),相关研究和结果如下。

(1)河南省代表高校教师工作量概况

河南省高校教师的教学工作量普遍低于 10 学时/周,一般在 6—10 学时/周。如根据 2006 年的统计,河南大学教师的工作量为文科教师每人 7 学时/周,理科教师 6 学时/周;河南师范大学教师平均 7.4 学时/周;河南科技大学教师 7 学时/周。

更详细的统计数据如表 2—20 和表 2—21 所示。

表 2—20　河南师范大学 2006 年教师承担普通本科生教学工作量统计

| 岗位 | 上课总人数 | 上课总学时数 | 人均学时数 | 人均周学时数 |
|---|---|---|---|---|
| 教授 | 108 | 11936 | 110.5 | 3.1 |
| 副教授 | 193 | 34133 | 176.9 | 4.9 |
| 讲师 | 203 | 35428 | 174.5 | 4.8 |
| 其他 | 302 | 55227 | 182.9 | 5.1 |
| 合计 | 806 | 136724 | 169.6 | 4.7 |

表 2—21　河南师范大学 2006 年教师承担研究生教学工作量统计

| 岗位 | 上课总人数 | 上课总学时数 | 人均学时数 | 人均周学时数 |
|---|---|---|---|---|
| 教授 | 124 | 14920 | 120.3 | 3.3 |
| 副教授 | 78 | 5910 | 75.8 | 2.1 |
| 讲师 | 31 | 3116 | 100.5 | 2.8 |
| 其他 | 32 | 2095 | 65.5 | 1.8 |
| 合计 | 265 | 26041 | 98.3 | 2.7 |

平均每位教师的总教学工作量为 7.4 学时/周。

（2）对河南省高校教师实际教学工作量高低的评价

目前关于大学教师的教学工作量标准问题，国家和地方政府均未规定明确的标准，因此无法对河南省高校教师的教学工作量高低做出结论，但是可以参考国内外的相关研究进行判断。

①国内关于教师教学工作量的相关统计

四川外语学院对 2004 年重庆市高校教师的教学工作量进行了统计[1]，结果如表 2—22、表 2—23、表 2—24 所示。

表 2—22　重庆市高校教师教学工作量整体情况统计

| 抽样人数 | <10/周 | ≤10≤20/周 | >20/周 |
|---|---|---|---|
| 1349 | 556 | 536 | 257 |
| 比例(%) | 41.2 | 39.7 | 19.1 |

表 2—23　重庆市高校教师教学工作量分职务统计

| 抽样人数 | <10/周 | | ≤10≤20/周 | | >20/周 | |
|---|---|---|---|---|---|---|
| 教授 143 | 人数 | 81 | 人数 | 39 | 人数 | 23 |
| | 比例(%) | 56.64 | 比例(%) | 27.27 | 比例(%) | 16.08 |

①　四川外语学院人事处课题组:《重庆市高等学校教师队伍状况分析》,《重庆大学学报(社会科学版)》2006 年第 5 期。

续表

| 抽样人数 | <10/周 | | ≤10≤20/周 | | >20/周 | |
|---|---|---|---|---|---|---|
| 副教授 395 | 人数 | 151 | 人数 | 164 | 人数 | 80 |
| | 比例(%) | 38.23 | 比例(%) | 41.52 | 比例(%) | 20.25 |
| 讲师 478 | 人数 | 186 | 人数 | 201 | 人数 | 91 |
| | 比例(%) | 38.91 | 比例(%) | 42.05 | 比例(%) | 19.04 |
| 助教及以下 321 | 人数 | 141 | 人数 | 121 | 人数 | 59 |
| | 比例(%) | 43.93 | 比例(%) | 37.69 | 比例(%) | 18.38 |
| 合计 1337 | 人数 | 559 | 人数 | 525 | 人数 | 253 |
| | 比例(%) | 41.81 | 比例(%) | 39.27 | 比例(%) | 18.92 |

表2—24 重庆市高校教师对教学工作量负担程度的主观感受度

| 总人数 | 超负荷,难以忍受 | | 过多,影响科研和学习 | | 合适 | | 不够饱满 | |
|---|---|---|---|---|---|---|---|---|
| 1281 | 人数 | 比例(%) | 人数 | 比例(%) | 人数 | 比例(%) | 人数 | 比例(%) |
| | 83 | 6.48 | 395 | 30.84 | 685 | 53.47 | 118 | 9.21 |
| 小计 | 478人,37.31% | | | | 803人,62.69% | | | |

从重庆市高校教师教学工作量的统计情况来看,周平均学时为10是教师觉得比较满意的一个标准。

②美国大学教师教学工作量的相关统计

根据笔者2006年9月底在美国进行的对以宾夕法尼亚大学为代表的美国大学的考察,美国大学教师的岗位职责被明确为教学、科研和社会服务三部分,关于教学工作量,美国大学教授协会1969年发布了《关于教师工作量的声明》,该声明不仅报告了大学教师"理想的"教学工作量,而且报告了课堂教学之外用于科研、服务以及个人和专业发展的时间,从职业模式的角度分析了教师工作量,提倡多样化的教师职业模式,承认教师个体的潜能和喜好。1969年的声明使用的表述是"教学量"(teaching loads),教师工作量(faculty workloads)被理解为每周正式课堂教学时间,更准确地说就是课程量(course loads)或教学时间(teaching hours)。该声明认为大学教师最大限度的教学量是:本科生教学每周为 12 小时,一学年中备课不得超过 6 门独立的课程;部分时间制和全日制研究生层次的教学每周为 9 小时。该声明又指出:最大限度的课程量并不一定是首选的教师工作模式,要达到有效的教学和学术水平,本科生教学每周为 9 小时;部分时间制和全日制研究生层次的教学每周为 6 小时。

　　根据苏州大学教育学院程晋宽博士在《美国大学教师工作量浅析》一文中提供的数据,美国大学教师工作量的相关统计结果如表2—25 所示。

表 2—25　教师工作量:每周各种活动的总时间

| 卡内基分类 | 全部 | 研究型大学 | 授予博士学位的大学 | 综合性大学 | 文理学院 | 所有二年制学院 | 所有四年制大学 |
|---|---|---|---|---|---|---|---|
| Ladd/Lipset (1977) | 44 | 46 | 46 | 45 | 42 | 37 | — |
| Faculty at Work (1988) | 52 | 55 | 54 | 53 | 53 | 47 | 54 |
| NSOPF(1988) | 53 | 57 | 54 | 52 | 52 | 47 | 54 |

　　[表中 Ladd/ Lipset(1977)指由 E. C. Ladd 和 S. M. Lipset(1977)领导的"美国教授职业调查",数据引自 E. C. Ladd,J r. 于 1979 年发表的"美国大学教授的工作经验:一些数据和观点"《高等教育的当前问题》,1979,pp. 3212。Faculty at Work(1988):指美国教育部的"教育研究与改进局(OERI)和密执根大学的"全国促进中学后教与学研究中心"(NCRIPTAL)资助的 1988 年的研究。NSOPF(1988)指美国教育部、"全国教育统计中心"(NCES)进行的"全国中学后教师的调查",数据引自"全国教育统计中心于 1990 年 3 月发布的调查报告]

表2—26　不同院校和任务类型全日制教师工作时间分配的百分比

| 院校类型 | 工作时间分配的百分比（％） | | | | | |
|---|---|---|---|---|---|---|
| | 教学 | 科研 | 行政 | 社区服务 | 其他工作 | 专业发展 |
| 所有院校 | 56 | 16 | 13 | 4 | 7 | 5 |
| 公立研究型大学 | 43 | 29 | 14 | 3 | 7 | 4 |
| 私立研究型大学 | 40 | 30 | 14 | 2 | 11 | 4 |
| 公立授予博士学位的大学 | 47 | 22 | 14 | 3 | 9 | 5 |
| 私立授予博士学位的大学 | 39 | 27 | 13 | 2 | 14 | 4 |
| 公立综合性大学 | 62 | 11 | 13 | 4 | 5 | 4 |
| 私立综合性大学 | 62 | 9 | 14 | 5 | 6 | 4 |
| 文理学院 | 65 | 8 | 14 | 5 | 4 | 4 |
| 公立两年制学院 | 71 | 3 | 10 | 5 | 5 | 5 |
| 其他 | 59 | 9 | 15 | 5 | 7 | 6 |

注：由于取整，百分比之和可能不是100％。

研究表明，美国大学教师正常的学术工作每周超过50小时。其中，专职教师的课程量存在较大差异，从研究型大学平均每周大约6节课，到多数4年制院校平均每周8至10节课，再到多数初级学院平均每周14至16节课。

对我国地方本科院校具有较大参考价值的，是4年制院校平均每周8至10节课的教学工作量。

③印度大学教师教学工作量的相关统计

印度对大学教师工作量标准有全国统一的规定：①"研究生班级授课规模为40—50名学生，辅导班为10—15名学生，实验课每班10—15名学生。每门课程每授课三次就应有一次辅导课，辅导课应占全部教学时间的25％，授课和辅导课每节均为1小时。教师授课一般不超过

---

①　李建忠：《印度高校内部人力资源配置和管理》，《比较教育研究》2001年第12期。

两门。教师不管有无授课任务，留在系里的时间平均每天应有 5 小时。"

"印度规定，一学年教学天数为 180 天，每周工作 5 天，每周 40 小时。大学拨款委员会任命的普那亚专题调查委员会提出了中央大学文科院系教师周工作 40 个小时及其时间分配的意见。教师工作安排的指导思想是，按照职称水平，实行区别原则：讲师要把更多的时间放在教学和备课上，同时兼顾科研和指导研究生，而教授和副教授则应把更多的时间放在科研、指导研究生和读书上，并适当兼顾教学。教师的工作内容包括教学、考试、辅导、备课、科研、指导研究生、读书、处理行政事务工作等 6 个方面。

教授每周教学时间为 6 个小时，考试 1 小时，辅导 1 小时，备课 6 小时，科研、指导研究生 14 小时，读书及处理行政事务 12 小时，计 40 小时。

副教授教学时间为 8 小时，考试 1 小时，辅导 2 小时，备课 8 小时，科研及指导研究生 14 小时，读书及处理行政事务 7 小时，计 40 小时。

讲师授课时间为 10 小时，考试 1 小时，辅导 4 小时，备课、科研、指导研究生 10 小时，读书及处理行政事务 15 小时，计 40 小时。"

结论：

从国内重庆市和美国、印度高校教师教学工作量的相关统计结果来看，周平均学时为 10 是对教学、科研并重的高校教师通行的要求工作量，能够得到教授协会、教师群体自身和管理者（政府）的认可，以此标准来要求河南高校教师目前的实际教学工作量，应该是比较合适的（本科生教学 7 学时/周，研究生教学 3 学时/周）。一些没有硕士点的以教学为主的学校，教学工作量还可以在此基础上进一步提高，周平均学时可以提高到 12。

3. 对河南省高校生师比的模拟计算（以河南师范大学为例）

按照前面研究的结论，河南师范大学作为教学研究型大学，班级规模应该在 50—100 的范围内，以并不算低的中等偏下的 70 人计算，教师教学工作量以并不算高的 10 学时/周要求（其中本科生教学工作量

为 7 学时/周,研究生教学工作量为 3 学时/周),其生师比的结果完全可以推算出来。具体过程为:

实际数据:本科生班级平均规模为 92 人/班,教师实际承担的本科生人均教学工作量为 4.7 学时/周时,生师比为 15.5∶1。

假设条件:本科生人数为 10000,班级规模为 70 人/班,教师教学工作量为 7 学时周时,每个班级的学时总数不变。

求证:假设情况下的生师比。

推算过程——

当班级规模为 70 人时,如果教师人数不变的话,则教师人均实际教学工作量应为 92/70×4.7 = 6.157 学时/周,还没有达到假设情况的 7 学时/周标准,如果按照 7 学时/周标准计算,其假设情况下的生师比为:

生师比 = (7/6.157)×15.5/1 = 17.6∶1

这是本科教学工作评估结果为优秀时的结果,根据教育部本科教学工作评估方案中合格标准可以比优秀标准高 2 的规定,则合格情况下的生师比应该为 19.6∶1,约为 20∶1。

按此方法计算,对于教学型大学,班级规模可以 95 人计算,教师教学工作量可以按 12 学时/周要求,则:

达到评估优秀标准时的生师比为:22.6∶1;

达到评估合格标准时的生师比为:24.6∶1。

4. 关于河南省高校生师比的结论

对河南师范大学的数据测算,在河南高校中是有代表性的。综合以上结果,河南省高校中综合类和师范类的生师比范围应该是:

偏重教学研究型的学校,≤20∶1;

偏重教学型的学校,≤24.6∶1。

以后随着办学条件的改善,班级规模逐步减少到 50 人以下时,生师比就可以逐步降低。由此也可以看出,教育部本科教学工作评估时只规定生师比的标准,而不规定班级规模和教师教学工作量的标准,并不能从根本上保证学校为保证教学质量而进行有效的人力资源投入。

### 三、编制经济功能的深度开发与学校可持续发展

编制从形式上看是人力资源投入的数量,但其实质上则是一个经济投入指标,体现的是经济效益,人力资源管理部门如果认识不到编制的实质,只从形式上认识编制,作为控制进人的标准,则是肤浅和非专业的,既不能适应改革的需要,也不能适应专业化管理的需要。必须从实质上理解编制标准的经济功能,就可以在此标准范围内采用灵活多样的方式进行人力资源投入,在保证教育教学质量的前提下,使学校健康地可持续发展。

本部分研究三个问题:使用专职教师与兼职教师的经济效益比较,聘任兼职教师的现实可能性,兼职教师的合适数量。

1. 使用专职教师与兼职教师的经济效益比较

按照河南省高校目前的教师队伍管理方式,能够有资格被聘任为全职教师的,必须是按照经过河南省教育厅和人事厅主管部门批准的计划和条件招聘的在岗人员,他们享受国家规定标准的工资、校内岗位津贴、学校福利和超工作量奖励。兼职教师则是除此之外的符合教师资格、满足教学需要的其他人员,通过提供教学工作量获得报酬,是近几年才出现的一种新的用人方式。

如果从学校的角度来比较专职教师和兼职教师的用人成本,直观上的结论是使用兼职教师的成本较低,但从量上来衡量其低的程度,就要靠具体的数据分析来说明。以河南师范大学的副教授岗位为例,一个全职教师 2006 年的年工资、教学津贴成本是 4.5 万元,而聘请的兼职教师完成专职副教授同样的教学工作量 252 学时(7 学时/周×36 周),课时费标准是 60 元/课时,每年投入的成本是 15120 元,是一个专职教师成本的 1/3。在实际过程中成本比这一结果还要低,因为兼职教师一般不承担研究生课,只承担本科生课,因此实际成本只是专职教师成本的 1/4,这是河南省高校普遍存在的成本比例。

使用兼职教师的经济效益比较高,是国际上一种通常现象。在美国,学校对兼职教师不提供福利甚至不提供办公室,只根据所授课程付

酬,"近三分之一的教师每门课程常低于3000美元,而同样的工作量由专职教师完成,学校需要支付1.5万美元。"①

兼职教师的经济效益是建立在其社会效益的基础上:

第一,提高学校教育对社会现实的适应性。对实践性特别强的课程尤其是技能培训方面的课程,由富有实践经验的兼职教师讲授,其教学效果明显好于缺乏实践经验的教师的讲授,有利于理论与实践的结合,提高学校教育对社会现实的适应性。适合聘任兼职教师岗位的一般有两类,即公共基础课和实践性特别强的专业课,前者可以聘请讲课效果特别好的教师,充分发挥其讲课优势,后者可以聘请在专业岗位上既有丰富实践经验又能进行理论总结的人员,如法律专业聘请的律师,公、检、法部门的专家讲授相应的专业课,经济专业聘请金融领域的专家,水产专业聘请水产研究部门、水产养殖部门的专家等,他们的授课兼有理论性和实践性,比纯粹的学校招聘的从学校到学校的高学历的研究生授课效果要好得多。

第二,优化教师资源配置。专职教师是学校办学的骨干依靠力量,他们的整体科研水平直接决定学校的层次,因此给他们尤其是其中的科研骨干提供更多的时间用于科研,多出高水平的科研成果,是学校发展的需要,用兼职教师分担他们的教学工作量,是一种非常有效的做法。

第三,有利于学校建设一支少而精的专职教师队伍。兼职教师的规模化,为学校选拔高质量的专职教师创造了条件,不用为了完成急迫的教学任务而降低选拔条件,可以有充足的时间从容地在更大范围内选拔专职教师;同时,使用兼职教师节约的经费,又为吸引高层次人才创造了物质条件。

2. 聘任兼职教师的现实可能性

涉及两方面的问题:兼职教师的来源及支付兼职教师的费用保证。

---

① 李长华:《美国高校教师管理的新变化及原因探究》,《比较教育研究》2002年第6期。

兼职教师的来源不存在任何问题——

退休教师:这是兼职教师的主要来源之一。按照河南省目前的退休政策,教师到 60 岁以后必须办理退休手续,实际上在 60 岁的年龄,教师尤其是具有高级职称的教师,学术的生命力还非常强,延续到 70 岁对其中的大多数人不会有任何问题。

美国教师的法定退休年龄是 65 岁,根据《联邦禁止就业年龄歧视法》的规定,"在雇佣中禁止歧视年龄在 40—65 岁之间的人"。一般认为教师的法定退休年龄是 65 岁,但是美国从 1994 年取消了强制退休的做法,大学教师从法律上可以一直工作到生命结束,但实践上掌握的最高年龄为 70 岁①。根据国际上的惯常做法,大学教师的退休年龄一般都是在 60 岁以后,如加拿大,法定退休年龄为 65 岁(目前加拿大多伦多大学已废除教职员 65 岁退休制度),英国、新西兰、比利时 65 岁,匈牙利 62 岁,挪威法定退休年龄为 67 岁(但可以继续工作到 70 岁),印度的教师可以工作到 65 岁。说明大部分国家都意识到大学教师在 60 岁以后仍然具备的较大的工作价值。

河南省的退休教师尤其是其中的具有高级职称的人员,他们退休后的绝大多数不是安度晚年,而是继续发挥专业余热,多数被聘到私立大学工作,教师本人既可以继续从事自己喜欢的专业工作,又可以得到一份额外的报酬,当然有着很高的工作积极性。

科研机构的研究人员:河南省的所有高校所在的城市全部是地级市,是所在城市的教育、科研、经济和文化中心,科研院所数量可观,其中不乏国家级和省级重点科研研发机构,高水平的研究人员数量众多,是兼职教师重要的来源之一。同时,由于教学对他们本身的科研工作起到一种有力的推动作用,所以科研人员对受聘兼职教师有着内在的积极性,是一种双赢的选择。

国家机关和事业单位的专业技术人员:主要指公、检、法机关和

---

① 周晓健:《美国高等学校管理的改革对我国高校管理的启示》,《江西科技师范学院学报》2004 年第 5 期。

律师事务所、会计师事务所、审计部门等的专业技术人员,他们在具有扎实的专业知识的基础上,更是有着丰富的实践经验,聘任他们作为大学的兼职教师,是一种非常符合实际的选择,可以大大提升讲课质量。

应届普通高等学校各个层次的毕业生:现在毕业生就业市场处于买方市场,硕士学历以下人员几乎可以满足所有专业需求,都可以通过人才市场配置。这特别适合于一些专业要求不高的岗位,如实验指导岗位、网络维护岗位、多媒体教学设备维护岗位、重点实验室或重点科研项目的短期助研岗位等。

其他人员:包括企业的一些高级工程师,其他高校的教师等,也是兼职教师的来源之一。

支付兼职教师的费用保证——

在前面关于政府拨付经费与学校自筹经费的统计数据时,可以看出学校自筹经费的比例已经占到全年预算经费的一半以上,因此支付兼职教师的费用本身就是从学校自筹经费中支付的,不存在任何困难,同时由于聘用兼职教师所节省的经费,当然由学校受益。

3. 兼职教师的合适数量

关于外聘教师的数量,目前唯一可以作为权威依据的是教育部2004年8月公布的《本科教学工作水平评估方案(试行)》中的相关规定:"聘请校外教师经折算后计入教师总数,原则上聘请校外教师不超过专任教师总数的四分之一。"

尽管教育部在文件中只是做了比较"原则"的规定,即这样一个比例还是允许一定上下浮动范围的,但河南各学校在聘任兼职教师方面却是非常保守的,远远低于这样一个比例:

①2006年河南省部分普通高等学校外聘教师情况一览表(见表2—27)

表 2—27　2006 年河南省部分普通高等学校外聘教师情况一览表①

| 学校 | 学年 | 标准生数（人） | 专任教师数（人） | 评估生师比 | 实际聘任兼职教师数（人） | 理论上可聘兼职教师最大数（人） |
|---|---|---|---|---|---|---|
| 郑州大学 | 2003—2004 | 53905 | 2878 | 18.7 | 489 | 720 |
| | 2004—2005 | 48141 | 2960 | 16.3 | 403 | 740 |
| | 2005—2006 | 48773 | 3125 | 15.6 | 138 | 781 |
| 河南师范大学 | 2003—2004 | 17432 | 1082 | 16.1 | 59 | 271 |
| | 2004—2005 | 18611 | 1177 | 15.8 | 67 | 294 |
| | 2005—2006 | 19007 | 1226 | 15.5 | 85 | 307 |
| 信阳师范学院 | 2003—2004 | 10105 | 613 | 16.5 | 12 | 153 |
| | 2004—2005 | 11652 | 697 | 16.7 | 83 | 174 |
| | 2005—2006 | 13013 | 818 | 15.9 | 143 | 205 |
| 南阳师范学院 | 2004—2005 | 14975 | 800 | 18.7 | 171 | 200 |
| | 2005—2006 | 15787 | 907 | 17.4 | 173 | 227 |
| | 2006—2007 | 15774 | 992 | 15.9 | 163 | 248 |
| 河南科技学院 | 2004—2005 | 11437 | 697 | 16.4 | 119 | 174 |
| | 2005—2006 | 12376 | 783 | 15.8 | 85 | 196 |
| | 2006—2007 | 13116 | 846 | 15.5 | 75 | 212 |

从表中数据可以看出，河南省高校在用足用够兼职教师政策方面，还有很大的工作空间，需要进一步解放思想和更新观念。

实际上，在世界比较发达国家的高等教育体系中，兼职教师带来的经济效益和社会效益已经得到越来越多人的共识，兼职教师已经成为高校教师群体中相当大的一部分。

②美国高校教师队伍中关于兼职教师的相关数据统计②（见表 2—28）

①　教育部评估中心公布的自评报告。
②　The Chronicle of Higher Education,Aug31,2001.

表 2—28　美国高校教师队伍中关于兼职教师的相关数据统计

| 时间 | 教师总数（万人） | 专职教师比例（%） | 兼职教师比例（%） |
|---|---|---|---|
| 1977 | 67.8 | 66 | 34 |
| 1979 | 67.5 | 66 | 34 |
| 1981 | 70.5 | 65 | 35 |
| 1983 | 72.4 | 65 | 35 |
| 1985 | 71.5 | 64 | 36 |
| 1987 | 79.3 | 66 | 34 |
| 1989 | 82.4 | 64 | 36 |
| 1991 | 82.6 | 65 | 35 |
| 1993 | 91.5 | 60 | 40 |
| 1995 | 93.2 | 59 | 41 |
| 1997 | 99.0 | 57 | 43 |
| 1999 | 98.7 | 63 | 37 |

具体到哈佛大学,其 2003 财政年中专业技术人员的构成如表 2—29 所示。

表 2—29　哈佛大学 2003 财政年专业技术人员的构成①

| Academic Personnel | Headcount | Full-time Equivalents | Jobs |
|---|---|---|---|
| Senior faculty | 1626 | 1525 | 1680 |
| Junior faculty | 976 | 900 | 988 |
| Other faculty | 1195 | 792 | 1715 |
| Graduate students | 1170 | 317 | 1572 |
| Postdoctoral Fellows | 2800 | 2652 | 3012 |
| subtotal | 7767 | 6185 | 8967 |

---

① Working at Harvard: The Annual Report of the Office of Human Resources, Fiscal Year 2003.

从表 2—29 中可以看出,美国高校兼职教师的比例在一个相对较高的点上相对稳定,实际上不同层次的学校间在聘任的兼职教师的比例上还存在较大的差距,根据美国教育部 1997 年的调查统计,"在4093 所授予学位的高等院校雇佣的教师中,四年制学院兼职教师的比例占 32.6%,两年制社区学院兼职教学人员的比例为 64.6%。"说明随着学校学术层次的降低,兼职教师的比例逐步提高。

实际上,在我国民办高校中,大量聘用兼职教师是一种普遍现象,他们的主要目的是节约办学成本。姑且不去论证其过大的兼职教师规模对教育质量的不利影响,但这种办学成本意识却是值得公立高校借鉴的。

**表 2—30　河南省私立大学或民营大学 2006 年聘任兼职教师数统计**

| 学校 | 学校类别 | 专职教师数(人) | 兼职教师数(人) | 专兼职教师比例 |
|------|---------|--------------|--------------|-------------|
| 升达大学 | 私立大学 | 532 | 236 | 2.25∶1 |
| 黄河科技学院 | 私立大学 | 808 | 640 | 1.26∶1 |
| 新联学院 | 二级学院 | 39 | 288 | 0.14∶1 |
| 成功学院 | 二级学院 | 140 | 60 | 2.33∶1 |
| 民生学院 | 二级学院 | 176 | 131 | 1.34∶1 |
| 万方学院 | 二级学院 | 316 | 8 | 39.50∶1 |

结论:河南省地方本科院校聘任兼职教师的比例,至少要达到教育部文件允许的比例,部分没有硕士学位授予权的高校,聘任兼职教师的比例还可以在此基础上适当提高。

**四、机构编制标准改革**

机构编制改革涉及两方面的问题,一是机构数量;二是机关人员编制比例。

1. 确定机构的依据

用一句话总结学校机构的设置依据,就是"最有效率地保证学校管理措施的实施所需要的最少数量的机构。"实际上教育部[1999]16号文件中关于学校内设机构的要求是,"根据学校实际需要和精简、高效的原则,精简学校管理机构。要进一步明确校部管理机构基本职能,剥离服务职能、经营职能,划出教学科研辅助服务等部门。努力克服校部机关'政府化'的倾向,机构设置不要求上下对口,职能相近的部门和机构要尽可能合并或实行合署办公。学校管理机构数按学校规模和管理跨度确定,原则上10—20个左右。"

在教育部同年出台的《普通高等学校编制管理规程(草案)》中给出的本科院校内设机构参考数如表2—31所示。

表2—31　教育部编制规程规定的高校内设机构数

| 在校学生规模(人) | 机构限额数(个) | 领导职数(人) | 备注 |
|---|---|---|---|
| 8000—10000 | 17 | 45 | |
| 10000—12000 | 18 | 48 | |
| 12000—15000 | 19 | 51 | |
| 15000—20000 | 20 | 55 | |
| 20000以上 | 21 | 59 | |

根据笔者的调查,河南省高校目前改革中涉及机构设置的,基本上都是参照此原则和要求进行的,没有超出其数量要求。

九年多的改革实践表明,这一机构设置标准是基本符合实际的,可以满足学校高效管理的需要。但从更高的标准和要求来看,目前具有广泛共识基础的机构调整思路是:

(1)可以撤销的机构:随着高校改革的不断深化,一些机构的职能已经消失或减弱,没有存在的前提了。如校办产业办公室,其职能是管理校办产业,而实际上随着校办产业改革中逐步与学校脱离,变成独立的法人单位,学校就没有这方面的管理职能了。

(2)可以合并的机构:在目前关于改革的理论研究和实际操作中,形成共识的可以实质合并或合署的机构为:

党委办公室和校长办公室合并,成为学校办公室。两个办公室的职能完全相仿,只不过一个是为党务口服务的,一个是为行政口服务的,每个办公室的秘书和文印人员的工作量都不饱满,属于重复设置,完全可以合二为一。

纪委办公室、监察处、审计处的合并。三个部门职能相近,都属于监督部门,分开设立会存在工作量不饱满、职责交叉时推诿扯皮等效率低下问题,合并以后就可以成为职责明晰、运转高效的独立部门。

计划生育办公室并入工会。工会除了自身的工作内容外,主要是为职工服务,特别是工会中设立有女工部,专门负责女工工作,它和计划生育工作的内容是完全重合的,有充分的理由进行合并。

基建处、设备管理处合并入后勤管理处。随着扩招后学校大规模扩建任务的完成,基建处的工作量将逐步减少,并入工作任务相同或相似的后勤管理处是很自然的事情;随着后勤社会化改革的不断深化,后勤管理处作为改革前的总务处的不正常情况将会结束,宏观管理代替具体事物性的管理后工作量会大幅度减少,接手基建和设备管理工作不应该存在问题。

(3)应该加强的机构:招生办公室和就业办公室。这两个部门都是目前应该加强的部门,也是应该一体化的部门。原来的分开设置或者招生部门挂靠在教务处、就业部门挂靠在学生处的做法,是计划经济时代下的产物,那时学校是按计划招生和培养,分配由国家负责,所以招生和就业部门只是为学生办理相关手续的部门,不承担重要的责任。现在则不同了,市场经济体制下,学校自主办学的空间扩大了,但责任也相应增大了,如果不按市场需要设置专业和制订招生计划、提高培养质量,就会造成毕业生额外的就业压力,形成出口障碍,反过来就会迅速影响入口的报考数和质量,形成恶性循环,直接影响学校的生存状况,所以在目前怎样估价招生和就业一体化的重要性都不过分,二者的合并是当务之急。发展规划部门。这是需要加强的机构,除了为学校发展提供专业的调研和咨询外,还应该强化对学校无形资产的保护和为各部门提供专业的法律咨询,这是高校在市场经济体制下发展的需要和依法管理的需要。

2. 机关人员编制比例

目前作为高校机关人员编制参考的依据有两个,一是教育部[1999]16 号文件的规定,"从严控制学校管理人员编制,学校要遵循国家机关机构改革的原则精神,较大幅度地精减机关工作人员,全校党政管理工作人员编制原则上控制在全校事业编制教职工人数的 12%—15%(校部党政机构人员编制可按全校事业编制教职工人数的 6%—10%掌握)";二是教育部 1999 年出台的《普通高等学校编制管理规程(草案)》,"学校教学科研人员和教育教学辅助人员应占学校人员总数的 80% 以上,其他人员不超过人员总数的 20%。"

河南省高校定编的依据基本上就是参考这两个标准进行的,而且职员编制的比例全部控制在文件规定的低限,即 12% 以内。这有两方面的原因,一是学生扩招后,编制基数加大,职员编制自然增加;二是当在校生数达到一定规模时,职员的编制数和教师编制数的增长不再是同比例增长了,而只是点缀性的增加个别编制,这是管理学中典型的边际效应现象。

这一现象可以从教育部 1999 年出台的《普通高等学校编制管理规程(草案)》中得到佐证:在学生数与机构数的对应关系中,6000 学生数以下是每增加 1000 人,增加一个机构数,超过 6000 而低于 12000 学生数时,每增加 2000 学生数,增加一个机构数,超过 12000 学生数时,增加 3000 学生数才增加一个机构数,超过 15000 学生数时,增加 5000 学生数才增加一个机构数,到了 20000 以上的学生数时,机构数则稳定在21 个。这是一个非常明显的边际效应的体现。

各学校在改革实践中,都意识到了这一问题,并且都对此进行了积极探索。河南师范大学经过两轮的改革总结,对职员编制随学生数变化的对应关系摸索了一个经验比例,实践效果得到了校领导和职工的认可:

(1)标准生数达到 15000 时,按职员编制占校本部编制的最低比例12%核定的编制数,是一个相对稳定的编制平台,可以满足标准生数25000以下时管理工作对职员人数的需要。

(2)对各教学单位的职员编制从相对控制到最高限额控制。在第一轮改革中,学校对教学单位职员编制的核算办法是"标准生数为500以下的单位,编制基数为4;标准生数超过500的单位,每增加300标准生数,增加1名职员编制。"虽然考虑到边际效应,但由于改革经验不足,只是进行了相对控制,在第二轮改革中,则做了明确的调整:"标准生数为800以下的单位,编制基数为4;标准生数超过500的单位,每增加500标准生数,增加1名职员编制,但职员编制总数最多不得超过7。"

从河南省高校的实际情况来看,机构人员编制不存在大的问题,学生扩招后总编制数的增加消化了改革初期职员超编数,加之学校有意识地控制机关的人员补充,使得目前各高校的职员队伍都基本上达到了精简高效的改革目标。

# 第三章 地方本科院校权力运行模式研究

权力的运行问题是高校用人制度改革中不可回避的首要问题,因为所有的改革方案都要通过相应的权力来加以确认和通过,所以研究高校改革问题,必须研究高校权力的运行模式。本章有关地方院校权力运行模式问题的探讨,主要包括地方院校权力的种类与运行范围,现有地方院校权力运行模式的利弊,其他高校权力运行模式的借鉴,地方院校权力运行模式的创新与规范等。

## 第一节 权力的种类和适用范围

在我国高校共运行有五种权力:党委权力、行政权力、学术权力、教职工民主权利和学生权力。后四种权力是国际上其他国家高校所共有的权力,党委权力是我国高校独有的权力,也是中国特色高校管理模式的重要特点之一。由于高校人事分配制度改革与学生权力的联系度不高,所以本章只讨论前四种权力。

讨论的四种权力全部是法定权力,具有法律层面上的权威性。

### 一、党委权力

目前中国高校的领导体制是党委领导下的校长负责制,这是从《宪法》赋予中国共产党国家领导地位中延伸出来的,在《高等教育法》和《中国共产党普通高等学校基层组织工作条例》中得到具体体现。《高等教育法》第三十九条规定:"国家举办的高等学校实行中国共产党高等学校基层委员会领导下的校长负责制。中国共产党高等学校基层委员会按照中国共产党章程和有关规定,统一领导学校工作,支持校长独立负责地行使职权,其领导职责主要是:执行中国共产党的路线、方针、政策,坚持社会主义办学方向,领导学校的思想政治工作和德育工作,讨论决定学校内部组织机构的设置和内部组织机构负责人的人选,讨论决定学校的改革、发展和基本管理制度等重大事项,保证以培养人才为中心的各项任务的完成。"

在此基础上,各省市又出台了细化程度更高的相关规定,各高校又根据其主管部门的意见,出台了本校落实党委领导下的校长负责制的具体实施细则。如河南省省委组织部、省高校工委和省教育厅联合下发了《河南省高等学校坚持和完善党委领导下的校长负责制暂行规定》(豫组[2006]9 号),对党委和行政的职责作了更具体的规定——

党委的职责:

(一)贯彻执行党的路线、方针、政策,坚持社会主义办学方向,坚持用马克思列宁主义、毛泽东思想、邓小平理论和"三个代表"重要思想教育全校师生员工,培养有理想、有道德、有文化、有纪律的社会主义事业合格建设者和接班人。

(二)坚持党要管党、从严治党的方针,加强学校党的思想、组织、作风和制度建设,充分发挥院(系)党组织的政治核心作用、党支部的战斗堡垒作用和党员的先锋模范作用。

(三)讨论决定学校改革发展中的重大问题、学校内部组织机构设置和基本管理制度等重大事项。

(四)按照党管干部原则,做好干部工作。负责干部的教育培养、选拔任用和监督管理。向上级党组织推荐干部。

(五)坚持党管人才工作,按照管宏观、管政策、管协调、管服务的要求,领导学校人才工作。

(六)领导学校的思想政治工作和德育工作,坚持育人为本,着力加强大学生思想政治教育。

(七)加强学校精神文明建设,树立良好的校风,维护学校安全稳定。

（八）领导学校工会、共青团、学生会等群众组织和教职工代表大会。

（九）做好统一战线工作。对学校民主党派基层组织实行政治领导,支持其按照各自的章程开展活动。

（十）加强党风廉政建设,认真落实党风廉政建设责任制,建立健全与学校改革发展相适应的教育、制度、监督并重的惩治和预防腐败体系。

河南省各高校在此基础上根据本校的实际情况,又制定了操作性更强的实施细则,如河南师范大学制定的《河南师范大学坚持和完善党委领导下的校长负责制实施细则》,对需要党委负责处理的"重大事项"进行了明确界定,第十五条规定了必须由党委(常委)会集体讨论决定的学校的重大问题和重要事项,包括:

（一）办学指导思想、发展规划、学年工作计划。

（二）党的建设、精神文明建设、廉政建设、思想政治工作中的重要问题。

（三）基本管理制度和重要规章制度,资源配置中的重大问题。

（四）教学质量、学科发展、专业设置及优化、招生计划、就业指导等教学、科研、学科专业建设及招生就业工作中的重大问题。

（五）内部组织机构设置及调整,处级干部任免、调动、奖惩、考核和监督,干部教育和后备干部队伍建设工作。

（六）人才队伍建设规划及重要举措,人员总编制、年度进人原则及计划,高级职称技术人员调动,博士生导师、特聘教授、专业技术职务评聘工作中的原则、程序等重要问题。

（七）年度财务预算、决算,开支在 60 万元以上的预算内大额度资金使用,预算外资金管理及使用,教育收费等重大问题。

（八）重大基建项目,重要资产管理及后勤、校办产业工作中的重大问题。

（九）对外合作与交流的重要事项。

（十）重大改革方案、收入分配政策等关系师生员工切身利益的重大问题。

（十一）安全稳定工作中的重要问题。

（十二）需要党委讨论决定的其他重大问题和重要事项。

## 二、行政权力

行政权力即校长权力，也是由《高等教育法》规定的。《高等教育法》第三十条规定："高等学校的校长为高等学校的法定代表人"，第四十一条规定：高等学校的校长全面负责本学校的教学、科学研究和其他行政管理工作，行使下列职权：

（一）拟订发展规划，制定具体规章制度和年度工作计划并组织实施；

（二）组织教学活动、科学研究和思想品德教育；

（三）拟订内部组织机构的设置方案，推荐副校长人选，任免内部组织机构的负责人；

（四）聘任与解聘教师以及内部其他工作人员，对学生进行学籍管理并实施奖励或者处分；

（五）拟订和执行年度经费预算方案，保护和管理校产，维护学校的合法权益；

（六）章程规定的其他职权。高等学校通过校长办公会议或者校务会议处理前款规定的有关事项。

对河南省本科院校来说，校长权力主要是通过校长办公会行使的。

特别需要说明的是，法律规定校长是学校的法定代表人，是有明确的法律上的权利和义务的，即校长是唯一可以代表学校（法人）行使民事权利和承担民事义务的人。

## 三、学术权力

学术权力即通过学术机构或学术团体行使的权力，也是由《高等教育法》规定的。《高等教育法》第四十二条规定:"高等学校设立学术委员会,审议学科、专业的设置,教学、科学研究计划方案,评定教学、科研成果等有关学术事项。"

对地方本科院校来说,学术权力的行使主体主要是学术委员会、学位委员会和教学指导委员会。其中学术委员会又分为两级,一是学校的学术委员会,二是院系的分学术委员会。

目前国际上高校行使学术权力的主体主要是教授协会,我国地方本科院校中绝大部分都没有建立教授协会,只有个别学校在进行这方面的探索,如东北师范大学在 2000 年 5 月成立了 15 个学院的教授委员会,①郑州大学也从 2009 年开始进行教授协会方面的探索。实际上,行使学术权力的主体名称并不重要,关键是行使学术权力的主体和内涵。

### 四、职工民主权利

职工民主权利是《高等教育法》和《工会法》授予的。前者第十一条规定:"高等学校应当面向社会自主办学,实行民主管理。"第四十三条规定:"高等学校通过以教师为主体的教职工代表大会等组织形式,依法保障教职工参与民主管理和监督,维护教职工合法权益。"后者第五条规定:"工会组织要教育职工依照宪法和法律的规定行使民主权利,发挥国家主人翁的作用,通过各种途径和形式,参与管理国家事务,管理经济和文化事业,管理社会事务。"第六条规定:"工会在维护全国人民总体利益的同时,维护职工的合法权益。"

国家教育部、全国教育工会 1985 年 1 月 28 日颁布的《高等学校教职工代表大会暂行条例》,在"职权"部分第五条规定教代会行使的职权包括"讨论通过岗位责任制方案,以及其他与教职工有关的基本规章制度,由校长颁布施行"。从制度上进一步明确了教代会审议通过人事分配制度改革方案的合法性和必须性。

---

① 史宁中:《"教授治学",大学走向卓越的必然》,《中国教育报》2007 年 2 月 2 日。

　　上述四种权力的合法性不存在任何质疑的地方,其各自的适用范围也有明确规定,从理论上来说,它们在高校的运行中不会产生任何问题,但在实际运行中,四种权力适用范围的交叉部分、授权内容不明确部分、权力主体对权力内涵主观定位方面的差异等,都会引起权力运行中的冲突、错位、抵消等问题,尤其是在高校人事分配制度改革的问题上,它本质上涉及学校各方面的利益调整,各种权力的运行必然空前活跃,其中出现的任何问题都可能对改革产生巨大的影响,是一个需要认真研究和对待的现实问题。

## 第二节　权力运行中存在的突出问题

　　根据笔者调研到的情况和收集到的资料,在地方本科院校的权力运行过程中主要存在五方面的问题:一是党委权力的运行缺少有力的保障机制;二是行政权力的义务与权利内涵存在失衡现象;三是学术权力存在弱化和异化现象;四是职工的民主权利存在形式化现象;五是权力运行过程中的无序交叉造成工作效率低下现象。

　　存在的这些问题,可以从下面的调查报告中得到证实。在 2009 年河南省委统一组织的省属高校学习实践科学发展观活动中,河南师范大学党委组织了一个专门的工作组对我国高校内部治理结构及其有效运行问题进行调研,并提供了调查报告。其中,对党委领导下的校长负责制运行过程中存在的问题是这样报告的:

　　[案例 3—1]:当前党委领导下的校长负责制运行过程中存在的主要问题及原因①

　　……

---

① 　河南师范大学第三调研组:《深入学习实践科学发展观调研报告汇编》,第 46 页。

## （二）存在的主要问题

1. 高校少数领导班子的整体战斗力、凝聚力不强，高校党委的政治核心作用和领导核心作用没有得到充分发挥，在把握大的发展方向、事关学校的重大问题上作用不明显。少数高校党委的站位不够高，存在以党代政问题，影响了行政的积极性；有的行政负责人政治素质不高，对党和国家的方针、政策理解不深、不透，过分强调其法人地位，很多大事与党委书记沟通不够；有些高校党政班子尤其是两个一把手之间不协调、不团结，对学校事业发展产生了较大的负面影响等。

2. 决策机制有待进一步优化和决策能力有待进一步提高。表现在，一方面，民主与集中的关系处理得不好，有的过分强调民主，议而不决，效率低下，错失了机遇；有的只讲集中，没有发扬民主，出现了独断，不能很好地决策，也不能很好地落实。另一方面，抓落实不够。有些问题，已经有了明确的决策，但分管领导落实不力，甚至不去落实。还有的在决策形式上存在问题，有的以党政联席会作为决策形式，甚至有的以校长办公会来代替党委会等。

3. 个别学校党政主要领导的民主意识不强，依法办学、民主管理的水平不高。许多高校只重视办学规模的扩张和学校硬件建设，忽视软件建设，学校民主管理工作在一定程度上受到了削弱。

4. 政治权力、行政权力与学术权力界限不清，政治权力、行政权力挤压学术权力。有些学校的决策，存在不遵循教育教学规律，仅依赖单纯的经验和拍脑袋来进行的问题，专家、学者们的意见、合理建议得不到有效采纳。

## （三）存在问题的主要原因

首先，思想认识上的模糊不清。一些学校的领导包括主要领导，对高校实行党委领导下的校长负责制的重要性和必要性缺乏深刻的认识，对这一领导体制的深刻内涵把握不准，有的还有误解。有的把完整制度的党委领导下的校长负责制，人为地割裂开来，进而主观地作虚、实之分；有的把党委领导与校长负责放在一个层面上来认识和对待，以为党委领导与校长负责只是一种简单的权力与责任的分割；有的认为，党委领导就是书记领导,对书记负责就是对党委负责;还有的认为,这一体制是领导的不负责,负责的不领导;等等。

其次,制度不健全。一方面上级部门与学校还没有对这一领导体制制定出更为具体的实施意见;另一方面,对现有的规章制度执行不力,落实不够。造成党政职能的发挥往往出现"缺位"、"越位"、"错位"等问题;或党委过多地介入行政操作层面,校长自主性不够;或党委领导不力,校长自行其是;或党政各持己见,互不相让,内耗严重。

再次,高校民主办学观念滞后,往往强调和突出了教职工是义务主体,忽视了其权利主体的身份,缺乏对以教师为主体的教职工利益需求的人文关注和研究,在维护教职工正当权益方面失去了工会应有的生命力。

最后,领导干部的政治素质有待加强。在领导班子建设方面,组织部门有时过分强调了专业素质的要求、年龄和知识结构的优化以及学历的提高,但对于其政治素质、思想道德水平、团结协作的精神及人际社会交往的能力等有可能忽略。

## 一、党委权力的运行缺少有力的保障机制

党委最重要的法定职责是保证学校的办学方向和决定与学校发展最密切相关的重大事项,也就是对学校的发展命脉负总体责任。如果类比于现代企业的运营机制,党委承担着董事会的职责,而要履行这样的责任,必须具有两方面的根本保障机制:一是党委书记是学校的法定代表人,相当于董事长,二是党委具有聘任校长的权力。实际上,在现行领导体制下这两方面机制无法实现,这就给党委履行职责造成了困难,人为地造成体制内的内耗,主要表现在两个方面:

1. 对行政权力有隶属、无制约,形成事实上的两个权力中心

党委领导下的校长负责制,其具体含义是"高等学校党委是学校的领导核心,依法统一领导学校工作。党委实行集体领导,党委书记全

面主持党委工作。"①,校长负责制的含义是"高等学校校长是学校行政负责人和法定代表人,全面负责学校教学、科研和其他行政管理工作。"②相比较而言,党委是"依法统一领导学校工作",行政是"全面负责学校教学、科研和其他行政管理工作",即在学校的管理体制中存在三个指挥中心:党委是全校总的指挥中心,也是党委系统的指挥中心,校长是行政系统的指挥中心。如果按照指挥主体来划分,可以将学校的管理体制归结为两个指挥中心:党委依法统一领导的指挥中心和校长行政系统的指挥中心。

如果纯粹地从管理层级来说,党委的指挥中心高于行政的指挥中心,因为党委可以通过校长干预行政行为。而问题的关键在于同时规定了校长是学校的法定代表人,而法定代表人则有其特定法律内涵,是指依照法律或者法人组织章程规定,代表法人行使职权的负责人,其职务行为当然视同法人的行为,要承担相应的法律责任。即校长为了正确行使职权,必须拥有最终决策权或者否决权,这就在实践中出现两种可能的情况:如果校长的法人代表的权力是实质性的,则就使校长的行政指挥中心上升到与党委指挥中心相同的层级,出现了一个单位两个并行的指挥中心问题;如果校长的法人代表的权力是象征性的,则追究决策失误责任时将面临承担责任主体难以确定问题。

如果一个单位存在两个并行的指挥中心,则犯了管理理论上的大忌。因为当两个指挥中心发出不同的甚至是相反的管理指令时,必然引起被管理者的困惑和混乱,造成工作的低效率甚至严重的内耗。因此在以追求高效率经济利益为最终目标的成熟的现代企业里,只存在纵向指挥系统问题,不存在平行的指挥系统问题;在以追求打胜仗为最终目标的军事系统中,也是只存在纵向指挥系统,以确保军令统一和畅通,决不可存在并行的指挥系统而贻误战机。

---

①　中共河南省委组织部豫组[2006]9号文件:《河南省高等学校坚持和完善党委领导下的校长负责制暂行规定》。

②　同上。

高等学校这种不完善的管理体制,是所有党政关系出现问题的根源。华南理工大学党委书记刘树道认为,"'弊'的最大问题,是由于有事实上的两个系统,而党和政的一把手如果在名利上过不了关,互相追名逐利,如果党委书记和校长有一人在许多问题上去争执到底谁说了算,到底这个事情该由谁管,就很难保证不出问题"①;西北大学校长孙勇认为,"党委领导下的校长负责制如何运行,特别是如何规范性的运行,依然是一个没有解决的重大课题。……一个体制运行的好坏不取决于体制本身,而取决于其他诸多因素,特别是个人的关系,这样不仅增加了运行结果的不确定性,也降低了这个体制的权威性"。② 在实践中则根据书记和校长个人不同的经历和威望及性格方面的原因,形成了每个学校不同特点的所谓"强势书记"或"强势校长"的领导风格,意味着某一方向另一方的妥协,可以出现一个权威的指挥中心;如果双方互不妥协,各自寻找对自己有利的政策依据,就有可能形成针尖对麦芒的情形,体制上的缺陷在实践中进一步放大,学校班子就到了非调整不可的程度了。所以国内高校的书记和校长在考核述职时最常用的一种说法是"为了保持整个领导班子的团结,自己坚持大事讲原则,小事讲风格。"实际上表达了对这种不完善的管理体制无可奈何的态度。如果体制上不存在问题,也就不存在讲原则和风格问题,因为权利和义务是法定的,一切违规事由和事项都将受到责任追究。

2. 没有解聘校长的权力,难以监控学校发展中的重大事项

在高校中除了干部问题,许多发展中的重大事项都属于行政事务,需要通过校长办公会首先审议后再提交党委会或常委会议决定,这是现行领导体制规定的程序。通常来说,这样的规定得到正常执行后是可以保证党委履行自己的职责的,但是现行领导体制没有规定违反这

---

① 陈海春:《抛却名利天地宽　谋事和人方向明》,《中国高等教育》2004 年第 7 期。

② 陈海春:《准确定位　各司其责　规范运行》,《中国高等教育》2004 年第 11 期。

一程序的责任追究问题,换言之,是否执行这一程序规定,凭的是校长的自觉性。把一套重要管理体系的实施寄托在某个人的自觉性上,说明这个体系本身就存在着隐患,是一套不完善的体系。其主要原因在于校长的产生机制不是党委任命的,而是和党委书记有共同的任命机关,党委对行政的领导是一种授权领导,这就决定了这种领导的局限性,一旦由于某种原因出现领导的失控,党委就无法依靠自身的力量来进行矫正,而必须依靠上级来矫正。如果涉及政治原则、办学方向方面的问题,正确与错误的界线一目了然,上级很容易做出判断,但是涉及具体事务的层面上时,上级的正确判断就会遇到困难,而无论最后的结论如何,有一点是清楚的,党政的裂痕将无法弥合,唯一的区别是有的裂痕表现为显性,有的裂痕表现为隐性。

管理实践中已经出现了许多发人深思的案例:

[案例3—2]:天津大学校长单平挪用学校资金炒股给学校造成重大损失被处理①

天津市十四届人大常委会21日举行第三十三次会议,投票表决通过了罢免天津大学原校长单平第十届全国人民代表大会代表职务的决定,并将此决定报全国人大常委会备案,由全国人大常委会审查并公告。会议审议通过终止单平天津市人大代表资格的报告,其担任的天津市十四届人大常委会委员职务相应撤销。天津市委副书记、市人大常委会主任刘胜玉主持会议并讲话。他说,单平同志在担任天津大学校长期间,存在严重失职错误,给党和人民的利益造成了重大损失,教训十分深刻,必须引以为戒。

记者从天津大学了解到,2000年初,该校决定对校办企业进行股份制改造并争取上市,以提高学校校办企业的科技实力和发展后劲。于是学校有关责任人和深圳某公司洽谈,在未进行可行性论证和未经校领导班子集体讨论,未报有关部门批准的情况下,便与该公司签订了

① http://www.sina.com.cn,2006年12月14日,三联生活周刊。

委托其在证券市场运作的协议,并于2000年9月至2001年8月期间,将1亿元资金分三批委托给该公司。该公司收到学校资金并购买股票后,将所购股票用于质押融资。2003年下半年质押的股票被相关证券公司陆续强行平仓,款项被划走,公司的当事人潜逃。学校有关负责人在得知天津大学资金遭受重大损失后,即向公安机关报案并通过民事诉讼等渠道进行了追款。但迄今仍然造成学校所投资本金重大损失。

事件发生后,中纪委和教育部对此进行了调查,认为在这一重大资金损失案中,时任校长单平同志负有失察责任,其行为已构成严重失职错误。近日,根据党的纪律处分的有关规定,经中纪委常委会议讨论并报中共中央批准,决定给单平同志留党察看二年处分。教育部免去了对此案件负有直接责任的天津大学副校长杭建民同志职务,目前杭建民同志正继续配合公安机关做进一步调查。

这一个案例很有代表性,对于一个存在明显违犯决策程序的职务行为,党委却束手无策,只能依靠上级部门来纠正,这其中有许多值得反思的地方。根据公布的材料,单平校长受到处分的依据有两点:一是给学校造成重大经济损失,二是违反规定决策。我们虽然不能说二者之间存在因果关系,因为按照程序决策也同样存在失误和造成损失的情况,但我们可以说如果存在校长违反相关程序决策的话,党委是没有有力干预措施的,因为现行的管理规定没有赋予党委的这种权力。对中国无论哪个层次的高校来说,涉及1亿元资金的用途安排都绝对算做学校的重大事项,按规定必须由党委进行最终的决策,实际情况则是该决策竟然绕过了校领导班子集体讨论的环节,由"法人代表"直接拍板决定并顺利实施,由于运行机制的原因,党委没有终极手段即解聘校长来阻止这一可能存在问题的决定,因此只能在出现问题后依靠上级来纠正和处理。

## 二、行政权力的权利与义务内涵存在失衡现象

校长作为学校的法人代表,具有严格而明确的法律内涵,他的公务

行为直接代表单位,享受相应的法定权利,承担相应的法律义务,其地位相当于现代企业中的董事长,在承担法律责任方面无可推卸;同时校长必须在党委领导下开展工作,其地位又相当于现代企业中的总经理,授权有限。这样可以把校长行政权力特点概括为:行使总经理的权力,承担董事长的责任。其权力中的权利和义务的内涵,存在明显的失衡现象。

校长对党委负责主要存在技术上的难度。

党委领导下的校长负责制,意味着党委行使决策权,校长行使执行权。校长负责有两方面的含义,一是对党委负责,党委决议中涉及行政事务部分由校长负责落实,并对落实结果负责;二是对学校行政系统的决策和运行结果负责。从逻辑关系上讲,校长对这两方面负责是当然的,前者是法律和政策要求校长必须负责的,后者是校长对自己的决策结果承担当然的责任。现在的问题在于校长还是学校的法人代表,要对整个学校的行为承担法律责任,即校长也要对学校的决策权承担责任,这显然是存在问题的,既不符合管理学中基本的责、权、利相一致原则,更是存在着技术上的困难,表现为两个方面:

1. 校长不拥有涉及行政重大事务的否决权,不应该对此类事务负责

在这样的领导体制下,在涉及学校发展的重大问题上,一般党委拥有最终决策权,由于实行的是集体领导,所以决策时应该少数服从多数,当校长发现某一决策对学校发展是不利的甚至是有害的,当同意决策的人数大于反对者的人数时,由于校长不拥有否决权,决议最终仍会通过,如果是行政事务,校长就负有组织实施的义务。当实践过程中证明某一决策是错误的甚至是违法的需要个人承担责任的时候,校长作为学校的法定代表人,是当然的责任承担人,其他人则不会承担责任或承担很少的责任,形成典型的领导者不负责、负责者不领导的奇怪现象。

仍然以单平校长为例,如果这个决策是通过常委会决定的(在河南省高校中几乎是必然的,如《河南师范大学关于落实党委领导下的校长负责制的实施细则》规定,超过50万元的支出必须经过常委会决

定),造成经济损失后,应该由谁来承担责任,是校长还是书记? 答案当然是校长,因为校长是学校的法定代表人,负有对国有资产的保值和增值责任。然后还可以进一步设想,如果常委会在做决定时,单校长投了赞成票,现在本人受到处理,他不应该有任何怨言,因为这本身就是他的真实想法的表达;如果他在常委会上投了反对票,但决议最终还是通过了,现在要他来承担责任,他能否口服心服呢? 这就出现了管理中的责、权、利相分离的情形,无论于情还是于理,都是不成立的。

2. 校长作为学校的法定代表人,缺少行使法人代表权力的制度保证

所谓的法定代表人,有着法律上的权威含义,他的公务行为直接代表单位,但现在的领导体制无法为校长履行法人代表职责提供保障。因为要行使法人代表的职责,校长必须领导学校的最高决策机构,具有用人自主权,并享有事实上的否决权,而这是现行体制显然不能提供的。

我们以现代企业比较成熟的领导体制来与高校的领导体制进行比较,就可以更容易地发现问题的弊端。

现代企业实行的是董事会领导下的总经理负责制,董事长是企业的法定代表人,总经理是董事会聘任的专业管理者,对董事会负责。因此这种领导体制是一种纵向领导体制,董事会与总经理的职责明确,责任清楚:董事会是企业的最高领导机构,所有涉及企业发展的重大事项都由它决定;总经理由董事会任命,对董事会负责,在授权范围内有独立的人事、财务、经营权。这种领导体制已经被国际企业界证明是一种有效的领导体制,也是现代企业管理制度的重要标志。

以此来对照高校的领导体制,可以看出所谓党委领导下的校长负责制,从形式上看与企业董事会领导下的总经理负责制非常相似,即党委相当于企业的董事会,校长相当于董事会聘任的总经理。党委的领导,从目标上来说,关键是保证高校的社会主义办学方向,保证培养出有理想,有道德,有文化,有纪律的"四有新人",从实现目标的手段上来说,监督学校对党的路线方针政策的落实,确保选拔干部的政治素质

和业务素质;校长负责,指的是校长对党委负责,负有全面落实学校党委决议的责任。如果类比于现代企业管理制度的运转机制,应该是比较理想的管理模式,运转高效,权责清晰。遗憾的是形式上的相似不同于内容上的相似,最致命的三点差异决定了它们形似而神不似:

——党委书记不是学校的法定代表人。既然涉及学校发展的所有重大事项都由党委决定,那么从正常的逻辑判断就可以得出结论,党委书记理所当然是学校的法定代表人。实际上,法律规定却是校长为学校的法定代表人。

——党委不能聘任校长。党委不能决定校长的任免,党委书记和校长有着共同的上级,使得党委的领导力度与企业相比明显下降。其极端的情况是,如果校长绕过党委进行决策,而这种决策又是党委所不同意或不许可的,如前面天津大学校长单平绕过党委决策造成巨大经济损失的案例,即使党委事后知道,也无法强力纠正错误决策,即实际上缺乏有力的制约措施。在企业中,情形就大不一样,可以通过解雇总经理来保障董事会的绝对领导权。

——校长不具有独立的干部任免权。校长不能独立地聘任中层管理人员,这是影响校长负责制的重要因素之一,没有人事权,校长就无法保证自己的规划和蓝图通过自己满意和认可的中层干部去组织实施。而在现行的高校人事管理体制下,对干部的选拔、任用和培养,是党委的重要职能之一,这使得校长在行使管理职权时受到任免干部因素的制约,而影响自己真实意图的贯彻和实施,实际上无法负责。

除此之外,书记和校长专业化程度方面的差别,也是造成党政矛盾的重要原因之一。从目前我国高校领导中书记和校长的专业特点来说,对校长的专业性要求更高一些,如部属院校的校长绝大多数是院士,而党委书记中则很少有院士;地方本科院校也与此类似,校长中绝大多数是著名的专家学者,党委书记中则不多。这说明从对高校专业发展规律的掌握上,一般来说校长领导的行政系列更专业一些,这就使得涉及学校业务发展方面的决策过程中,党委与行政出现不一致时的协调难度加大。

　　3. 党委权力与行政权力运行中的交叉带来的冲突

　　按照党委领导下的校长负责制的相关规定,党委权力和行政权力在运行过程中存在一些交叉部分,这些交叉部分的规定多是宏观的、定性的和指导性的,在实际执行过程中会带来理解上的差异,表现在行动上就是两种权力运行中的冲突,造成的后果轻则降低工作效率,重则造成党政对立。这主要表现在四个方面:

　　(1)以党代政和党政不分问题

　　由于在中央颁布的《中国共产党普通高等学校基层组织工作条例》中明确地规定了党委的职责有"讨论决定学校改革和发展以及教学、科研、行政管理等工作中的重大问题"的内容,什么是"重大问题"没有明确规定,这就出现两种情况:

　　第一,要么由党委解释,凡是党委认为是重大的,就要由它来做出决定,行政负责实施。实践过程中这一标准常常把握过宽,使得党委陷入到具体的事务中,表现形式就是党委扩大会议或称之为党政联席会次数增加,党委几乎包揽一切,校长独立行使职权几乎谈不上独立性。这样造成的直接后果就是,许多涉及专业发展方面的决策,行政系统不能充分发挥自身的特长,管理的积极性和自主性不能得到充分的体现。随之而来的是明显的消极现象:要么行政系统默认这一模式,遇到问题上交党委,自己不再担心决策的责任问题;要么行政不满意这一决策模式,试图最大限度地独立行使行政管理权限,当与党委的认识不一致时,就会出现分歧甚至对立,轻则是书记与校长个人之间的不和谐,重则是党委与行政两个体系的不和谐,影响学校正常工作的开展,到了不调整班子就不能维持学校发展的地步。河南高校中2005年至2007年期间,某医学院校和某工科院校、某财经院校的党政班子的较大幅度调整,都属于此种情况。

　　第二,要么由党委和行政达成"共识",规定所谓"重大问题"的具体内容,按约定行事。如河南师范大学在确定项目是否重要的标准上,以投入经费的数量决定分管的权限,一次性财务支出在60万元以下的由行政决定,超过 60 万元的则属于"重大问题",由党委决定。这样的划分越具体明确,党政的协调度越高,划分越宏观和定性,党政不一致的可能性越大。

(2)"党管干部"原则的落实问题

党管干部是高校党委的一项重要职能,"管"的含义包括选拔、培训、使用、考核、奖惩等,这是党委保证高校正确办学方向的必要措施,但如何把党委的"管"与行政的"用"结合起来,既是一门管理艺术,也是一门政治艺术。

按照正常的情况,在涉及行政系列的干部任免时,党委的合理做法有两种情形,一是让校长行使行政干部的提名权,校长根据干部的选拔标准向党委提名推荐,然后党委进行考察,遇到不符合任用条件的人员,通报行政系列进行替换。这样做既保证了用人方面党政部门的充分参与,又确保了干部选拔条件,是一种很好的党政结合模式。二是党委考察的准干部人数应多于行政将要使用的人数,这样,行政用人在党委考察合格的人选中确定,犹如人才超市,这也是一种比较完善的党政结合模式。但在实际工作中,不少高校的党政关系在干部选拔与任用方面常常出现问题,主要表现在两个方面:

第一,把"管"与"包办"等同起来。

有的高校党委主要负责同志认为党管干部,就是负责干部的一切,从考察、选拔、任用、培训、考核、奖惩等各个环节,都是由党委负责,在这一过程中不考虑或基本上不考虑行政方面的意见,结果人为地造成选人与用人的分离,从干部任用上制约了校长负责制的落实。

第二,把干部的管理与使用相分离。

在干部的考核问题上,党委无疑发挥着主导作用,但如何把党委的考核同行政的具体使用结合起来,是一个至关重要的问题。有的高校党委在考核干部时,采用从政治素质、思想素质、领导素质到业务素质等各个方面全包的方式,完全忽视了行政在具体使用干部的过程中所拥有的重要发言权,造成干部管理与使用的分离,既削弱了行政的权威,又挫伤了行政在干部管理方面的积极性。

(3)"党管人才"原则的落实问题

"党管人才"是新时期党委的又一项重要任务,是与时俱进的具体体现。因为人才是第一资源,我们党作为执政党,要想把中国的事情办好,必须把绝大部分人才团结在自己的周围。对高校而言,党管人才就是要严格贯彻党中央的人才政策,从宏观上为人才创造一个良好的工作环境和生活环境,最大限度地发挥人才的作用。但在实际工作中,这一原则的落实也存在着不容忽视的问题,主要是对"管"的含义的理解问题,似乎一切与人才有关的问题都应该由党委负责,出现了不该出现的结果,具体表现形式为:

第一,插手行政事务问题。人才尤其是专业技术人才,其工作的安排带有明显的专业特点,包括考虑所在团队的学历构成、专业构成、梯队构成等因素。如何确定某一个人在群体中的位置,要考虑许多方面的问题,这些恰恰是学校行政系列所擅长而且是其工作范围内的问题。而一些学校的党委从留住人才、用好人才的良好愿望出发,不考虑具体情况,一味满足个别人尤其是个别高层次人才的不合理要求,用党委的权力安排具体专业人员的工作,甚至在职称评定这样纯学术性的活动中,也要施加党委的影响,结果既损害了党委的形象,也没有把行政事务办好。

第二,政策滥用问题。一个突出的问题是用职位留人,不是首先考虑条件和程序,而是因人设位,这虽然体现了党委重视人才的良苦用心,但实在是好心没有办成好事。有的学校为了稳定或留住某些特定的人才,煞费苦心地许以行政职位,这样的做法在短期内可能有效,但从长远来看,则是弊大于利。首先,把干部的选拔和任用问题庸俗化了。干部的选拔和任用,有一套规范的程序和标准,是一件非常严肃的事情,如果因为某些特定的人而违规操作,将会极大地损害党的干部队伍建设的威信,对干部队伍建设留下很大的隐患。其次,不适合做管理干部或不适合在这个管理职位上工作的当事人,也会因为不能胜任工作而产生无为的烦恼,结果既没有做好管理工作,又荒芜了专业技术工作,得不偿失。

（4）院系党政班子的体制性内耗问题

学校出现两个指挥中心的情况,在院系一级表现得更加突出。在学校一级层面还有一个理论上的党政主次的划分,而在院系层面就没有这个划分了,完全靠书记和院长自己的理解和琢磨了。学校在院系设立党总支和行政两套班子,又不明确以哪一方为主,也许由于种种不便说明或不能说明的原因,全国高校中除了华南理工大学和陕西师范大学等极少数高校明确规定院系实行系主任负责制外,其余高校都采用了一种模糊的处理办法,按照业已形成的运转模式工作。从体制上埋下了管理混乱和出现冲突的隐患,因为一个单位同时运行两个权力中心,必然出现管理上的问题。

就一般意义上的理解,高校的院系是一个专业性比较强的单位,各项工作都应该围绕专业建设进行,当然应该以行政为领导和指挥中心,实行院长(系主任)负责制,这有点类似于中等专业学校和高中实行的校长负责制,而中等专业学校和高中的领导体制是国家明确规定和认可的。对高校院系领导体制则没有明确的规定,关键是党总支的职责中两方面的问题没有结论,一是"参与院系重大事项的决定",二是"监督和保障院系对上级各项政策的落实"。再具体的问题涉及参与的方式和途径是什么? 是配合为主还是起主导作用? 对重大事项的决定过程中是否有否决权? 监督和保障的前提是否体现为党总支领导院系行政? 由于没有明确的政策依据,有的学校就采用了模糊做法,不明确两者的关系,实践中采取了所谓的"院系党政联席会"的方式,总支书记和院长都可以提议召开联席会。实际上默许了在院系存在两个并行的领导主体,一旦出现问题就会发出内容不同甚至是相反的管理指令,造成院系小系统的运行紊乱。按照管理学的理论,管理的层次性上不能出现同层交叉,一旦在这方面出现问题,系统不可能正常运转。

这方面的反面案例太多,以河南一所高校为例,十六个教学单位中因为出现院系书记与院长矛盾公开化而使单位无法正常开展工作,在"十五"期间有四个,大到学科建设规划、新人员招聘、科级干部任用,小到奖金分配,无不出现针锋相对的局面,甚至出现单位内教学科研人员与党政管理人员的严重对立。有人把这种情况总结为班子成员个人性格方面的不协调,实际上是不准确的,没有从根本上认识到这种管理体制上的缺陷。

### 三、学术权力弱化和异化问题

大学作为由学生、学者和管理者组成的一个特殊的社会组织,承担着传授知识、创造知识、服务社会的使命。因此,在大学的各种活动中,对高深知识的传授、研究与创新,即学术事务是大学最具有标志性的工作,而如何有效地对学术事务进行管理,即如何高效地行使学术权力,也是一个非常现实的问题。

大学学术事务的内容十分丰富,大的方面包括学校的定位、发展目标、专业设置、教学计划、教师聘任、经费分配、学生评价、教学质量评估,小的方面包括教师科研课题的申报、评审、立项,对教师的考核和评价,对课程的评价等,管理这些学术事务毫无疑问需要行政权力的介入,但并非全部学术事务都由行政权力来管理,相当多的学术事务需要靠学术权力来管理,即内行管理内行。而如何恰当地划分行政权力和学术权力在管理学术事务上的分工,是一个必须解决好的问题。

目前在地方本科院校中,学术事务的管理中存在的突出问题是行政权力强势出击,学术权力逐步退让,外行管理内行的现象非常普遍,带来的直接后果是制约了学术的繁荣和发展,恶化了学术氛围,实际上阻碍了学校教学和科研水平的提高。具体的表现形式是:

1.“官本位”意识浓厚,学术意识淡化

大学作为一个以学术研究为主要内容的社会组织,一般来说其成员追求学术地位应该是主流现象,但实际上在大学内,追求学术地位和追求“官本位”一直是两种并存的追求,只不过在不同层次的学校内,两种追求力量的强弱不同罢了。一般来说,国家重点院校和部属院校,学术氛围浓厚,学术影响在社会上也比较大,教职工尤其是教师对学术地位的追求力度大,“官本位”意识相对较弱,许多学术上成就突出的教师甚至不愿意从事行政管理工作;而对于学术性相对弱一些的地方本科院校,教职工的"官本位"意识要强于学术本位意识,教职工中主要是教师,更愿意通过行政管理序列中的位置来证明自己的社会地位。地方院校中这种不正常的"官本位"意识过浓的现象,如果不引起学校管理者的注意并采取有效措施进行矫正,将会进一步削弱学校的学术性,最终影响大学功能的实现。

　　造成地方院校的上述现象,有社会和学校自身两方面的原因。

　　社会上的原因主要来自传统文化的影响。"学而优则仕"作为学问人的追求,影响了中国两千多年,科举制则把这种"学而优则仕"的理念制度化、实践化,使得读书人认为只有通过自己在管理序列中的位置才能证明自己在社会中的地位,官位越高,在管理序列中的位置就越靠前,社会地位也就越高。这种影响即使到新中国成立后,也没有从根本上有所改变,甚至国家政策也从中推波助澜,最典型的如国家对企业和事业单位规定相应的行政级别,这大概是世界上最有中国特色的泛行政化的做法了,企业有从副部级到科级的行政序列,大学也有从副部级到副厅级到处级的完整序列,这样企业和大学的管理人员都有相应的行政级别,再加之现在干部选拔任用制度上对知识的重视(具体落实到当事人的学历和职称上),更是知识分子尤其是高级知识分子对管理职务的追求正当化,同时社会上屡屡见诸报端的地方政府招聘博士官员的广告,也是对博士群体的一种强烈刺激,地方政府为追求轰动效应,竞相招聘博士充实官员队伍以装潢门面,凡是具有博士学位的人员,可以直接安排副县长或副书记,河南省郑州市更是在 2003 年一次招聘 48 名博士充实到县处级干部队伍中。广东省政协科教卫体委员会副主任刘纪显说,现在社会上有一种怪现象,认为学问做得好就一定要当官,不当官人家就认为你有问题①。广东省教育厅党组副书记谭泽中举例说明,"深圳一个处长职位,竟有 40 个教授来争!"②所有这些因素,对高校内的高学历教师尤其是其中的青年群体,已经造成潜移默

---

① 《广州日报》2008 年 9 月 7 日。
② 《新快报》2008 年 9 月 6 日。

化的影响,再加之地方院校由于学术地位的影响较小,使得知识分子对管理职务的追求就更为强烈一些,有的甚至强烈到了不可思议的程度。比如,河南一所大学 2003 年中层干部换届时,一位博士后出站人员在竞聘学院副院长落选后,觉得自己受到学校的轻视,自尊心受到了伤害,一气之下离开了学校。而当时他已被学校聘为教授,无论是从经济收入还是工作条件来说,教授的待遇都远高于副处级的待遇,在此种情况下,他仍然视副处级职位为优先选择目标,确实发人深思。

学校的原因主要是将社会的影响具体化了,甚至在政策上强化了这种追求导向。比如河南省高校在吸引高层次人才(实际是高学历人才)方面,把给予行政职务作为优厚条件之一,制定了一系列在干部提拔方面对高学历人员的优惠条件,包括博士学历的可以直接从副处级起点,教授职称的可以直接从正处级起点,提拔时任下一级别的年限可以减少等,从政策上强化了高学历人员在追求行政职务上互相攀比、把注意力从学术转到行政的不正常现象,也出现一系列令人啼笑皆非却发人深思的事例。如在许多高校中存在的将行政职务成为人才引进条件之一的现象,就是一个典型的例子。既然单位在干部政策上制定了诸多对高学历人员的优惠政策,鼓励高学历人员从事管理工作,那么学校在引进和稳定高学历人员时,当事人理所当然地将担任行政职务作为和学校谈判的条件之一,这种情况在高学历人员较少时确实发挥了作用,教职工也是可以理解的。但随着高学历人员的越来越多,有限的行政岗位难以满足无限的岗位需求时,学校又出台了设立研究所的办法来满足高学历人员对行政职位的需求,通过所长和副所长,又可以解决一大批人员的行政职位,而且由于上级干部主管部门没有对研究所数量的限制,所以这种办法解决的人数非常可观,似乎是学校和高学历人员的双赢结果:学校引进和稳定了高学历人才,高学历人才满足了对行政职务的追求。唯一被管理者有意或无意忽略但却是不容置疑的则是:学术导向力越来越弱,学术氛围严重恶化,大学作为学术组织,越来越行政化、官僚化。

仅凭学历或职称上岗从事管理工作的人员,往往由于经历或能力的原因,不能胜任管理岗位的要求,个人感受到越来越大的工作压力,单位的发展也蒙受损失。其实行政职位不仅仅是一种身份,更是一份责任,要指挥和带领本单位职工高效率、高质量地完成学校分配的任务,这种领导能力不是天生的,需要经过相关知识的学习和相关实践的锻炼,许多仅仅是因为高学历原因被选拔到领导岗位的人员,由于此前管理经历的缺陷,使得他们的领导能力面临实际的严峻挑战,既无法给予下属足够的感召力,又不能采取有效的措施调动教职工的工作积极性和主动性,更不能处理复杂的人事纠纷和摩擦,带来的直接后果就是教职工不满意,个人工作压力大,管理工作没有做好,专业工作也受到影响。

　　2. 学术机构有名无实,作用发挥受限

　　河南省地方本科院校的学术机构设置是比较齐全的,基本与学术有关的事务管理,都有相应的学术机构,河南师范大学学术机构的设置就具有典型的代表性。

**表3—1　河南师范大学学术机构设置一览表**　（单位:人,%）

| 机构名称 | 是否常设 | 成员数量 | 成员产生方式 | 处级成员比例数 |
|---|---|---|---|---|
| 校学术委员会① | 常设 | 24 | 任命 | 79.2 |
| 学院分学术委员会 | 常设 | 5—7 | 任命 | >50 |
| 学位委员会② | 常设 | 24 | 任命 | 100 |
| 实验室建设领导小组③ | 常设 | 16 | 任命 | 100 |
| 教学管理指导委员会 | 常设 | 29 | 任命 | 93.1 |
| 专业技术人员聘任委员会 | 临时 | 17 | 任命 | 88.2 |
| 重点学科建设委员会 | 常设 | 10 | 任命 | 100 |
| 招聘毕业生领导小组 | 常设 | 8 | 任命 | 100 |
| 专业技术人员考核领导小组 | 常设 | 17 | 任命 | 88.2 |

　　① 河南师范大学校科字[2006]5号文件。
　　② 河南师范大学校教字[2006]16号文件。
　　③ 河南师范大学校设字[2006]12号文件。

这些在形式上比较齐全的学术机构,是不是可以独立地行使学术权力,这里以学术机构中最重要的、代表一个学校最高学术权威的学术委员会的成员组成、工作程序、工作内容、工作效果为例,通过剖析河南师范大学(具有河南省高校的代表性)学术委员会的产生和运转情况,来考察学术权力的地位和作用。

(1)成员的产生方式:校长办公会提名,常委扩大会研究通过。

(2)成员的构成:以校领导和中层干部为主,以资深教授作点缀,兼顾各个学院。24名成员中,校领导6名,院长13名,他们占全体成员的79.2%;其他没有任何行政职务的委员5人,占全体成员的20.8%。

(3)工作的职责范围:学术项目、成果的评定,特聘教授等重要学术职务、学术奖项的推选等。

(4)工作程序:以民主表决的方式决定事项,一般以过三分之二人数为开会的最低条件,并以到会人数过三分之二同意为通过,特殊情况下以过半数为通过。

在这样一种产生和运作模式下,人们有理由怀疑其能够独立地行使学术权力,问题主要产生在成员的产生方式和身份构成方面:

第一,主要是通过行政方式产生的成员,当然要对推荐他的机构负责,而不是主要对学术事务负责。正常情况下也是国际惯例的情形是,在最能体现学术委员会学术性、民主性、代表性方面,该委员会成员应该按照全体教授公认的方式组成和运作,每个学科产生的代表,是由该学科的全体教授推选出来的,而不是由学校任命的。现实中完全按照行政机构的产生办法确定成员,这种产生方式必然带来其职能的异化,既然成员是学校通过校长办公会议提名、学校常委扩大会议批准后任命的,那么成员就必须对学校负责,对行政首长负责,在学术委员会的专业会议上,学校的倾向性就是委员会的倾向性,而不是独立地行使学术权力来对学术事务进行判断。

第二,成员中具有行政身份的比例太高,在决策学术事务时将不可避免地受到行政权力的影响。在这种情况下,与其说是召开学术委员会,毋宁说是校长召集各院长开的行政工作会议,行政序列中的隶属关系当然会影响到成员自己的独立判断。笔者不否认校领导和院长中许多都是本专业的高水平专家,但是否应该占到一半以上的比例,确实是一个值得探讨的问题。

3. 学术权力在重要学术事务上存在缺失现象

在大学招聘新教员和对教师进行考核的过程中,原本是学术性非常强的工作,理应通过学术权力来发挥作用,但实际工作过程中学术权力则被极大地弱化了。

(1)关于新教员的招聘

对新招聘人员的综合能力和发展潜力进行评估,并决定是否录用,是大学师资队伍建设中最关键的环节之一,因为在入口环节的任何失误都会作为师资队伍建设的硬伤影响到师资队伍建设的所有环节,特别是在目前高校教师流动还处于一种自然状态的情况下,有发展潜力的教师经过一段时间的发展,要么学历进一步提高后,要么科研水平达到相当高的水平后,就会很自然地选择到层次和水平更高或更有发展前途的单位工作,留下的或沉淀下来的,都是最初选择存在问题的人,于是最终决定大学教育教学质量的师资队伍,始终处于一种逆向选择的过程,即从选择优秀人才的良好愿望出发,得到留下人员质量不如人愿的现实,确实是一个值得人们深思的一个问题。

对这个问题追根溯源,发现问题主要出在人员的入口把关上的失误,可以进一步浓缩成这样一个问题:什么人有资格评判未来教师的学术潜力? 答案只能是同行专家,即由进人学科的专家组成评议会来做出判断,并最终做出选择。目前以美国为代表的高等教育比较发达的国家,都是采用同行专家评议的方式来选择未来的同事,并被实践证明是一种非常有效的方式。比较河南省高校和美国高校的新进人员选择方式,可以看出前者是行政权力在发挥作用,后者是学术权力在发挥作用,产生不同的结果是非常自然的事情。

河南省本科院校目前通用的招聘新教员的方式是,学校成立以职能部门负责人为主的招聘工作领导小组,院系成立相应的以行政领导为主的招聘小组,然后从应聘人员中选拔新教员。一般来说博士层次的人才主要由院系确定,硕士层次的人才由学校主导确定,这是一种以行政权力为主导的选拔新成员的方式,而不是通过内行来选择内行,对新成员学术水准的判断,会不可避免地出现偏差现象。

(2)关于对专业技术人员的考核

对专业技术人员的考核,是世界上所有高校都要进行的一项重要工作,目的是督促专业技术人员努力工作,不断完善自我。这项考核由于涉及的主要是学术方面的工作,理所当然应该由同行专家来进行考核,只有他们才最有可能判定成果的学术价值,提出针对性的改进意见。但实际上,在这样一件学术特点十分明显的工作上,不少地方院校还是通过行政权力主要是职能部门来完成考核工作的。

由外行来考核内行的唯一做法,就是核查论文的篇数甚至计数论文的字数,确定论文发表刊物的层次和级别,确定科研项目的层次、经费数额等,最后依据表面上的和数量上的结果,做出学术上的评价结论。带来的直接后果就是对科研成果评价标准的本末倒置,无法准确测定成果的学术含金量,容易对科研的发展方向产生误导。

## 四、职工民主权利形式化问题

职工是学校的主人,他们享有国家法律赋予的充分的民主权利,在涉及他们的奖惩、福利等方面的利益时,必须听取他们的意见。在高校人事分配制度改革的过程中,涉及诸多利益方面的重新调整,也是发挥职工民主权利和监督权利最重要的时候,如果通过职代会和教代会把职工和教师的积极性和主动性发挥出来,改革就有了坚实的群众基础,前进的步子就更坚实,速度也更快。遗憾的是,改革过程中似乎有一个带有共性的误区,认为职工和学校在改革方面的态度是对立的,学校希望通过增加现有职工的工作量、减少人员数量来提高办学的经济效益和社会效益,而职工总是希望能够付出较少的劳动,得到较多的经济利益回报,二者的出发点和归宿点是存在天然差别的,因此改革方案的通过更多的是通过党委权力和行政权力来确定的,实在需要通过职代会和教代会表决的,也是通过多种途径进行行政方面的引导后,再通过会议表决,职代会也成了实现行政权力目标的工具和手段了,实在是一种本末倒置的做法。

毋庸讳言,在涉及学校发展的长远利益和眼前利益问题上,领导层和职工肯定会存在一些认识上的差异,前者更多地考虑学校的长远利益,而后者则可能更多地考虑眼前利益,如何把领导者的意图变成职工从心理上接受的自觉行动,要通过卓有成效的思想政治工作,而不能采用简单的行政命令的方式,因为再好的目标和设想也是要通过职工的工作来实现,如果职工带着抵触情绪去工作,其工作效率和工作效果就无从谈起。

1. 河南省高校职工行使民主权利的机构

河南师范大学的相关机构也是河南省高校相关机构的典型代表,主要是工会、职代会和教代会。

表3—2　河南师范大学职工行使民主权利的机构和工作程序一览表

（单位:人,%）

| 机构 | 成员数 | 成员产生形式 | 成员中担任处级职务人员的比例 | 与改革方案通过和实施的关系 |
|---|---|---|---|---|
| 学校工会 | 23 | 选举 | 91.3 | 建议 |
| 单位分工会 | 7—10 | 选举 | 50左右 | 建议 |
| 职代会 | 179 | 选举 | 59.2 | 通过权 |
| 教代会 | 179 | 选举 | 59.2 | |
| 学校人事分配制度改革监督委员会 | 8 | 任命 | 50 | 监督 |

2. 现行的职工民主权利运行状况

根据笔者在河南省高校的调研,目前教职工的民主权利在形式上都得到了充分的保证,主要表现在:

教职工对选拔校长的参与权——

如果从世界范围来考察公立大学校长的选拔,虽然在人选上没有统一标准,但是在选拔机制上实际上形成了一个惯例,即教授举荐、大学遴选、政府任命,这是确保大学完成使命和实现责任所必需的。目前我国大学校长的选拔是由党的组织部门来决定,并配以相应的行政级别,虽然选拔过程中教职工的民主参与度逐步提高,但远未到起决定作用和主要作用的程度,如果选拔对象异地任职的话,有可能出现这一所学校的教授为另一所高校推荐校长的情况。就这方面而言,农民在选拔村主任过程中发挥的作用要远远大于教授在选拔校长过程中发挥的作用。这应该是一个值得深入思考的问题,既然大学校长的命运掌握在党的组织部门手里,大学校长首先是向决定其任职的权力机关负责,而不会是首先向大学里的师生负责。如果校长的作为不能得到教职工和学生的认可,在现有机制下教职工和学生是不可能撤换校长的。

教职工对学校发展的知情权——

这主要表现为校务公开的规定,每学期结束时校长要向教职工代表大会报告学校的重大事务,通报取得的成绩和存在的问题。同时,学校不定期地通过公告栏公告学校的重大事务,包括学校的整体规划,大额资金尤其是贷款的使用,重大事项的决策结果等。

教职工对学校发展的参与权——

包括对学校重大事项的建议权和对中层干部的民主评议权以及其他应该由教职工参与的权力。学校的重大事项事关学校的发展前途,也事关每一个教职工的切身利益,充分征求各方面意见以确保决策的正确性,既是相关政策规定,也是情理之中的必然。中层干部是学校党委选拔和任用的,但他们工作的精神状态、工作的思路、工作的效果、服务的态度和质量如何,教职工是最清楚的,通过职代会和教代会对中层干部的评议,可以为党委对干部的管理提供准确的第一手材料。其他如学校对职工的聘任和解聘事项,涉及教职工的切身利益,为保证相关政策规定的合理和程序的公正,必须由教职工代表全程参与并监督实施。

教职工对与自身利益紧密联系事务的决定权——

包括学校出台新的人事分配制度改革方案,住房的分配与监督办法,教职工福利费用的支出范围和程序等。改革方案中包括职工的工作量和奖惩办法,与职工的切身利益密切相关,政策和法规规定必须经职代会批准通过后方能实施。住房的分配与监督,同样涉及每一个职工的基本权益,政策和法规赋予了职工的决定权;福利费本身就是用于全体职工的,其支出范围和程序当然要由职代会批准。

3. 对现行职工民主权利运行状况的评析

如果对职工民主权利的运行状况进行评价,可以概括为两个方面:

第一,形式上相对完善和规范。表现为机构设置齐全,法律法规要求设置的机构在地方本科院校中全部得到了体现;参与范围齐全,凡是法律、法规明确规定应该由教职工了解和参与的,学校都通过工会或者职代会、教代会进行审议和说明。

第二,内涵上形式化明显。形式上的完善和规范与内容上的完善和规范是两方面的事情,两者之间还有比较大的距离。从各种机构成员的身份构成来看,中层以上干部占主体,足以让人对背后行政权力的影响产生联想。同时,现行法规中关于职工代表大会的审议权和建议权、决定权的规定还不明确,使得真正由职工民主权利来决定的事项还非常有限。即使像部属院校中著名的北京大学在进行人事分配制度改革中,职工的参与也只能表现为讨论权或者建议权,最终方案的通过权则是由学校党政联席会议来行使。

[案例3—3]:北京大学校长许智宏致北大各院所中心的信(2003年6月16日)①

……"改革方案的制定,必须充分发扬民主,充分听取广大教员的意见,争取在广大教员中达成基本的共识。如果有必要,在第二次征求意见后,学校将对改革方案进行第三次征求意见。学校还决定,把第二次征求意见稿放在公共网站上供大家讨论,充分听取个方面意见(包

---

①　沈颢:《燕园变法》,上海文化出版社2003年版,第1页。

括学生意见)。学校也将关注社会上对这次改革的反应。最终出台的改革方案需经校人事改革领导小组原则通过后,提交校人事工作会议和教代会讨论,最后由校党政联席会议通过后执行。"

实践已经证明,随着高校办学自主权的逐步实质性落实,党委权力和行政权力的内涵越来越大,对这种权力使用的监督也越来越重要,在民主参与和监督方面的任何失误,都会带来对学校和教职工不可挽回的损失。如何从实质上保证教职工的民主权利,应该提到议事日程上了。

## 第三节　权力运行的规范模式探讨

我国高校的领导体制和运行机制是法定的,即党委领导下的校长负责制是我国高校法定的领导体制,是经过实践检验最终被证明是符合我国实际的领导模式,是我们国家的社会主义性质决定的,也是我们国家高校培养人才的目标决定的,因此任何企图从本质上改变这种领导体制的做法,都是一种违法行为,也是一种不被社会接受的行为。但是,如何在实践中完善这种领导体制,充分发挥这种领导体制的优越性,则是一个需要不断探索的过程。到目前为止,这种探索的成效越来越大,探索结论的公认度也越来越高,基本上可以概括为"党委领导,校长负责,教授治学,民主管理",这就为进一步的探索提供了一个比较高的平台。

### 一、目前的领导体制是实践中不断探索的结果

从国际范围来看,高校的权力运行方式绝大多数实行的是一长制,即校长负责制。即使对于社会主义国家,从社会主义国家鼻祖苏联开始,也是实行的校长负责制,校长通过政府委任产生。

高校采用党委领导下的校长负责制,是我国独创的,经历了一个复杂的探索过程,甚至出现过反复:

1949—1950 年,校务委员会制;

1950—1956 年,校长负责制;

1956—1961 年,党委领导下的校务委员会负责制;

1961—1966 年,党委领导下的校长为首的校务委员会负责制;

1966—1976 年,党的一元化领导下革命委员会制;

1977—1985 年,党委领导下的校长分工负责制;

1985—1989 年,试行校长负责制;

1989—至今,党委领导下的校长负责制。

这中间每一个阶段的变化,都是对前一个阶段总结的结果,虽然说这种变化的结果主要同国内当时的政治气候联系在一起,但其中也同对高校办学规律的认识不断深化有关。1989 年的政治动乱,从反面证明了党对高校领导能力削弱后的严重后果,坚定了国家实行党委领导下的校长负责制的决心,随后的苏联和东欧剧变,进一步证明了我国高校新的领导体制的正确性。

领导体制确定以后,还需要与其配套的运行机制来保证,而对运行机制的探讨,也即对权力运行模式的探讨。

## 二、可能的权力运行模式探讨

### 1. 党委权力主导化和行政权力独立化

关于高校党委领导下的校长负责制在实施过程中出现的问题及解决对策,得到了全国许多高校的关注,不少高校的党委书记和校长就自身的工作体会提出解决的思路,尤其是以教育部人事司与《中国高等教育》杂志编辑部于2003—2004 年举办的"笔谈党委领导下的校长负责制"专题讨论为代表,对这一领导体制运行过程中存在的问题和解决思路进行了实践方面和理论方面的集中探讨。比较有代表性的观点有:四川大学党委书记卢铁城认为高校党政"一肩挑"是一种有效的领导形式,"在一般情况下,党委书记和校长由一个人担任,在党委会里按党内民主集中制原则议事,在校务问题上由校长负责。最后的责任都是要由书记和校长一个人承担。这样做的好处是在领导班子顶层减少矛盾,在执行系统可最大限度减少党政系统的摩擦,提高工作效率,实现高效率地统一指挥"①。山东商业职业技术学院党委书记李明泉认为,党委领导下的校长负责制应该被理解为"党委领导下的校长——负责制",在这个负责制体系里,有两个执政主体,即党委(集体)——校长(含副校长团队),两个执政主体分权、分工负责,一个负责总揽全局及重大决策(宏观把握),一个负责微观执行;一个负决策责任,一个负执行责任②。这些观点有其自身的道理,也许在实践中的运行并不比其当下的模式出现更多的问题,但并不能从根本上解决两个指挥中心有效协调问题。

实际上,现行领导体制中存在的问题,是一个运行机制问题,也就是如何有效落实问题。解决的问题归纳为两方面:一是解决党委如何有效领导问题,二是解决校长如何独立负责问题。从科学管理的角度,理顺后的党委权力和行政权力可以有两种运行模式。

模式一:党委履行董事会职能,聘任校长,监督行政工作。

党委行使董事会的职能,直接聘任校长,党委书记是当然的学校法人代表。这样可以形成一个无横向交叉的科层管理体制,从管理指挥中心发出的管理指令,可以非常顺畅地发挥作用。更重要的是,对管理过程中出现的任何偏差,党委可以进行及时和有效地纠正与监督,这就非常相似于美国高校的董事会制度。

美国高校的董事会制度,也是经过长时间的不断总结完善才逐步定型的、被实践证明是行之有效的管理体制。早在董事会制度出现之初,也曾出现过类似于我国目前的党委领导下的校长负责制的一种称为双董事会制度的体制。美国最早的大学是哈佛大学的前身1642年成立的哈佛学院,当时经马萨诸塞议会批准成立了董事会,成员包括地

---

① 陈海春:《党政"一肩挑":一种有效的领导形式》,《中国高等教育》2004年第6期。

② 李明泉:《关于高校"党委领导下的校长负责制"的思考》,《国家教育行政学院学报》2005年第7期。

方官员和牧师。但是到 1650 年,根据马萨诸塞议会颁布的特许状,哈佛学院在董事会之外成立了院务委员会,实行双重董事会领导体制。院务委员会由院长、教师代表和财务主管组成,主要负责处理学校的日常管理事务,但院务委员会的决定必须得到董事会的批准才能生效,而且董事会决定院长的任命,这就使得董事会与院务委员会之间产生了体制上的矛盾,极大地影响了学校管理工作的高效和有序运行,为后续设立高校的领导体制选择敲响了警钟。自此以后成立的大学,都不再实行双重董事会制,均实行单一的董事会制,无论公立高校还是私立学校,董事会都是合法的法人组织,董事长则是当然的法人代表,它的运转流程图为①:

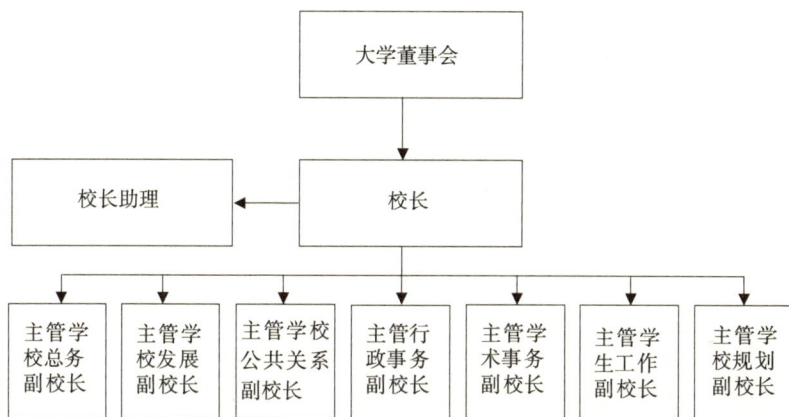

```
                    ┌──────────────┐
                    │   大学董事会   │
                    └──────────────┘
                            │
        ┌──────────┐        │
        │  校长助理  │◄───┤   校长    │
        └──────────┘        └──────────┘
                            │
   ┌────┬────┬────┬────┬────┬────┬────┐
   ▼    ▼    ▼    ▼    ▼    ▼    ▼
┌─────┐┌─────┐┌─────┐┌─────┐┌─────┐┌─────┐┌─────┐
│主管学││主管学││主管学││主管行││主管学││主管学││主管学│
│校总务││校发展││校公共││政事务││术事务││生工作││校规划│
│副校长││副校长││关系副││副校长││副校长││副校长││副校长│
│     ││     ││校长  ││     ││     ││     ││     │
└─────┘└─────┘└─────┘└─────┘└─────┘└─────┘└─────┘
```

从中可以看出,这是管理理论中标准的科层理论所要求的,指挥中心只有一个,即董事会。它的管理指令可以一直贯彻到最底层,而且任何一个环节出现问题,它的上一个管理层次可以及时地纠正和解决,既不会出现两个互相矛盾的管理指令而让下级无所适从的现象,也不会出现当管理指令在某个环节出现问题后,上一个管理层次无法纠正的现象。

---

① "An Overview of Heigher Education in the United States: Diversity, Access, and the Role of the Marketplace", by Peter D. Eckel and Jacqueline E. King, available at http://sites.acenet.edu/bookstore/pdf/2004 - higher - ed - overview.pdf.

模式的优点:这种模式解决了管理中同层次的横向交叉问题,充分发挥了党委的决策、监督职能,同时校长作为执行过程中的第一负责人,在自己的职权范围内独立开展工作,独立承担责任,既实现了党委和行政各自的责、权、利的有机结合,又保证了管理系统的高效运转。

模式的缺点:存在两方面的问题,一是中国高校的行政级别问题,给党委聘任校长造成障碍,因为干部是分类管理的,地方本科院校的党委书记和校长都属于厅级干部,由省委组织部门负责管理,党委没有聘任同级干部的权限;二是容易给人造成以党代政的印象,与我们国家改革中一直要求的党政分开的做法相矛盾。

解决缺点的办法:对第一个问题,可以通过上级党委的授权,再辅以相应的聘任审批程序解决;对第二个问题,可以借鉴省委书记同时兼任省人大主任的惯例做法,修改《高等教育法》中的相关规定即可。

模式二:校长全权负责学校工作,学校党委作为上级党委派驻的代表机构,独立行使监督职能,只对派驻机构负责。

这种模式是一种照顾到各个方面的模式。

首先,保证了党委的监督作用,学校是否偏离了政府要求的办学方向,是否违反了国家的相关政策,学校党委可以自己监督,也可以通过上级党组织和政府主管部门来进行监督。

其次,可以真正落实法律上赋予校长的权利,校长作为学校的法人代表,对外全权代表学校,对内作为学校最高的行政首脑,通过相应的程序行使领导权,彻底克服了"领导者不负责,负责者不领导"的不正常现象。

再次,满足了科层理论要求的有效管理的层次条件。

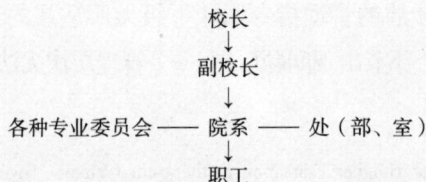

校长
↓
副校长
↓
各种专业委员会 —— 院系 —— 处(部、室)
↓
职工

这种模式把党委的裁判员角色和运动员角色进行了区分,不再使两个工作职责互有冲突的角色共存于一体,便于各自有效地开展工作。而且这种模式非常类似于我国部队中的党政管理体制,部队承担的任务决定它的指挥体制必须政令畅通,运转高效,不允许出现任何影响政令畅通的因素,因此行政首长是军事任务和行动的第一责任人。另外,我们国家的军队实行的又是党指挥枪的体制,军队是共产党领导下的人民军队,所以在部队的各级指挥机关,设立了政治委员制度,政委作为党代表,负有监督的责任,不干涉行政首长的指挥权,但对出现的违反部队性质和任务的军事行动,则又有一套高效的监督和反馈系统。这样既保证了军事行动的指挥畅通,又保证了行政指挥不偏离党的路线、方针和政策,是高校党政领导体制可资借鉴的模式。

对于高校中的院系机构,则应该实行院长(系主任)负责制,这是符合实际的管理模式。

比照国家在中等专业学校和高中实行的校长负责制,笔者认为在高校的院系中应该明确实行院长(系主任)负责制,理由有二:

第一,院系工作具有较强的专业性特点。院系的主要工作是教学和科研,两者都是专业性非常强的工作,从教学计划的制订、教师的选择、教学的实施,到科研队伍的组建、科研课题的申报、科研活动的管理等,基本上全部是专业方面的事务,院长的作用不可替代,当然应该实行院长(系主任)负责制。党总支的作用主要是监督职能和党组织自身的建设问题,配合院系的主要工作,统一职工思想,为高质量完成教学科研工作创造良好的人文环境,同时领导好工会和共青团工作,为院系的发展创造一个良好的舆论环境和人际关系环境。

第二,高校领导体制的特点决定院系工作的不会失控性。有同志可能担心,如果实行了院长(系主任)负责制,党总支的监督和保障作用就会削弱,院系工作出了方向上的问题,就无法得到纠正。这实际上是一种多余的担心,是看问题的视野不够开阔所致。因为我国高校实行的党委领导下的校长负责制,决定了院系工作方向上的可保证性,即使院系的工作出现了需要纠正的问题,也可以通过学校党委或行政进行纠正,不一定非要通过院系党总支来进行纠正。但是在这一过程中,党总支并不是无所作为的,它在出现问题之前可以建议和参谋,在出现问题时可以提醒和质疑,在出现问题后可以向学校党委汇报请求纠正。

当然,实行了院长(系主任)负责制,并不意味着行政负责人可以绕过党总支进行决策,他们可以共商院系发展的大计,齐心协力做好工作,如果在这些方面出现问题,涉及的只是干部素质问题,消极影响会非常有限,而一旦体制上出现问题,不但消极影响的范围会很大,造成的后果也会非常严重,是一个决不能含糊和忽视的问题。

高校的学院实行院长负责制也经受了实践的检验,全国比较早明确提出在学院中实行院长负责制的是华南理工大学,该校从 20 世纪90 年代中期开始实施这一领导体制到现在,运转顺畅,效果良好,院党委发挥的是监督保证作用,学院党政之间消除了工作中的交叉现象,各司其职,各负其责①。

2. 学术权力制度化

大学作为以学术活动为主的社会组织,其管理方面的决策包括两部分,一类是学术事务,另一类是行政事务。前者包括课程的设置,教学计划的制订,科研规划的审议与科研成果的审定,学位的设置与授予,教师业绩的考核,教员的聘用等;后者包括资源的分配,新学科的建设,教员的编制,院长的任命等。关于这两部分的决策主体,现在公认的结论是"专家治校,教授治学"。所谓专家治校,指以校长为主的行政管理、财务管理及公共事务管理、人力资源管理等方面的专家,对行政事务进行管理;所谓教授治学,则是指教师群体实行自我管理,内行管理内行,即在学术事务管理方面,教授作为内行,具有当然的发言权,因为教授不仅有专业信息优势,而且其个人利益与组织的目标不冲突。对国内高校来说,规范的学术权力运行模式应该是:

(1)学术机构的设置与组成应该规范

学术机构的设置不一定有统一的模式,但基本的学术机构是每个

---

① 2007 年 8 月 27 日刘树道书记在华南理工大学中层干部会议上的讲话。

学校都应该具有的,包括学校层面的学术委员会,学位委员会,专业技术人员考核委员会,专业技术人员聘任委员会,教学指导委员会;院系层面设立的分学术委员会,学科教授会。

这些学术机构的成员产生,只能按照学术权力运作的自身规律进行,即要么是有成员人数限制时全体同行民主推荐,要么没有人数限制时全体成员参加,而坚决不能通过行政任命的方式产生,即使这种任命在内行看来是公平和合理的。因为这涉及行使学术权力主体的合法性和代表性问题,如果在这些方面使学术权力的指向对象产生疑问,就会对学术权力的运行结果产生疑问。

东北师范大学在这方面进行了有益的探索,不无启发意义。东北师范大学 2006 年重组的校学术委员会,就是要在学校层面上使学术权力与行政权力相对分离,进一步促进学术本位和学术民主。重组后的校学术委员会分为"哲学社会科学学术委员会"和"自然科学学术委员会",党委书记和校长都不参加,从而保证学术权力的相对独立性。学术委员会的主任有可能由一般的教授来担任,这主要取决于个人的学术成就和学术威望①。

无独有偶,吉林大学近日制定的《吉林大学学术委员会章程》也规定学校领导和职能部门负责人不担任各级学术委员会委员职务,实现了行政管理与学术决策的相对分离。根据新章程,学部学术委员会主任委员和副主任委员采用轮值制,任期两年;每次换届要求有较大比例的新增委员,一般连任委员人数不超过上届委员总数的2/3;所有层面的委员都通过民主推荐或者选举产生,系和学科推荐产生学院委员、学院学术委员会推荐学部和学校委员、学部推荐产生学校委员,其中,各学部推荐的校学术委员会委员中,院长人数不得多于非院长人数;另外,各个层面学术委员会的主任人选都通过选举产生。吉林大学校长展涛认为,发挥学者在学校管理中的作用是现代大学民主管理制度建设的核心问题,而如何建立和完善"体现学者在大学中的主体地位、发

---

① 史宁中:《"教授治学",大学走向卓越的必然》,《中国教育报》2007 年 2 月 2 日。

挥学者在学术决策中的核心作用"的制度体系,则成为问题的关键。"所有学校领导和学校职能部门工作人员一律不参加任何一个学术委员会,在人员结构上实现了行政管理与学术决策的相对分离,也使得学术委员会能够独立和自主行使职权。"①

东北师范大学和吉林大学的实践探索说明,只要学校管理者的观念转变到位,认识转变到位,学术机构按照学术权力独立行使的要求选拔成员,是可以在实践中实现的,对地方本科院校具有很大的借鉴意义。

(2)学术权力的辐射范围应该全面

学术权力的辐射范围,也就是教授治学的内涵,在实践中表现为以教授为主体的教授委员会成员拥有大学学术领域,诸如课程设置、教学计划、招生政策、学位标准、学术人员聘任与晋级、博士生导师和硕士生导师的遴选等的学术评价,以及事关学术发展的激励政策等的决策权。其内涵主要包括:

①治学科,即善于凝练学科建设方向,塑造学科发展特色,会聚学科建设队伍,构筑学科发展基地,产生标志性建设成果。

专业和课程的设置——

这是学校发展过程中的大事,与学校的定位和职能密切相连。目前存在的问题比较多,也比较突出,具体表现为脱离学校层次和类别定位、师资状况实际,盲目追求所谓的热门专业。根据和飞先生的观点,地方院校的基本办学理念应包括三个方面:第一,崇尚实用。办学宗旨要突出应用;人才培养要构建实践性教学体系;科学研究要贴近地方发展需要;办学特色要升华地方大学的价值追求。第二,服务地方。第三,面向大众。② 高等教育的大众化要通过两种途径来实现:一是高等教育的多样化,二是高等教育的民主化。但河南省高校中的专业设

---

① 孔详武:《吉林大学校领导不再任学术职务　行政与学术分离》,《人民日报》2009 年 7 月 9 日。

② 和飞:《地方大学办学理念研究》,高等教育出版社 2005 年版,第 2 页。

置所出现的问题,根源就是脱离学校的层次和类别定位,以至于在全国本科教学工作水平评估中得到评估专家的一致质疑,以河南师范大学为例,被专家质疑的新专业情况如表3—3所示。

表3—3　河南师范大学2006年教学评估被专家质疑专业

| 新专业名称 | 申报理由 | 批准程序 | 学生反映 | 专家质疑 |
|---|---|---|---|---|
| 劳动与社会保障 | 社会急需专业,就业前景好 | 学院申报,校长批准 | 无专业师资,就业前景不明朗 | 师资标准不达标 |
| 人力资源管理 | 社会急需专业,就业前景好 | 学院申报,校长批准 | 无专业师资,就业前景不明朗 | 师资标准不达标 |
| 外交学 | 社会急需专业,就业前景好 | 学院申报,校长批准 | 无专业师资,就业前景不明朗 | 师资标准不达标 |
| 广播电视与新闻 | 社会急需专业,就业前景好 | 学院申报,校长批准 | 无实习设备;无专业师资 | 师资标准不达标,实验设备不达标 |
| 社会工作 | 社会急需专业,就业前景好 | 学院申报,校长批准 | 无专业师资,就业前景不明朗 | 师资标准不达标 |

出现这些问题的根源,有两方面的原因,首先是决策程序上的错误,不该用行政审批代替专家论证,凭长官意志主观确定。专业设置的论证,当然由专家组主导,他们的结论具有专业权威性。这些被评估专家质疑的问题专业,全部是缺少内行专家论证环节,这从反面证明了专家论证的必要性。其次是政府主管部门的把关失职。说政府主管部门难辞其咎,是因为即使专业设置符合学校的层次和类别定位,也应该根据学科的特性来最终确定设置与否。按照公认的看法,应用类学科专业的设置与调整,主要应根据市场的需求状况确定,基础理论类学科专业的设置,应根据科学技术的发展趋势来决定,然后由政府宏观调控。学科布局上出现大面积问题,政府主管部门的宏观调控没有发挥应有的作用。

在专业设置方面,部属院校的做法比较好,可以值得地方本科院校借鉴。东北师范大学在落实"教授治学"方面思路明确,措施到位。2000年东北师范大学在学院一级成立了15个教授委员会,开始实行

"教授委员会集体决策基础上的院长负责制",这是"教授治学"的制度体现。教授委员会的权力表现为拥有大学学术领域以及事关学术发展的激励政策等的决策权。具体包括讨论、确定学院发展规划,学院本科生、研究生教学计划或培养方案,学院学科建设和教师队伍建设规划,学院教学与科研组织形式,学院资源配置原则,包括学院自主支配经费的使用原则,学院教师和其他系列人员工作考核、聘任等。这些权力体现了"教授治学"的四方面内涵,即"治学科"、"治学术"、"治学风"和"治教学"①。

②治学术。大学作为学术机构,学术是其发展的源头和生命力,正是在这个意义上,曾任清华大学校长的梅贻琦先生有一句名言:"大学者,非有大楼之谓也,是有大师之谓也。"只有一流的教师,才能有一流的学术,教授是学校学术发展的当然主体。即教授不但个人要努力搞学问,要加强学术实力、遵守学术规范、坚持学术标准,而且要带动和影响更多的年轻教师步入学术殿堂,真正起到学科和学术带头人的作用。具体内容包括:

学校的发展规划和重大管理事务——

学校作为一个以从事学术事务为主的社会组织,其发展规划和重大管理事务,无一不和专业技术人员的自身利益密切相连,必须倾听和重视他们的意见和建议。

新成员的引进——

这是学术权力发挥作用的最重要内容,学校办学水平的最终决定因素是师资队伍的整体水平,而师资队伍的整体水平又分别体现在每一个教师的水平中。教师新成员的引进,是一个重要的入口关,尤其是许多地方院校还没有建立其教师补充和淘汰的顺畅通道,教师是"学校人"而不是"社会人"的情况下,把好入口关至关重要,如果不能对新成员的学术潜力、道德水准做出准确的判断,就会沉淀在师资队伍中而

① 史宁中:《"教授治学" 大学走向卓越的必然》,《中国教育报》2007 年 2 月 2 日。

降低教师队伍的整体质量,而唯一能对新成员学术潜力做出判断的,只能是同学科的教授,即建立在院系一级的学科教授会或分学术委员会,他们会根据学科教学和科研的需要,对新成员作出专业评价,为学院和学校的最终决策提供依据。

为了保证学科教授会能够作出客观的、站在学科发展和学校发展的角度的评价结论,必须使评价者没有关于自己生计的后顾之忧,即他们必须是学校的终身教授,同时为了避免因为选拔出水平超过自己而影响到自己的学术地位,而故意淘汰水平超过选拔者的人员的现象,学校还必须配套相关的规定,如北京大学在改革中提出了建立学科的末位淘汰制度设想,如果某一学科在学校的考评中处于末位,就会被学校淘汰,该学科的人员就会同时面临分流或解聘,这样就把选择高水平的成员同学科的发展和自己的命运联系在一起,确保选拔高水平成员是学科教授会的唯一选项。

对地方本科院校来说,不少院系的教授数还比较少,如果通过教授会选拔新成员,容易形成个别人控制进人权的情形,缺少客观性和可监督性。因此,在这方面不能照抄照搬外国高校和部属院校的做法,必须从两方面进行制约:一是在院系层面加强行政权力的介入力度,院长的作用要相对加大;二是学校学术委员会行使最终裁决权。这样一种模式可以保证选拔的新成员具有较高的质量。

成员的考核和评价——

它包括年度考核和聘期考核,是督促教师队伍成员不断进取和发展的重要外部因素,也是涉及教师学术声誉、工资津贴和职位去留的大问题,必须慎重对待。对教师学术活动的学术价值,只有同行最有发言权,尤其是学科教授会的评价,是专业层面的评价,它的结论可以作为学院、学校最终结论的重要参考依据。

成员的职务晋升——

专业技术职务的晋升,是专业技术人员自身利益的重要体现,无论是国内还是国外大学的教师,概莫能外。对河南省高校的教师来说,意义更为重大,因为现在政策规定的是评聘结合,即只要评上职称,意味着同时即获得聘任，无论是学术声誉，还是物质利益，都通过职称的晋升体现出来，所以引起专业技术人员的高度重视，每年的职称晋升都是当事人的一件大事，也是学校的一件大事。

专业技术人员的职务晋升，涉及两方面的核心问题，一是谁来评价申请者的学术水平，二是申请者的学术水平与谁比较。对第一个问题，当然是同行评议，学科教授会最有资格评价申请者的学术水平，他们的鉴定意见最具有参考价值，凡是通过学科教授会评议的，更高一层的评审委员会一般不会从学术层面进行第二次把关，将主要从学科平衡、人员平衡方面来决定取舍；对第二个问题，目前存在问题最多，职称评审主要是内部人进行比较，在申请者之间进行学术水平排序，然后按指标向高一级的评审委员会推荐，尽管个别学校实行了科研成果匿名外审制度，但存在许多不完善的地方，一是选取同类院校，所谓求得外审结果具有可比性，二是外审结果仅仅作为参考，实际上只是一种形式，并不起决定作用。这种内部人相比较的职称评审制度，对促进学术水平的提高起到了极大的限制作用，使得申请人将自己学术方面的发展目标只盯在本单位内的小圈子中，不能从国内甚至国际视野中确认自己的学术定位，只是坐井观天，当然不会促使申请者瞄准世界范围内学科最前沿提高自己的学术水平。

引进外部人评审制度，不存在制度或政策上的任何限制，完全由学校自行确定，而且许多学校在其省特聘教授和校特聘教授上岗过程中采用了上岗条件初审制和外部人评审推荐制，被实践证明效果非常理想。

首先是上岗条件初审制，学校规定了这类岗位的上岗条件，由于这是学校标志性的学术岗位，岗位津贴又特别的高（河南省省特聘教授的年岗位津贴为 12 万元，是普通教授的年岗位津贴的 7 倍多；校特聘教授的年岗位津贴 6 万元，是普通教授年岗位津贴的 3 倍多），所以学校在确定上岗人员时持特别谨慎和认真的态度，制定的上岗条件是完全按照这一岗位的学术水平要求而不是学校现有人员的水平确定的，如河南师范大学关于特聘教授上岗条件的规定就比一般教授的评审条件要高出许多。

表3—4 河南师范大学特聘教授上岗条件

| 校特聘教授 | 省特聘教授 |
|---|---|
| 教授,博士学位,主持过国家级科研项目,在二级学科顶尖级期刊发表过高水平论文。 | 教授,博士学位,主持过国家级科研项目,在一级学科顶尖级期刊发表过高水平论文。 |

其次是外部人评审制。省特聘教授是瞄着国内一流的标准设立的,所以对他们的推荐和评审基本上理科是两院院士和国务院学科评议组成员,文科基本上是国务院学科评议组成员,在国内学科前沿进行比较;校特聘教授是瞄着省内一流的标准设立的,所以对他们的推荐和评审基本上是国内一流高等学校的著名学者,并且采用匿名的方式对科研代表作和整体学术水平进行评价,这种方式减少了许多人为因素的干扰,比较客观地反映了申请人的真实学术水平,上岗者是完全凭实力上岗,落选者确实是学术水平还存在差距,没有出现当事人抱怨、投诉评审不公平的情形,而且上岗后这些人的实际表现也证明了这种选拔方式的成功性,它们以自己出色地履行岗位职责的表现,证明自己无愧于这一岗位的期待。

特聘教授上岗过程的各项程序完全可以移植到正常的职称评审过程中,虽然一开始会遭到某些当事人的抱怨和抵制,但从长远来看,这种引入外部人评审制的做法,无论是对当事人还是对单位,都是利远大于弊的,会极大地促进当事人不断瞄着省内和国内学术前沿提高学术水平,同时学校的学术氛围和整体学术水平也会不断迈上新台阶。当然,从长远看,外部人评审制的建立有赖于学术市场的建立,在这样一个市场上,学术成果的学术价值可以得到恰如其分的评价和反映,不同层次的高校可以在这样一个市场上准确定位自己的学术水平要求,既不能好高骛远不切实际而丧失对人才的吸引力,又不能无所作为地得过且过,放弃激励机制的建立而失去当事人提高学术水平的动力。

学生学位的授予——

除了符合基本条件人员外,那些具有特殊才能和表现但不符合通常条件的人员,才是专家评议的重点,目的是不能埋没一个特殊人才。实际上这方面的作用没有得到充分的发挥,现在通行的做法是成绩合格而且没有受到禁授予学位处分的,都可以授予学位,缺少专家对特殊人才的把关。

③治学风。即教授在教书育人、科学研究、参与学术事务决策等方面要率先垂范,严于自律,遵守学术道德,反对学术腐败,提倡敬业精神。同时,要以学风、教风建设为载体,大力弘扬求真务实精神,加强对年轻教师和学生的科学道德及学风的教育,促进和谐高等教育体系建设。

近年来个别教授科研方面的剽窃和抄袭,在社会上造成了很大的负面影响,恶化了学术氛围,必须从制度建设方面进行控制。许多学校的学术委员会下设了学术道德监督委员会,对学术失范行为进行认定和进行学术方面的处理,同时提出行政处理建议,不失为一种治学风的好方法。

④治教学。即要求教授一方面深入一线给学生尤其是本科学生上课,另一方面,要让教授广泛参与到教学管理和教学改革中来。

(3)学术权力的行使原则应该明确

学术自由、学术自主和学术自律是学术权力的行使原则,这是由学术事务自身的特点决定的。

学术自由是学术活动的必然要求,是大学创造知识、追求真理的使命决定的。对新知识的探索,不应该有任何条条框框的约束和制约,这也是世界公认的"学术无禁区"原则,所以研究者的精神和行动在研究过程中必须始终保持自由。

学术自主是实现学术创新的基本条件,指研究者独立自主地制定研究目标和研究计划,既不依附行政权力和其他外部力量,也不剽窃他人的研究成果。

学术自律是学术活动规范有序的重要保证,学术活动中出现的任何不端行为都应该有相应的制裁措施,用强制力量进行矫正和警示,以维护学术的尊严和神圣,确保学术行为的规范性。这种强制力量包括内部和外部两种形式,来自内部的强制力量是学术自律,来自外部的强制力量是学术他律,在发挥规范作用方面学术自律有着学术他律不可替代的作用,因为自律的范围更大、专业性更强、影响更持久,而他律只是针对少数特别严重的学术失范情形采用的最后手段。

学术权力能够真正发挥它应该发挥的作用,摆脱行政权力不应有的干预和影响,还有很长的路要走,包括许多研究型的重点部属院校。对学术性等而次之的地方本科院校,学术权力的规范发挥需要的过程会更长。


[案例3—4]:武汉大学"教授治校"改革搁浅调查①

近年来,武汉大学推出了一系列以"回归学术"为目的的"政学分权"改革,试图从根本上突破传统的"政学不分"的管理体制,目前正在考虑实施"大部制"改革。

随着高校行政化弊端的日益显现,"学者治学"、"教授治教"的呼声越来越高,武汉大学推出的这一系列改革受到了追捧。然而,今报记者在武汉大学采访时,却听到了这样一种声音:"凡是涉及政学分权、分钱到院、学者治学、教授治教以及学校大部制改革的话题,我们再也不提了。"

武汉大学的一些教授坦言,由于受种种压力的影响,"政学分权"改革已经搁浅……


● 刻意回避

"政学分权"在武大成了敏感话题

4月17日,《人民日报》以《武汉大学试水"政学分权"》为题,报道了武汉大学进行的一系列"政学分权"改革,引起舆论界的普遍关注和热议。将近半年时间过去了,改革进展到什么地步了? 记者奔赴武汉

---

① 杨桐:《武汉大学"教授治校"改革搁浅调查》,《东方今报》2008年10月10日。

进行采访。

9月18日,记者来到武汉大学。曾经接受过《人民日报》采访的武大生命科学学院党委书记何建庆告诉记者:"关于武汉大学'政学分权'改革的进展以及上次报道素材的构成,都是由学校宣传部统一安排,有关学校的宣传口径和尺度都是由宣传部统一掌握的,学院如果需要提供素材也是由宣传部来统一安排。关于改革进展的准确表述应该由宣传部来说。"

随后,记者来到了武汉大学党委宣传部,该部新闻中心办公室主任王怀民说:"凡是《人民日报》上次报道提到的几个话题,我们以后再也不提了,所以没办法向你介绍情况。"

接着,记者在武汉大学的几个院系找到一些老师,当问及改革进展情况,都被以"我不知道"、"没听说过呀"、"你找宣传部吧"为由婉拒了采访。

一位行政人员对记者说,尽管《人民日报》的报道刊发后,武大关于"政学分权"的改革受到了诸多好评甚至追捧,但是也有质疑的声音,"受种种压力,'政学分权'现在已经成了敏感话题,不让再说了"。

除了质疑外,武汉大学的改革还受到来自何方的压力,这位行政人员没有细说。

●教授当家

《人民日报》提及的什么话题让武汉大学再也不提了?还是让我们回顾一下武汉大学关于"回归学术本位"的这一系列改革吧。

根据《人民日报》的报道,武汉大学的改革主要包括:将70%财权下放到学院,成立学术委员会和教授委员会,实现"学者治学"、"教授治教"以及探索"大部制"管理改革思路,大幅精简管理部门。

武汉大学校长、中国工程院院士刘经南曾说,改革的核心是权力下放到学院,使学院成为大学办学的主体。"综观国外一流大学,都是小机关、大学院。二级学院才是高校教学和科研的实体,拥有相对独立的人、财、物的管理权,学校的财力80%都在学院。而在我国,大多数综合性大学还是由学校直接掌管人、财、事大权,这样不可避免会导致机构臃肿、效率低下、'跑部钱进'等问题"。

为了保障学术权力真正得到落实,武汉大学成立了校学术委员会,在院系一级成立了教授委员会,并明确规定,校院两级党政一把手不能担任两级学术组织的主任委员。根据章程,教授委员会委员由院系全体教师大会推选,主任委员和副主任委员由全体委员民主推选产生。

这种走向"学者治学"、"教授治教"的改革尝试带来的结果是,教授委员会不仅有权审议院系的学科和专业设置、科研计划、发展规划,为院系发展提供咨询意见,而且有权评定院系教学、科研成果,在学院引进人才、职称评定等问题上拥有初审权。

武大经济管理学院教授张建清说:"过去,职称评审委员会委员大多数是行政领导,一个有行政职务的人在职称评定中就占有'人脉优势'。可现在不同了。有几个系级行政领导评职称,结果第一轮就被教授委员会'淘汰出局',因为教授会上他们没有得到半数以上的票。"

● 改革受阻

武大并没有真正实现教授治校

在武汉大学有关方面对"政学分权"集体沉默的背后,改革进展情况到底如何? 这是一个问题。

武汉大学一位不愿具名教授的说法是:"所谓学者治学、教授治教的改革目前只是停留在形式上,并没有真正实现。政学分权,分什么权,从大学来讲,行政的管理权和教授治校的权力看来是对等的,现实上,行政管理大大控制了学术科研,改革都是空的。"他说,武汉大学不但有校学术委员会和各院系的教授委员会,也有专门的博导委员会,尽管按照规定这些组织在学术方面有着高于行政机构的决策权,但实际上并不能左右行政机构做出的决定。

他举例说,某某院开博导大会评博导,大会通过了 3 个人,院里行政领导一开会,又加上了 5 个人,通过的人数由 3 个变成了 8 个,而到了最后公布时,实际通过的人数却是 12 个,学校又另外"塞"进去了 4 个。他说,学校有些院,教授委员会投票评职称,没有评上的人,行政管理层开会又给补上了,"这算好的,还有,院里行政上也没有通过的,学校给搞上了,你说是教授委员会的原因还是院里的原因? 是教授有权呢还是院行政有权呢? 是院有权呢还是学校有权呢?"

这位教授说:"教授治校方向是对的,但在有些人眼中,它在某种程度上是不对的,官本位和大学行政化很严重,到目前为止,中国没有一所公立大学是教授治校的,这当然包括武汉大学。"

而商学院一位教授更是直接说:"武大一系列回归学术本位的改革已经搁浅,甚至已经流产了。"

武汉大学党委宣传部新闻中心办公室王怀民对于改革搁浅的问题未置可否,一再强调"反正我们不提了"。

而生命科学学院党委书记何建庆则说:"武汉大学包括二级财务改革在内的一系列改革目前都在有条不紊地进行,不存在搁浅或者流产的问题。"

●政学失衡

回归学术本位还有很长的路要走

武汉大学的教授委员会并非国内首家,标榜有同样理想和理念的"教授会"在国内各个高校都有挂牌,比如,2000年,东北师范大学建立了学院级的教授委员会,实行"教授委员会领导下的院长(系主任)负责制",至今,北大、清华、人大等全国几十所高校也都成立了教授委员会或学术委员会。

有专家指出,随着教育改革创新的不断深入,现在大多数高校都成立了"教授委员会",教授也经常被邀请到校务工作中来。但是,总的看来,中国高校要真正实行学术本位,平衡行政权力和学术权力,还有很漫长的路要走。

谢泳说,无论如何,武汉大学这一系列改革的尝试都是值得肯定和鼓励的,正如武大校长刘经南所说:"大学是学术性组织,学术权力是大学的核心。因此,'学术本位'是大学管理的基本原则。"

3. 职工的民主权利法定化

在高校人事分配制度改革中,如何发挥和保障职工的民主权利,是一个需要认真对待和解决的重要问题。

高校的人事分配制度改革,是一次空前范围的学校各群体的利益大调整,尤其是从身份管理过渡到岗位管理以及岗位管理与业绩管理相结合的模式,分配上也相应地从以人数的平均过渡到以身份的平均再到按工作业绩分配,既是一种观念的更新,更是一种收入方式的大调整。如何让职工认识到改革的益处,进而变成改革的积极参与者和推动者,是学校领导层考虑改革方案时必须考虑到的内容。因为没有群众基础的改革或者脱离群众的改革,无论其设计得多么美好和理想,最终是不可能实施也不可能成功的,这已经被中国历史上无数次夭折的改革从反面所证实。因此,职工在改革中的民主权利不是可有可无的,权力内容也不是可多可少的,必须在《高等教育法》和《工会法》相关规定的基础上,结合各学校的实际情况,通过制度确定下来,即法定化。

由于民主化的进程在我国还处于一个发展和完善的过程,长期的中央集权制管理模式还有一个惯性运行的过程,使得在中国高校的部分管理者中,对职工民主权利的定位在有意和无意之中,将其归属到"反管理者"或"反行政"力量之中,认为这种权力的实施总是和学校当局的意愿和努力背道而驰,比如学校制定专业技术人员的岗位职责标准,教师代表大会总是嫌标准太高,学校制定的奖励办法,教师代表大会总是拿教师和行政人员进行比较等,似乎教师代表大会天然地和管理者存在冲突,于是在制定人事分配制度改革方案的过程中,能绕过这一机构时尽量绕过,或者在通过改革方案时遇到较大阻力后,动用行政手段强力通过。

这种定位和认识既是错误的,也是危险的。要正确认识教师群体在学校中的地位,必须解决如下几方面的认识问题。

第一,学校的主体问题。学校的教职工和学生是毫无疑问的学校主体,但能否说学校就是教职工和学生的学校?答案当然是否定的。公立高校作为公共机构,属于公益性事业单位,是政府的学校,即向政府纳税的全体纳税人的学校。这从学校的设立审批、经费的拨付等可以看出,政府是代表全体公众利益的,拨付的经费也是辖区内全体纳税人的钱。校长是政府任命或委托的、代表政府来管理学校的代表人,因此设计改革方案时,不能从有利于某个人或某些人作为出发点,而应该从有利于全体纳税人或有利于政府的最大收益作为出发点。

第二,学校改革的受益者问题。具体到学校内部的各组成群体,改革的受益大小应该有着逻辑上的顺序。学校是由学生、学者、管理者和服务者四个群体组成的,每个群体都有自己的利益诉求,人事分配制度改革涉及各方面利益的大调整,如何满足各群体的利益需要,是学校管理者必须考虑的首要问题。根据第一个问题的结论,学校的任何改革必须考虑到所有纳税人的利益,而不是考虑学校内各群体的利益,讨论学校的改革出发点,必须站在"无利害关系当事人"的立场来探讨,站在学校的公共利益上来考虑。考虑利益的标准是根据总体最大化的"卡尔—希克斯标准",即改革带来的加总利益大于损失的标准,而不是根据"没有人受到损失"的帕累托标准①。如果必须要给校内各群体的利益考虑优先度进行排序,则学生利益当然排在首位,这是由学校作为公益性事业单位"培养人才,服务社会"的职能决定的,也是由学生承担学费决定的。学生作为大学组织的消费者,有权要求得到优质服务。因此,人事分配制度改革的终极目标是提高学校的教育教学质量和办学效益,学生毫无疑问是最大的受益者;其次是专业技术人员尤其是教师,他们才是办学主体,他们是实现学校"培养人才,服务社会"职能的任务承担者;其他群体包括管理者和服务者,则是由此派生出来的群体,所以改革中考虑教师群体的利益要在管理、服务人员群体之前。因此除学生作为消费者群体之外,改革方案从制定到实施的全过程,必须充分考虑教师的诉求和利益。

第三,学校改革的依靠力量问题。在学校职工中的专业技术人员、管理人员、服务人员三个群体,对学校发展重要性从高到低的排序应该是专业技术人员、管理人员、服务人员,这是符合实际的,因为检验重要性的依据有两点:一是人员的补充难度。从总体上说,无论是以前还是可预见的今后一段时间,人员的补充难度顺序是教学科研人员、管理人

---

① 张维迎:《大学的逻辑》,北京大学出版社 2004 年版,第 208 页。

员和服务人员。二是对实现学校育人功能的贡献。教学科研人员首当其冲,因为学生来学校上课,不是期望得到行政服务,而是要得到教授的指导。因此,其他人员都是从学校主要履行学生到校接受专业技术教育功能中派生出来的,是为教学和科研服务的,不是学生的直接需求。

第四,维护职工合法权益的主体问题。这与前边的问题相联系,既然校领导是代表政府进行改革的,教职工又是学校的办学主体,因此在改革中维护教职工合法权益的主体,只能是教职工自己的组织,即教职工代表大会。改革中的利益调整,既要考虑学校的长远利益,也要考虑职工的眼前利益;既要考虑方案实施的必要性,也要考虑方案实施的现实性;既要考虑分配中的效率,也要考虑分配中的公平。职工的民主权利是平衡这些关系的重要决定力量之一。

根据以上分析,可以知道大学作为公益性的事业单位,是一个利益相关者的组织,除了学生是大学组织的消费者外,大学中的教职工包括专业技术人员、党政管理人员和服务人员,都不是大学的明确所有者。因此,如果改革是从照顾某一个特定群体的利益作为出发点,就会背离改革的大方向,就会损害大学真正所有者的利益。由于行政权力在改革中处于主导地位,所以必须加强职工的民主权利来进行平衡和监督,使改革坚持正确方向的同时,更能兼顾到各方面的利益。具体来说,职工的民主权利保证主要体现在以下两个方面:

(1)加强职工自身的合法权益。

这是职工民主权利最重要的体现,合法权益包括:

工作量标准的合适性。改革中最重要的内容是制定岗位工作量标准,对专业技术人员来说主要是教学和科研工作量标准,这里需要解决的问题是标准制定的依据是否合理,标准的大小是否符合实际,标准通过的程序是否合法等,教师代表大会可以针对这些问题进行讨论,听取学校当局的说明,并最终通过会议表明态度。

岗位津贴标准的合适性。在现在的改革实践中,岗位津贴的标准都是学校自行确定的,基本上分为教学科研系列、党政管理系列、教学辅助系列,关键问题是各系列标准的平衡性,是否在津贴标准上体现了专业技术人员的主导地位,要由教师代表大会和职工代表大会进行确认。

聘任过程的合法性。聘任过程实际上是一个法律过程,聘任合同确认的是职工个人与学校双方的权利义务关系,特别是在全国事业单位人事制度改革还不到位的情况下,聘任过程的任何疏漏都可能为以后的合同实施留下隐患,造成对职工利益的侵害,因此必须由以工会牵头的职工代表为主体的人事分配制度改革监督委员会负责监督和接受职工的投诉,保证职工聘任过程中的合法权益。

解聘程序的合法性。解聘事关职工的切身利益,应该有严格的条件限制,并保证给当事人提供充分的申诉机会,应成立校内劳动争议仲裁委员会,对学校解聘人员的决定进行听证,防止解聘权力的滥用,保障职工解聘过程中的合法权益。

(2)监督行政权力的行使,防止滥用。

由于行政权力在学校的管理中处于主导地位,理论上就存在权力滥用的可能性,因此行政权力必须受到监督和制衡,职工的民主权力就是发挥这种作用的重要权力之一。改革总体方案的实施必须由职工代表大会通过后才能生效,是各学校改革中惯常的做法,是合适的。在这样的程序中,保证了方案中各方面利益的平衡,主要是党政管理人员与专业技术人员在岗位职责上的平衡,防止畸多畸少;在考核结果上的平衡,防止畸轻畸重;在岗位津贴标准上的平衡,防止畸高畸低等。

[案例3—5]:河南师范大学2008年通过第二轮人事分配制度改革方案过程中,职工民主权利的参与过程

2008年1月9日,河南师范大学第四届教职工会员第六次代表大会开始对学校人事分配制度改革方案进行表决,当主管校长对方案的出台过程和修改建议采纳情况进行说明后,到会的146名代表中有143人举手造成,3人弃权,顺利通过该方案。

表决时间虽然不到1分钟,但教职工的参与过程却是贯彻方案从

提出到通过的全过程。从 2007 年 3 月开始酝酿改革方案的草案,到 2008 年 1 月 8 号付诸表决,中间经历过三次大规模的全校范围内征求意见,共收集反馈意见 200 余条。其中对于至关重要的工作量标准高低问题,是意见最集中的地方,以教授岗位为例,目前的实际教学工作量平均为 6 学时/周,新方案调整为 7 学时/周,大家认为太高,容易影响科研工作。学校不是简单地否定职工的意见,而是用数据说话,先后提供美国大学教授协会规定的教授教学工作量标准、印度大学的教授教学工作量标准、重庆市高校教授的教学工作量平均标准,然后与河南师范大学的标准进行比较,结论是新方案中的标准仍然没有超过国外和国内的标准,然后又从学校的定位和发展目标进行说明,使广大教职工真正理解新标准制定过程中的前因后果,并自觉自愿地接受新标准,这才有了表决时高票通过的场景。

# 第四章　地方本科院校专业技术岗位设置研究

## 第一节　专业技术岗位设置原则研究

现在国内高校改革中实践和理论上公认的用人制度改革原则是"按需设岗,公平竞争,择优聘用,严格考核,合同管理"二十字方针,无论是政府出台的文件或是相关的学者理论研究,都可以见到这样的表述。与岗位设置有关的则是"按需设岗",其中值得探讨的是如何理解地方本科院校在岗位设置中"需"的问题。

总结河南省高校中改革比较成功的高校,在岗位设置时坚持的三个基本原则是相同的。

### 一、以"实"为主,"实""虚"结合

所谓"实",即严格按照编制数设立的岗位。按照通常的理解,岗位设置数必须在编制数以内,这是理所当然的,因为如果岗位数超过编制数,编制就失去了作为人力资源投入指标的评估标准的意义了。但是对于地方本科院校来说,岗位设置并不能如此简单地受编制数制约,必须根据学校的发展实际灵活进行岗位设置。理由有两个:

第一,地方本科院校全部处于层次和类型的变动之中,还没有完成层次和类型的定型,决定了专业技术岗位数的不确定性。

第二,地方本科院校学生规模的不确定性,决定了专业技术岗位数的不确定性。

所谓"虚",是指虚位以待的岗位,它区别于"实"的岗位,也是超过

编制数的那些岗位。根据前边的分析,地方本科院校的主要方面的不确定性,决定了专业技术岗位数的不确定性,而且从总的发展趋势来看,在可预见的将来,专业技术岗位的数量是增加的,这就决定在岗位设置时必须留有余量。

怎样对待和处理余量,是一个事关学校发展战略的大问题。如果采用被动地适应学校规模和层次的变化而调整岗位数,则是一种消极地利用岗位设置促进学校发展的做法;相反,如果主动地、有前瞻性的利用岗位设置来吸引高层次人才,就是一种积极地、有远见卓识地利用岗位设置促进学校发展的做法。河南省30所本科院校中,至少有7所高校在岗位设置中创造性的利用岗位余量,设立了省特聘教授岗位和校特聘教授岗位,这是在上岗条件和岗位待遇方面远高于普通教授岗位的特殊岗位。从岗位设置的依据来看,它们没有编制数支持,所以它们是"虚"的;从实际上岗情况来看,只有一少部分聘到了人员,绝大多数仍然是虚位以待,所以它们也是"虚"的。但有一点是"实"的,那就是上岗的少数人,发挥出了巨大的辐射带动作用,在学科建设、教学科研和社会服务方面,发挥了开创性作用,极大地提升了学科层次甚至学校层次。

### 二、保证重点,兼顾一般

岗位设置中必须保证三个重点:在大的岗位分类中,教学工作与科研工作、管理工作和服务工作相比,教学工作是重点;在学科方面重点学科与普通学科相比,重点学科是重点;在学位点与非学位点方面,学位点是重点。在设岗中贯彻保证重点、兼顾一般原则,就是在统揽全局的基础上,保证重点工作对岗位数量的需求,同时要用发展和变化的眼光看待重点与非重点的辩证关系,通过设岗培育新兴学科和有发展潜力的学科。

保证重点,在操作层面体现为两点:

第一,岗位数量充裕。这是从量上进行的保证,相当于军事战略上的"集中优势兵力打歼灭战",对重点工作保证充分的人力资源投入数量。

第二,高级岗位的比例数高。这是从质上进行的保证,用较多的高层次岗位吸引较多的高层次人才,实施重点突破。

### 三、教学与科研并重

大学的传播知识、创造知识和服务社会的基本功能,决定了大学教师尤其是教授,必须在教学和科研上同时具有出色的表现,尤其是科研方面,必须有自己独到的原创性的研究,并且把自己的研究成果用到课堂教学中和社会服务中。因此,美国大学对教师的职责就界定为教学、科研和社会服务三个方面,而且所谓的研究型大学,就是教授普遍在学科的前沿做原创性的研究,把自己的研究性成果带进教学中。科研方面比较弱项的教师,不可能在美国的大学尤其是研究型大学中谋到职位。牛津大学在 21 世纪初的改革中,经济系新上任的系主任、著名的经济计量学家 David Hendry 开始的改革,就是辞退两个只教书不做研究的教员,而且即使对簿公堂也不改变决定①,足以说明教师的科研对研究型大学的重要性。

对于国内的大学来说,部属院校大部分是研究型大学或研究教学型大学,地方本科院校大部分是教学型大学,少数是教学研究型大学,所以对教师的要求不能完全比照部属院校对教师的要求,要在整体上强调教师教学科研并重的同时,还要考虑多数教师科研基础薄弱、学校功能以知识传播为主的实际,让教学水平高但科研相对较弱和教学科研水平俱高的教师,都能各得其所。但是改革的方向一定要明确,就是要求所有的大学教员向教学科研并重的方向发展,因为作为本科院校,创造知识和服务社会是必不可少的职能,而科研是实现这些职能的必然途径,因此不能因为考虑现状而忽略未来,要使现在新补充的教员明确学校对自己的素质要求。这一思想体现在教学科研岗位设置上,应该做到:

---

① 张维迎:《大学的逻辑》,北京大学出版社 2004 年版,第 63 页。

教学科研岗:这是教师岗位中的绝大部分,岗位职责上对教学和科研同时要求,而且科研部分不低于总工作量的30%。

教学岗:这是教师岗位中的少部分,而且只能设立副教授岗和教授岗,不能设立较低层次的岗位,即只考虑到老教师的特殊情况,不鼓励年轻教师向这一岗位发展。岗位职责上重点要求教学的数量和质量,科研上仅做教学法研究方面的要求。

专职科研岗:这一岗位主要设在专职的科研机构中,包括国家级、省级科研机构,甚至在学校设立的研究所中也可以设置该岗位,鼓励在科研上特别突出的教师尤其是年轻教师,充分利用学校提供的条件开展原创性的科学研究,产出一批高水平的研究成果,这是提升学校层次和水平所必需的,也是学校的核心竞争力所在,是学校怎么重视也不过分的工作。

## 第二节　特聘教授岗位设置研究

在地方本科院校中设立特聘教授岗位,是河南省教育厅在实现高等教育跨越式发展过程中在全国带有创新性的工作之一。自2001年开始实施特聘教授制度以来,其对高等学校学科建设发挥出的强大推动作用日渐显露,对比设岗学校设岗前后的变化、设岗学校与未设岗学校的比较变化,有许多值得认真总结的地方。

对地方本科院校来说,与部属院校相比,最薄弱的地方是师资力量和经费。吸引学科带头人层次的人才,是地方本科院校面临的最迫切的共同任务,而吸引人才的最基本条件是岗位和待遇,即具有高层次人才开展工作的平台及这些平台对高层次人才的吸引力。因此,地方本科院校在设置专业技术岗位时,必须把吸引高层次人才放到重要的位置,用特殊的岗位和待遇吸引特殊的人才来发挥特殊的学科带头人作用,带动整个学科水平的提升和发展。解决在经费有限的情况下引进高层次人才的问题,是所有谋求快速发展的地方本科院校必须面对的问题。河南省自2001年设立省特聘教授岗位以来的实践证明,特聘教授制度是地方本科院校克服发展过程中人才瓶颈的有效方法,可以有效吸引一批国内外中青年杰出人才,培养造就一批具有国内、国际先进水平的学科带头人,提高地方本科院校在全国范围内的学术地位和竞争实力。

## 一、特聘教授的岗位设置范围和数量

河南省规定,省特聘教授岗位设置在高等学校中对全省经济社会发展具有重大意义,在学术上达到或有可能达到国内、国际先进水平的重点学科、工程中心、重点实验室;教学科研实力雄厚,处于国内国际学科发展前沿,有望实现重大突破的新兴学科。一般设置到二级学科,全省高校中共设立 200 个省特聘教授岗位。[①]

这一设置范围是合适的,是符合特聘教授制度设立目的的。因为省特聘教授岗位是通过高待遇吸引拔尖人才创立一批高水平科研成果,实现设岗学科质的飞跃,进而实现所在学院甚至所在高校科研上以点带面的突破。所以设岗学科必须有相对扎实和雄厚的研究基础,包括人员基础、设备基础和研究成果基础等,使特聘教授上岗后能够在一个相对高的起点上开展工作。

200 个岗位数量,没有严格的设置依据,只是根据省级重点学科和研究机构的数量大致确定的。这一数量不占各高校正常的专业技术岗位数,属于单列岗位,由于分布到每个具体的高校时,数量很少,几乎对学校原来的岗位设置数量没有影响。但在省特聘教授层次之下的校级特聘教授岗位设置上,引发了较多的争议。原来许多学校看到省特聘教授带来的对学科发展的巨大好处后,苦于达到这个层次的人员太少,就借鉴这种做法,在省特聘教授之外又设立了仅次于它的校特聘教授岗位,而且数量可观,以吸引高于普通教授水平但又略低于省特聘教授水平的高层次人才。以河南师范大学为例,在所有二级学科设立了校

---

① 《河南省高等学校设立特聘教授岗位实施办法》,豫教高[2003]8 号文件。

特聘教授岗位,全校共设立 82 个岗位。这些岗位也是超编制数设立的,不受正常的专业技术岗位比例限制。

这样的岗位设置方式,可能会带来一些人的担心:这样超编制设置岗位会不会造成编制失控和高级岗位滥设? 实践已经证明这样的担心是不必要的,它不但没有造成高级岗位数的泛滥,反而对地方本科院校的学科建设发挥的作用远远超过了人们原先的期待。

(1)体现了学校对高层次人才求贤若渴的态度。岗位本身就在传递着学校对高层次人才的渴求:远远超出普通教授的待遇,对应聘者高水平科研成果的期待,都在无声地表达学校的人才观和价值观,对高层次拔尖人才,学校准备随时接纳。

(2)严格规范的选拔评审程序,保证了上岗人员质量,也使每一个岗位数都物有所值。特聘教授的"特",不仅仅体现在特殊的待遇和特殊的职责上,也体现在特殊的选拔评审程序上:要求应聘者有较高的学术研究起点,既年富力强,又在本学科处于前沿梯队中;对应聘者的选拔,由知名专家组成评委会推荐,省特聘教授由院士、国务院学科组成员组成的评委会推荐,校特聘教授由院士、国务院学科组成员进行学术鉴定后,校学术委员会推荐。这种严格的选拔评审程序,确保了上岗人员的质量,真正做到宁缺毋滥。所以尽管岗位数量很多,但实际上岗人员却很有限。截止到 2007 年底,河南省 200 个省特聘教授岗位中,实际上岗 76 人;河南师范大学 82 个校特聘教授岗位中,实际上岗 5 人。

(3)稳定了本校一小部分专业技术水平特别拔尖的人员。从理论上说,学校设置的特聘教授岗位是面向全世界招聘的,但实际上目前地方本科院校还不具备吸引世界一流人才的条件,甚至不具备吸引国内一流人才的能力(个别处于大城市且地理位置特别优秀的学校除外),目前聘任上岗的大部分是本校出类拔萃的教授和改革开放中后期出国作出突出成绩的本校教师,他们主要是凭着对母校的朴素感情而愿意应聘上岗,这部分人员虽然数量少,但发挥的作用大,没有特聘教授的岗位,就不能稳定下来(河南师范大学设置校特聘教授岗位前,流失了

5 个高层次人才,目前在外校全部被聘为特聘教授)。因为他们的业务
水平比普通教授明显高出许多,待遇却基本相同,给他们造成巨大的心
理反差,认为自己的付出和所得没有形成应有的比例关系,因此会积极
寻找适合自己专业发展的单位,流失就是一种必然结果。特聘教授岗
位的设置,克服了这种不足,为这部分拔尖人才提供了比较高的专业发
展平台。

表 4—1　河南省代表高校相关情况的统计结果

| 学校 | 省特聘教授上岗数 | | 校特聘教授上岗数 | |
|---|---|---|---|---|
| 郑州大学 | 校内人员 | 12 | 校内人员 | 未设岗 |
| | 校外人员 | 13 | 校外人员 | |
| | 合计 | 25 | 合计 | |
| 河南大学 | 校内人员 | 11 | 校内人员 | 23 |
| | 校外人员 | 3 | 校外人员 | 7 |
| | 合计 | 14 | 合计 | 30 |
| 河南师范大学 | 校内人员 | 5 | 校内人员 | 3 |
| | 校外人员 | 0 | 校外人员 | 2 |
| | 合计 | 5 | 合计 | 5 |
| 河南科技大学 | 校内人员 | 2 | 校内人员 | 未设岗 |
| | 校外人员 | 4 | 校外人员 | |
| | 合计 | 6 | 合计 | |
| 河南理工大学 | 校内人员 | 4 | 校内人员 | 11 |
| | 校外人员 | 4 | 校外人员 | 0 |
| | 合计 | 8 | 合计 | 11 |

## 二、特聘教授的岗位职责

确定省特聘教授岗位的合适职责,是保证实现特聘教授制度目标
的基本前提,关键是标准高低要适度。这一标准既要与待遇相匹配,又
要与达到的目标相匹配。

河南省对省特聘教授的岗位职责要求是:

1. 讲授本学科核心课程,指导博士生、硕士生。

2. 正确把握本学科的发展方向,提出具有战略性、前瞻性、创造性的研究构想,带领本学科在其前沿领域赶超或保持国际先进水平。

3. 面向国家重大战略需求和国际科学与技术前沿,积极争取并支持国家或省级重大科研项目研究;在本学科领域开展原创性、重大理论与实践问题研究和关键领域攻关,力争取得重大标志性成果。

4. 领导本学科学术梯队建设,根据学科特点和学科发展需要,组建并带领一支创新团队进行教学科研工作①。

这一职责规定尽管比较笼统,但是标准相当高,既要求本人的研究成果在本学科处于前沿并保持国内一流水平,又要求能够带出一支高水平的科研团队。在具体岗位上,各学校根据学科特点不同,又对此标准进行了细化规定。

[案例4—1]:河南理工大学关于"安全技术及工程"省特聘教授岗位的职责规定

1. 为安全技术及工程学科本科生、研究生讲授核心课程。前三年聘期中讲授"瓦斯灾害预测与防治"专业课;续聘的二年中,再增开"瓦斯抽放理论与技术"专业课。

2. 主持国家或省级重大科研项目研究。在前三年聘期内主持完成国家"十五"重大科技攻关项目"煤与瓦斯突出区域预测瓦斯地质方法及可视化技术研究";在续聘的二年中,申报并承担一项省级以上重大科研项目研究工作。

3. 领导安全技术及工程学科学术梯队建设,每年为本学科招收1—2名硕士研究生,培养本学科后续教学与科研队伍。

4. 在前三年聘期中,建立煤与瓦斯突出区域危险性预测的理论与方法,出版一部学术专著,每年在国家级学术刊物上发表一篇以上学术论文,带领本学科在学术水平上继续保持国内领先;在续聘的二年中,

---

① 《河南省高等学校设立特聘教授岗位实施办法》,豫教高[2003]8号文件。

再出版一部学术专著,每年在国家级学术刊物上发表一篇以上学术论文,拓宽安全技术及工程学科的应用范围,带领本学科在学术水平上达到国际先进。

[案例4—2]:河南师范大学关于"有机化学"特聘教授岗位的职责规定

1. 课程讲授

每年主讲1门本学科专业核心课程,且完成额定的标准课时。

2. 科学研究

每年在SCI源期刊上以河南师范大学为第一作者单位发表本专业学术论文3篇以上(限独著或第一作者,其中至少有2篇文章的影响因子不低于1.5),聘期内不低于15篇(其中在影响因子3以上的二级学科顶级国际期刊发表3篇以上,如Journal of Organic Chemistry、Organic Letters、Journal of Medicinal Chemistry等)。

聘期内主持完成国家级科研项目2项以上(前三年完成1项,后两年申请到1项);获省部级以上(包括省部级)科技成果奖二等奖1项以上(含1项),或者两项以上国家发明专利。

3. 人才培养

培养1—2名学术骨干,使其在本学科领域有高层次的科研成果或承担高级别的科研项目;每年独立招收并指导2名以上(含2名)硕士研究生;聘期内培养3名以上(含3名)博士研究生。

4. 学科建设

作为学科带头人负责组织、领导本学科博士学位点的申报工作,努力使该学科获得博士学位授予权。

这两个岗位尽管学科差异很大,前者属于应用学科,后者属于基础理论研究学科,但细化后的岗位职责都贯彻了河南省教育厅对特聘教授岗位的基本要求,实现了岗位职责,也就实现了设立省特聘教授岗位的目的。

### 三、特聘教授的管理

对特聘教授的有效管理,是保证特聘教授制度顺利贯彻实施的根本途径。管理的内容包括两个方面:

1. 为特聘教授的工作创造良好的环境

包括生活环境和工作环境及管理工作机制。

生活环境主要是住房,安家费,科研启动费,岗位津贴,配偶工作安置,子女的入学就业等。目前所有设岗学校对这一方面的工作做得都非常到位,享受的待遇是全校专业技术人员中最高的,如住房面积最大,安家费最高,科研启动费最高,岗位津贴最高,相对于普通教授的各项待遇,如果用折合的费用作比较,都在10倍以上。

工作环境包括实验设备及其他工作条件、梯队成员、工作助手等,从河南省的实践看,工作硬件投入都不存在问题,只要经费到位就可以解决问题,关键是学科梯队建设,这才是至关重要的。因为设立特聘教授岗位的目的是通过特聘教授整合一支高水平的科研团队,进而带动整个学科乃至整个学院的发展,而不仅仅是获取特聘教授本人的科研成果。这方面既有经验也有教训,多数高校通过有效措施建立了以特聘教授为核心的学科梯队,提升了学科的整体学术实力,并以此为平台,获得国家重点学科或国家实验室或省级重点实验室,获得博士学位授权点,国家级创新团队等,把设立特聘教授岗位的目的发挥得淋漓尽致;相反,个别学校由于观念方面的问题或者是管理上的问题,使特聘教授一个人在科研上孤军奋战,完成聘期工作后还是孤身一人,没能建立一支高水平的科研团队,这是建立特聘教授制度的最小收益。

对特聘教授的管理基本上有三种模式:一是学校统一管理;二是所在学院管理;三是二者相结合。从理论上说,哪一种模式都可以实现管理目的,但实践上却差别很大。因为对于地方本科院校来说,上岗的特聘教授大多是本学校的毕业生,面对的单位职工大部分是自己的老师,自己有些方面的正当要求有时碍于情面而无法出口,再加至自己的待遇远高于原来的老师,使得少数不能放正心态的教师在工作上不支持或不配合自己以前的学生,这些做法都给特聘教授的正常工作造成不便,因此对地方本科院校聘任的特聘教授,应该由学校统一管理或者以学校为主的学院管理,才能确保特聘教授工作的正常和有效开展。

[案例4—3]:河南省第一个聘任的省特聘教授王教授和河南师范大学聘任的第一个省特聘教授杨教授工作效果统计(见表4—2)

表4—2　王教授与杨教授聘期工作效果统计

| 省特聘教授 | 王教授 | 杨教授 | 备注 |
|---|---|---|---|
| 设岗学科 | 安全技术及工程 | 理论物理 | |
| 发表论文 | 14 | 18 | |
| 承担国家级项目 | 5 | 2 | |
| 省级奖励 | 2 | 1 | |
| 专著 | 2 | 0 | |
| 所在学科申报博士学位点 | 1 | 1 | |
| 科研团队人数 | 7 | 1 | |

从个人来说,都按合同完成了与单位约定的岗位职责,但对单位来说,收获就大不相同。王教授带出了一支经过专业训练的团队,聘期结束后即使他本人离开现岗位,该团队仍然可以正常发展,甚至在不太长的时间内还可培育出新的带头人,如果聘任新的特聘教授,也可以在目前比较高的起点上开始工作;杨教授始终是孤身一人独自奋战,本人的聘期结束,所有工作也随之结束,将来再聘到新的特聘教授人选,又要在一个新的起点上工作,换言之,学校全部投入的价值换回的就是他本人的科研成果。

这种结果的对比是鲜明的,也是发人深思的:如果聘任学校只注重特聘教授个人的科研产出,而不注重其团队建设,则对所在学科的发展不具有可持续性;只有既注重特聘教授个人的科研产出,同时还注重特聘教授的团队建设,才能确保所在学科的可持续发展性。显然,后者将特聘教授制度的示范带动作用发挥到了极致,前者则只是发挥了特聘教授制度最表层的作用。

2. 对特聘教授的工作建立有效的考核机制

考核是特聘教授制度实施过程中的关键环节,既是对特聘教授本人工作的督促和检查,也是对教育厅和学校高额投入效果的评估,是一个不可缺少的管理环节。

考核分为年度考核、届中考核和聘期考核,重点是届中考核。

年度考核应该由学校组织实施,主要目的是督促工作,了解工作进度。由于特聘教授特殊的学术地位,年度考核由校学术委员会进行比较适宜,通过特聘教授的述职,使学校掌握其工作开展情况和进度。考虑到科研工作的周期性,年度考核应该以定性考核为主。

届中考核是考核中的重点,主要决定是否续聘后两年的合同,河南省规定由教育厅组织专家组进行考核。由于届中考核时特聘教授已经工作够三年了,聘期的大部分工作已经完成,重点工作也已经到收尾阶段,所以完全可以凭届中考核结果来衡量特聘教授履行岗位职责的能力,有足够的理由决定是否续聘后两年的合同。

聘期考核是一种总结性考核,一般情况下通过届中考核的人员,都可以正常通过聘期考核,唯一的差别是聘期考核合格结果的等级。按河南省的规定,特聘教授聘期考核的结果分为四级——优秀,良好,合格,不合格,教育厅组织的专家组将根据特聘教授整个聘期履行岗位职责的情况,给出相应的考核等级。

截至 2007 年年底,河南省教育厅对已经上岗的 76 名特聘教授中的 21 位进行了届中考核,其中 17 位顺利通过考核,有 4 位的考核结果为不合格,被终止了合同;对 1 位特聘教授进行了聘期考核,考核结果为优秀。总体情况表明,特聘教授制度的具体实践正在证明预先规划目标的正确性和有效性。

## 四、对特聘教授制度的评析

河南省地方本科院校实施特聘教授制度的实践表明,在地方本科院校吸引高层次人才能力较低、学科建设层次较低、资源有限的情况下,采用集中资源以点带面的突破战略是行之有效的,既有必要性,又有可能性,是地方本科院校实现跨越式发展的有效途径之一。

这里选取河南省第一位省特聘教授王教授上岗后给学校和学科带来变化的案例,来评析特聘教授制度的必要性和可行性。

[案例4—4]:河南省第一位省特聘教授聘期考核结果分析

河南省第一位上岗的省特聘教授是焦作工学院的王教授,他于2001年12月5日上岗,2007年10月25日教育厅组织专家组对其聘期工作进行了全面考核。由于是第一例聘期考核,将为以后的考核积累经验和树立样板,所以从考核组成员的选拔到考核程序的制定,都非常仔细和认真。笔者有幸作为高校人事管理的代表被选为考核组成员,全程参与了考核过程,对考核结果深感振奋。

1. 个人科研成果突出

科研项目——

共承担国家课题5项,经费692万元,其中两项已经结题,1项即将结题:

国家十五科技攻关项目:煤与瓦斯突出区域预测瓦斯地质方法研究,经费130万元;

国家科技攻关重大专项:陕西煤矿重大安全隐患专家诊断及治理技术,经费60万元;

国家十五科技攻关专项:高瓦斯油气伴生易自燃厚煤层放顶煤开采瓦斯治理技术集成与示范研究,经费166万元;

国家自然科学基金项目:泥浆介质取芯过程煤芯瓦斯放散规律及应用研究,经费21万元;

国家重点基础研究发展计划课题:深部煤矿瓦斯赋存规律及成灾动力学,经费315万元。

承担省部级课题2项,经费285万元。

完成企业委托科研课题80余项,经费2000多万元。

论文——

发表学术论文 14 篇,其中国内核心期刊 6 篇,EI 收录 3 篇,ISTP 收录 6 篇。

著作——

出版 3 部专著。

获奖——

获河南省科技进步一等奖 1 项,国家安全生产监督管理局安全生产科技成果二等奖 1 项。

2. 带出一支高水平的科研团队,极大地提升了学科和学院的学术地位和学术竞争力

以特聘教授的科研项目为载体,锻炼了学科梯队成员,4 名成员已经成为科研骨干,可以独立承担高水平的科研工作。聘期内学科建设突飞猛进:2003 年,安全技术及工程学科获得博士学位授权点;2006 年在此基础上获得采矿工程一级博士点;2006 年获得"教育部工程中心"和"教育部创新团队"。

3. 社会服务效果显著,产、学、研一体化

由于他所在的学科属于应用学科,与煤矿安全密切相关,所以他积极参与了采矿安全工作,并作为专家组成员参与了数起大型矿难的调查和诊断工作;同时他开发的井下煤层定点取样装备已经开始大面积应用,效果良好;以他为专家指导组成员,承担着十数家煤矿的安全技术指导工作。

一方面,相对于教育厅和学校的投入,其产出十数其倍,完全达到了设立特聘教授岗位的初衷。另一方面,通过特聘教授的平台,也为他本人的学术发展创造了良好的条件,先后担任一系列重要学术兼职,如国家安全生产专家、河南省安全生产专家、中国煤炭学会瓦斯地质专业委员会副主任委员等,实现了真正的互利双赢。

## 第三节　终身教职岗位设置研究

在目前国内高校的聘任制改革中,地方本科院校中还没有一个学

校设立终身教职岗位,尽管现在地方本科院校的所有党政管理人员和专业技术人员都是终身制员工(也包括一少部分原来的合同制工人)。但从改革的发展趋势来看,聘用制从形式到实质已经是开弓没有回头箭,势成必然。这就涉及岗位设置中一个很现实的问题:在发达国家高校普遍设置的而且被实践证明是行之有效的终身教职岗位,对我国地方本科院校的岗位设置是否具有参考价值?因此有必要对终身教职制度进行利弊的深度分析,才能对地方本科院校中设置终身教职岗位的必要性和可能性作出符合实际的判断。

### 一、终身教职的含义

终身教职(Tenure)的概念是一个舶来品,最早起源于美国教授协会,是为了保证教授的言论自由而设立的一种非法定情形不得解雇的教师职位,一般包括副教授和教授两个层次的岗位,其解雇条件和程序十分严格。

在20世纪初,斯坦福大学的一位教授因为发表了校董事会成员不喜欢的言论而被开除了,引起全美教授的震惊和关注,认为为了维护学术自由,就要给予从事学术活动的人职业保障,于是1915年美国教授协会(AAUP)成立并签署了关于学术自由与终身教授制的宣言,从1934年开始,美国教授协会的代表与美国学院协会(AAC)的代表举行联合会议,探讨AAUP 1915年的声明,于1940年发表了后来影响深远的《关于学术自由与终身教职原则的1940年声明》,全美大学协会则根据此声明,宣布:试用期之后教师享有终身制,只有在特殊情况下才可以中断教师终身制;试用期不得超过7年,在此期间,任何有原因必须开除教师的做法都必须严格遵循既定程序。①

出现终身教职制度以后,美国大学新进教师就分成两个序列,一个是终身序列(Tenure-track),另一个是非终身序列。对于处于终身序列

① 黄启兵、骆旭林:《日本与美国高校教师终身制之比较》,《建材高教理论与实践》2001年第5期。

的教员,他在终身教职评审之前会有六年的试用期,一般是两个三年一期的短期合同,在第二个合同到期后,他会面临一个"非升即走"的终身教职评审,通过后就获得终身教职,否则就终止聘任。非终身序列的教员,通常属于教学型教师,主要是承担教学任务,合同期限也比较短。①

　　随着美国社会民主化程度的提高,当初制定大学教师终身制的前提早已不复存在了,所有公民均可享受到言论自由的权利,而且大学中讲师和助理教授没有获得终身教职也并不妨碍学术自由,同时终身聘任制度自身存在的制度缺陷也逐渐显现出来,并受到越来越多人的质疑:认为终身教职制度保护了职员的惰性,没有能起到激励教授们终身进取的功效,即使当事人不思进取也没有制度约束;终身教职的评审机制让教员们过分重视科研和出版专著,而忽视了教学工作,使教学质量下降等。即便如此,美国并没有取消终身教职制度,而是进一步进行完善,针对确实存在的少数获得终身教职者缺乏进取心的实际,1998年6月美国大学教授协会在《后终身教职评估:美国大学教授协会的反应》中规定:"后终身教职评估"的实施应着眼于教师的发展,不以搜集依据以便最终对教师实施制裁与惩罚为目的;评估不是对终身教职的再评估,而是对终身教职教学、科研以及社会服务业绩的评估,目的在于帮助教师寻找差距,明确努力方向。

　　尽管终身教职本来意义上的存在前提没有了,越来越多的人也开始质疑这种体制,但美国的终身教职却呈献出越来越强化的趋势,无论是公立高校还是私立大学,都设置了终身教职岗位,而且终身教职的业绩表现也越来越突出,根据美国大学教授协会1999年关于终身教职者与非终身教职者的业绩统计比较,终身教职者的业绩远高于非终身教职者。

---

　　①　张维迎:《大学的逻辑》,北京大学出版社2004年版,第168页。

**表4—3　终身教职教师与非终身教职教师工作量指标（1998—1999）①**

| 学校类型 | 工作量指标 | 终身教职教师 | 终身教职轨道教师 | 非终身教职轨道教师 |
|---|---|---|---|---|
| 公立研究型大学 | 发表论文总数（篇） | 62.4 | 17.0 | 16.1 |
| | 近两年发表论文总数（篇） | 14.2 | 7.9 | 5.3 |
| | 委员会供职总数 | 5.5 | 3.8 | 1.1 |
| | 研究生委员会供职总数 | 4.6 | 3.1 | 0.9 |
| | 本科生委员会供职总数 | 0.8 | 0.7 | 0.2 |
| | 班级授课数 | 2.5 | 2.5 | 3.1 |
| | 办公室工作时间（小时/周） | 5.4 | 4.4 | 6.2 |
| | 行政委员会供职数 | 3.9 | 3.1 | 2.5 |
| 私立研究型大学 | 发表论文总数（篇） | 66.0 | 22.8 | 14.8 |
| | 近两年发表论文总数（篇） | 14.7 | 8.7 | 5.8 |
| | 委员会供职总数 | 4.4 | 3.7 | 1.2 |
| | 研究生委员会供职总数 | 3.6 | 2.7 | 1.0 |
| | 本科生委员会供职总数 | 0.8 | 1.0 | 0.2 |
| | 班级授课数 | 2.2 | 2.2 | 2.5 |
| | 办公室工作时间（小时/周） | 4.9 | 4.7 | 4.2 |
| | 行政委员会供职数 | 4.1 | 3.0 | 2.2 |
| 公立博士学位授予大学 | 发表论文总数（篇） | 51.7 | 20.6 | 10.0 |
| | 近两年发表论文总数（篇） | 12.5 | 8.6 | 3.3 |
| | 委员会供职总数 | 4.0 | 2.8 | 1.6 |
| | 研究生委员会供职总数 | 3.5 | 2.3 | 0.9 |
| | 本科生委员会供职总数 | 0.6 | 0.5 | 0.7 |
| | 班级授课数 | 2.8 | 2.8 | 3.2 |
| | 办公室工作时间（小时/周） | 5.6 | 5.2 | 6.0 |
| | 行政委员会供职数 | 4.2 | 3.3 | 2.2 |

续表

| 学校类型 | 工作量指标 | 终身教职教师 | 终身教职轨道教师 | 非终身教职轨道教师 |
|---|---|---|---|---|
| 私立博士学位授予大学 | 发表论文总数（篇） | 43.5 | 16.2 | 16.7 |
| | 近两年发表论文总数（篇） | 10.7 | 4.9 | 5.9 |
| | 委员会供职总数 | 3.2 | 2.7 | 1.4 |
| | 研究生委员会供职总数 | 2.7 | 2.1 | 1.1 |
| | 本科生委员会供职总数 | 0.5 | 0.6 | 0.4 |
| | 班级授课数 | 2.8 | 2.8 | 2.8 |
| | 办公室工作时间（小时/周） | 5.3 | 5.1 | 6.7 |
| | 行政委员会供职数 | 3.6 | 3.0 | 2.5 |
| 公立综合性大学 | 发表论文总数（篇） | 25.0 | 12.6 | 7.2 |
| | 近两年发表论文总数（篇） | 6.9 | 6.0 | 2.8 |
| | 委员会供职总数 | 2.8 | 2.3 | 1.1 |
| | 研究生委员会供职总数 | 2.1 | 1.4 | 0.7 |
| | 本科生委员会供职总数 | 0.7 | 0.9 | 0.4 |
| | 班级授课数 | 3.4 | 3.4 | 3.6 |
| | 办公室工作时间（小时/周） | 6.4 | 6.4 | 6.4 |
| | 行政委员会供职数 | 3.8 | 3.4 | 2.6 |
| 私立综合性大学 | 发表论文总数（篇） | 24.5 | 11.7 | 9.1 |
| | 近两年发表论文总数（篇） | 7.3 | 5.1 | 4.8 |
| | 委员会供职总数 | 2.3 | 1.9 | 1.3 |
| | 研究生委员会供职总数 | 1.3 | 1.0 | 0.8 |
| | 本科生委员会供职总数 | 1.0 | 0.9 | 0.5 |
| | 班级授课数 | 3.2 | 3.5 | 3.6 |
| | 办公室工作时间（小时/周） | 6.1 | 6.7 | 6.9 |
| | 行政委员会供职数 | 3.2 | 3.0 | 2.8 |

　　事实胜于雄辩，美国大学教师的终身教职制度在失去原来存在的前提后，仍然得到大学的青睐，终身教职者仍然取得骄人的业绩，是因为这种制度在另外的方面给学校和教师带来了巨大的益处。

（1）有利于吸引高层次的人才

相对于有限期聘任来说，无限期聘任对教师的吸引力更大，特别是在美国这样一个竞争度特别高的国家里，能够谋到一个终身教职来从事自己喜欢的教学和科研工作，减轻巨大的生存压力，是许多人追求的目标。因此，这一制度一方面吸引全世界的优秀专业技术人员来美国大学工作，另一方面也在高强度地激励着现在还不是终身教职的大学职工努力工作，以便早日获得终身教职。

（2）有利于教师无后顾之忧地开展工作

获得终身教职后，免去了每年进行的事关去留的综合考核，在物质保障条件无忧、学术声誉和地位显赫的条件下，可以随心所欲地开展自己喜欢的研究工作，这是专业技术人员做学问的最佳环境。

（3）有利于激发教师的荣誉感

终身教职除了与优厚的物质待遇联系在一起外，还是一种很高的学术荣誉。因为终身教职申请过程中对学术水平有着严格的要求，而且要经过6年时间漫长的试用期考核，因此一旦获得终身教职的职位，对自己学术水平也是一种很高的评价，它会极大地激励在职教师为获得该职位而不懈奋斗。

## 二、地方本科院校实行终身教职制度的可行性分析

美国大学的终身教职制度可以给我们诸多借鉴和启示，国内第一所在改革中设立终身教授制度的学校是华东师范大学，其对此的说明是："大学是研究高深学问的场所，学术活动的最主要的目的是通过研究发现知识和通过教学传播知识，而知识的创造和传播有自身的特点和规律，它的目标是长期的，因而具有一定的模糊性；它的价值是广泛的，难以计量的，具有长效性；它需要一个宽松的、稳定的支撑环境。"①实际上可以总结为两条，即一方面通过终身教授职位的高待遇稳定一

① 唐玉光：《教师职务聘任制需要终身教授制的补充》，《中国高等教育》2005年第9期。

部分高层次专业技术人员,另一方面通过终身教授相对宽松的考核过程,为他们创造良好的科研环境。这是国内部属院校对终身教职制度的第一次探索,但对地方本科院校同样具有借鉴意义。

1. 设置终身教职的必要性

聘用制改革的目标是将教职工由"学校人"变成"社会人",从根本上动摇了大学职工的职业终身制的"铁饭碗",其本意是利用职业岗位的不确定性所产生的生活压力,转化成职工的工作动力。当职工面临有固定期限合同和无固定期限合同两种选择时,后者的吸引力更大,这就给了高校充分利用终身教职制度建立一支高水平师资队伍的机会。具体来说,可以实现三个方面的目标:

(1)吸引和稳定本校教授中教学和科研水平特别高的人员。这是地方本科院校设置终身教职最突出的益处,因为高层次人才流失是它们发展中面临的共同的也是最具挑战性的问题。现在河南省实行特聘教授制度以来,已经面临聘期结束后的去向问题,按照现行的政策规定,其可能的去向有三个:一是离开现单位,到其他设置有特聘教授岗位的单位重新应聘(因为河南省的政策是只资助一个5年聘期,期满后不再资助);二是由学校聘任,承担相关费用支出;三是应聘普通教授岗位。由于特聘教授在享受特别高的待遇的同时,需要完成的科研岗位职责标准也特别高,工作在一种高压力的状态下,因此不可能长期持续工作在这一职位上,很现实的选择就是继续在本单位工作,学校如果不考虑这一群体的特殊性,而直接聘任为普通教授,则极大的待遇反差很可能会使他们选择离开现单位,重新选择其他单位。在这种情况下,将他们聘任为终身教授,就解决了他们担心的物质待遇和学术声誉问题,使他们可以安心地在本单位工作。另外,对于不是特聘教授但在教学和科研上为学校挣得巨大荣誉的资深教授,也可以聘为终身教授,将一批高层次人才稳定在学校。

(2)职位的安定和稳定,保证了终身教授参与学术事务的责任感和使命感。虽然目前地方本科院校的聘任制还没有从本质上将职工角色的"学校人"变为"社会人",但是这作为一种改革的必然趋势已经是不争的事实,相对于有期限聘任来说,无期限聘任当然解除了员工为职位安稳操心的后顾之忧了,使当事人更具有将自己利益与单位利益联系在一起的责任感和主人翁感,参与学校学术事务管理过程中就更具有使命感。

(3)可以充分发挥终身教授的科研组织者和管理者的作用,整体提升学科和学校的科研水平。学校对终身教授的期望如果排序的话,对科研的组织和管理应该是第一位的,自身的科研成果则是第二位的。因为他们的学术地位和影响是一种重要的身份资源,他们可以作为一面旗帜,然后汇集成一个组织有序的科研团队,发挥集体的作用,比单个成员的科研单干产出会更明显,特别重要的是,会促使一批年轻教师更快地成熟起来,承担重要的教学科研任务。

2. 设置终身教职的可能性

有三方面原因使得终身教职岗位的设置具备现实可能性:

(1)《劳动合同法》的支持。从 2008 年 1 月 1 日开始实施的《劳动合同法》规定,凡是劳动者在同一用人单位连续工作满 10 年的,或与用人单位连续订立二次固定期限劳动合同,且劳动者没有法定禁止情形的,应该续订无固定期限合同。这就从法律层面解决了设置终身教职岗位的合法性问题。

按照河南省现行的职称评审政策,一个应届硕士毕业生到高校工作满三年后,可以直接认定为讲师,讲师工作满 5 年后可以有资格参评副教授;一个应届博士研究生毕业后到高校工作,当年即可定为讲师,工作满 5 年后具有参评副教授的资格,再工作满 5 年,可以有参评教授的资格。因此,决定一个教师能否获得终身教职,其考察期不能超过10 年,又因为终身教职吸引的是高层次教师,所以职称层次不能低于副教授。综合两方面因素,地方本科院校可以通过 8 年的考察期,在通过副教授评审的人员中决定获得终身教职者。

(2)岗位设置范围和数量的可控性。《高等教育法》赋予高校的聘任权,可以使高校在终身教职的岗位设置上有充分的作为,完全可以根据学校的实际情况,在设岗学科和数量上制定自己的规划,并付诸实际。如果考虑到积累经验原因,初次实施时可以在小范围和高层次上进行,即终身教职的岗位数量要少,要求被聘者的专业技术水平要高。取得经验后,再逐步放开,形成有中国特色的、符合地方本科院校实际的终身教职制度。

(3)质量保证措施的有效性。国外终身教职者中出现的少数成员失去生活压力进而失去工作动力的现象,仍然可能会在国内的终身教职者中出现,因为这是一种体制上的原因,是这种体制带来益处的同时所产生的轻微副作用。尽管这种副作用不大,但一定要防止其蔓延,如果失控,则会动摇整个终身教职制度的基础。

保证终身教职者能永葆专业上的进取精神,可以从两个关键环节上采取控制措施:

第一,在入口上采取高门槛制度。这种门槛主要体现在教学和科研的水平上,而且主要体现在科研水平上。门槛的高度可以因学校层次的不同而不同,但有一个基本的定性标准,即所聘任的人员是可供选择的人员中最好的,换言之,即使他们在终身教职岗位上不再有新的发展,他们以前对学校的贡献也足以使他们受之无愧。

第二,在聘后采取特殊的考核办法。这是被国外实践证明行之有效的办法,这种考核要不同于对固定期限合同人员的考核,否则终身教职就不成为终身教职了。其差别首先体现在考核的周期长,至少应该是三年;其次是考核方式以定性为主,不从量上进行要求,主要考核其在科研的组织和管理方面发挥的作用;再次要有退出机制。对个别获得终身教职人员出现的极端情况要有相应的退出措施,包括出现连续考核不合格的情况、出现违反师德要求等严重违纪现象等。这种退出机制涉及的人员要尽可能地少,重要的是利用其警示作用保证这个群体的整体素质和形象。

## 第四节　专业技术岗位职责研究

岗位职责是岗位管理的重要组成部分,其核心问题包括两部分:一是工作量的内容问题,二是工作量标准的高低问题。前者涉及学校对专业技术人员的教学和科研的具体要求,后者涉及标准的群众性与挑战性的有机结合问题,其极端的表现是,要么标准太高,大部分教师经过努力也不能完成,使改革失去群众基础,缺乏群众支持,改革的良好愿望无法变成现实;要么标准过低,绝大部分教师可以轻易完成,学校投入的巨额自筹经费没有达到希望得到的教学和科研成果,只是变相地成为职工的集体福利。这两种极端的现象在改革实践中都出现过,是一个必须高度重视的问题。

## 一、专业技术岗位职责的内容

大学专业技术岗位职责的内容,最终要根据大学的使命来确定。按照世界上公认的看法,大学的使命包括三个方面——传播知识,创造知识,服务社会,那么承担大学使命的专业技术人员,其岗位职责就当然包括三个方面——教学,科研和社会服务。美国大学教师的岗位职责就是明确规定为这样的三部分,我国大学教师的岗位职责则与此略有区别,由于将服务社会中的培养人才的质量看得特别重要,因此对教师自身的素质提出了明确要求,既包括专业素质,也包括政治素质,将教师参加政治理论学习、不断进行自身道德修养提高也作为岗位职责之一。这是不同国家和不同社会意识形态下的必然差别。

对我国地方本科院校来说,制定教师的岗位职责时,如何确定教学和科研的比例,是一个非常重要的基准性问题。一般来说,这两方面的比例数首先决定于学校的定位,按照教学研究型大学、教学型大学和职业技术培训型大学的顺序,教学工作量占的比例呈现逐步提高的趋势,而科研工作量占的比例则呈现逐步降低的趋势;其次决定于学校的现状和发展目标,如果学校自身专业技术人员实力比较雄厚,发展目标又属于跨层次提高性质的,则对科研工作量的要求就会更高一些。这些要求与国际上通用的要求是一致的,如美国研究型大学和授予博士学位的大学约占美国高等院校的10%,它们最强调科研,但就是这类大学的教师每学期也分别只把30%和25%的时间用于科研。综合性大学和文理学院教师的主要任务是教学,他们平均只将大约10%的时间用于科研。美国有40%的大学教师任职于社区学院,他们承担了50%的大学新生教育工作,只把3%的时间用于科研。

在具体划分教学和科研比例时,由于二者的计量单位不同,因而不能直接进行换算,常通过一个中间的二者共有的单位进行比较。在国外,一般是根据二者投入的工作时间进行换算,如美国和印度的大学就是这样换算的,主要通过提出的时间要求,来体现对二者工作量的要求。美国大学的时间要求如上所述,印度则规定一学年教学天数为180天,每周工作5天,每周40小时,具体内容分配为“教授每周教学时间为6个小时,考试1小时,辅导1小时,备课6小时,科研、指导研究生14小时,读书及处理行政事务12小时,计40小时;副教授教学时间8小时,考试1小时,辅导2小时,备课8小时,科研及指导研究生14小时,读书及处理行政事务7小时,计40小时”①。我国大学则是通过岗位津贴中各部分占的比例来提出对二者的不同工作量要求的,如规定完成教学任务者,可以领取岗位津贴的60%,完成科研工作量的,可以领取岗位津贴的40%,则岗位职责中教学和科研的比例就是6:4。

表4—4　河南省代表高校对教师教学和科研的比例要求

| 学校名称 | 学校类型 | 岗位津贴中教学工作量比例 | 岗位津贴中科研工作量比例 |
|---|---|---|---|
| 郑州大学 | 教学研究型大学 | ≤60% | ≥40% |
| 河南大学 | 教学研究型大学 | 60% | 40% |
| 河南师范大学 | 教学研究型大学 | 70% | 30% |
| 河南科技大学 | 教学研究型大学 | ≤60% | ≥40% |
| 安阳师范学院 | 教学型大学 | ≥80% | ≤20% |

---

① 李建中:《印度高校内部人力资源配置和管理》,《比较教育研究》2001年第12期。

从表4—4中可以看出,对地方本科院校中的教学研究型大学,教学工作量全部占到一半以上,在这个范围内,各学校则由于校情的不同而有细微的差别。对于大部分纯教学型大学来说,对教师的岗位职责要求则主要是教学工作。

## 二、专业技术岗位职责的标准

1. 确定专业技术岗位职责标准高低的依据

(1)与学校层次定位相联系。这是制定专业技术岗位职责时最基本的出发点。对地方本科院校来说,只有个别学校属于国家重点院校或211院校,绝大部分院校属于一般教学型大学,其中还有许多学校是刚从专科学校升格为本科院校,师资队伍相对薄弱,这些因素是制定专业技术岗位职责时应该首先考虑的因素。同时,还应考虑到学校的发展问题,要在国内同类院校中争取排序靠前,因此,岗位职责的标准要有一定的挑战性,以满足学校发展的需要。

(2)与教师队伍整体水平相联系。这是保证岗位职责标准群众性基础的最重要因素,如果脱离这个基础凭主观想象进行拔高,会超越师资队伍的现有能力而无法达到,失去教师对改革的支持。因此,确定岗位职责时必须参考教师队伍此前3年的实际业绩水平,以此为基础适当提高,才能确保岗位职责标准的群众基础。对河南省高校来说,学校名次的排序与学校师资队伍建设的水平排序是一致的,因此对岗位职责要求的标准也不同,排序靠前的比排序靠后的要求的标准就高一些。

(3)与地方经济、文化发展水平相联系。这是制定岗位职责标准时需要考虑的背景材料。地方本科院校归根到底要受地方经济、文化发展水平的制约,以职称评审为例,河南省出台的评审条件虽然是最低条件,但它是在河南省现有教育科研水平基础上制定的,是各学校在此基础上进行适当提高时必须参考的标准。

河南省高校在第一轮改革时,少数学校曾经出现过岗位职责标准脱离实际情况的偏高或偏低现象,经过总结和完善以后,目前各学校的标准从总体上说基本符合学校的实际(见表4—5)。

**表4—5　河南省代表高校教授岗位职责标准一览表**

| 学校 | 教学工作量 | 科研工作量 |
|---|---|---|
| 郑州大学① | 承担本学科主干课程的讲授任务,并完成规定的教学工作量。 | 年均在核心期刊或统计期刊上独立(第一作者)发表论文2篇以上;组织力量申报国家、省(部)级科研项目。 |
| 河南大学② | 每年担任2门以上课程的主讲,其中1门为本科生基础课,且完成额定的标准课时。不同专业课程的标准课时定额如下:文科课程234,理科课程(理、工、医)198。 | 每年在国内外核心学术期刊上(其中,公共课教师在CN刊号的学术刊物上)发表本专业学术论文1篇以上。聘期内独立或第一主编的身份出版学术专著、译著或经学校推荐使用的教材1部以上,或主持省部级以上项目1项以上,或有科研成果获得厅局级1等奖(或省部级2等奖)以上的奖励1项以上。 |
| 河南师范大学③ | 每年担任2门以上课程的主讲任务,其中1门必须是本科生理论基础课。 | 完成以下5项中的2项:<br>(1)每年在核心期刊上独立或合作发表本专业学术论文1篇以上,聘期内不少于4篇(文科限第一作者,理工科限前两名);(必备)<br>(2)聘期内主编出版由校学术委员会认定的学术专著、译著或省级以上统编教材1部以上;<br>(3)聘期内主持或结项厅局级科研项目1项以上(同一项目不能重复计算);<br>(4)聘期内获省部级科技进步奖、社会科学优秀成果奖、实用社会科学奖3等奖1项以上(限前5名),或省部级优秀论文奖2等奖1项以上(限第一作者),或厅局级科技成果2等奖1项以上(限前3名),或厅局级论文奖1等奖1项以上(限第一作者);<br>(5)应用技术成果须通过省级以上技术鉴定(限前5名)。 |
| 河南科技大学④ | 每年完成230个教学学时的工作量。 | 聘期内取得下列成果之一:<br>(1)省部级项目负责人,累计纵向入校经费15万元以上。<br>(2)在核心期刊上发表论文6篇以上(其中著名期刊3篇以上);或正式出版学术专著(全国统编教材),本人撰写12万字以上。<br>(3)获校教学质量一等奖,并在核心期刊上发表论文5篇以上(其中著名期刊2篇以上)。 |

①　郑州大学校人事[2001]37号文件。

②　河南大学校党字[2001]44号文件。

③　河南师范大学校党字[2002]5号文件。

④　河科大人[2003]12号文件。

2. 具体的教学、科研工作量标准

(1)教学工作量标准

对高校教师的教学工作量标准,目前由各个学校自行制定,既没有全国标准,也没有省市标准,差异很大。但作为学校的管理层,必须对教师教学工作量标准有一个基本判断,这样才能在人事分配制度改革的方案中确定合适的超工作量奖励标准,才能评价员工是否处于满负荷工作量状态。

由于地方本科院校多数属于教学型大学,少数属于教学研究型大学,因此教学工作量要占整个工作量的大部分或绝大部分。这里以河南省的代表高校河南大学和河南师范大学的教授岗位为例,来探讨教学工作量的标准。

河南大学要求教授的年本科生教学工作量标准是,文科234标准课时,理科194标准课时,折合成自然学时,则约为年167学时,相当于4.6学时/周。

河南师范大学要求教授的年本科生教学工作量标准是年均400标准课时,折合成自然学时,则约为年144学时,相当于4.0学时/周。

这一标准与改革前相比,有所提高,但与国际上的一般标准相比,偏低的比较多,与国内其他省市相比,也是偏低的。

①低于发达国家美国高校的一般标准

根据笔者在美国宾夕法尼亚大学期间的考察,美国大学教师正常的学术工作时间每周超过50小时。其中,专职教师的课程量存在较大差异,从研究型大学平均每周大约6节课,到多数四年制院校平均每周8至10节课,再到多数初级学院平均每周14至16节课。对河南省高校具有可比性的学校类型是四年制院校,美国教授平均每周8—10节的教学工作量,高于河南大学和河南师范大学教授的教学工作量标准。

②低于发展中国家印度高校的一般标准

印度规定,教授每周教学时间为6个小时,考试1小时,辅导1小时,备课6小时,科研、指导研究生14小时,读书及处理行政事务12小时,计 40 小时。

与印度的要求相比,河南大学和河南师范大学教授的教学工作量标准也是比较低的。

③低于重庆市高校的一般标准

重庆市高校教师的教学工作量平均超过 10 学时/周,高于河南大学和河南师范大学教授的平均教学工作量。(见第三章相关数据)

结论:对地方本科院校来说,教学研究型大学的教授教学工作量应该以每周 8 自然学时为宜,教学型大学教授的教学工作量应该以每周 10 自然学时为宜。减去 3 学时/周的研究生教学工作量,则本科教学工作量为 5 和 7 学时/周比较适宜。目前改革方案中规定的教学工作量标准还有比较大的提高余地。

副教授和讲师的教学工作量标准,可以比照教授的标准确定。一般规律是,副教授的标准是教授的 1.2 倍,讲师的标准与教授的标准持平。

(2)科研工作量标准

在科研工作量的内容上,河南高校是一致的,包括论文、科研项目、论著、获奖四个方面,差别只在于层次和数量的不同。这里以普通教授岗位的科研工作量标准为例来进行探讨。

教授是专业技术人员中职称层次最高的人员,肩负着创造知识的重要任务,是各高校科研工作的主要承担者。在改革前的身份管理的模式下,教授可以凭自己的职称享受包括工资在内的各种待遇,而不用考虑具体的工作业绩,所以评上教授职称的时刻,也是停止科研上继续努力奋斗的时刻,即俗语说的"船到码头车到站"。现在的人事分配制度改革就是改变这种不正常状况,通过学校注入的资金做杠杆,从身份管理过渡到岗位管理甚至进一步过渡到岗位管理与业绩管理相结合的模式,把待遇同业绩和贡献联系在一起,从机制上保证各个岗位上的专业技术人员多做工作、做好工作。

确定科研工作量标准时,要考虑三方面因素:

第一,当地职称评审时的科研条件,这是最低标准。河南省关于评审教授的科研标准为①：

"任副教授以来具备下列条件中的 2 条以上（其中第 1 条为必备条件）：

（1）在省级以上 CN 学术刊物上发表（文科为独著，理工科限前 2 名）本专业学术论文 8 篇（理工科至少 4 篇为独著或第一作者）以上，其中至少有 4 篇发表在国内核心学术期刊或本学科领域公认的权威性学术刊物上（其中至少有 1 篇有创见性的学术论文发表在国家一级学术刊物或被 SCI、EI 书面收录）。论文要有较高的学术价值，经同行专家鉴定达到教授水平。

（2）国家级或省、部级二等以上科技奖、社会科学成果奖的主要完成人；或省、部级二等以上教学成果奖的主要完成人（限前 2 名）；或 2 项省自然科学优秀论文一等奖的第一作者。

（3）主持完成 1 项国家级科研、工程项目或 2 项省、部级以上科研、工程项目。项目通过省、部级以上业务主管部门组织的鉴定，达到国内领先水平（附鉴定材料），产生较好的社会、经济效益。

（4）正式出版 2 部以上本专业有较高水平的学术著作（本人撰写 4 万字以上）、译作（本人撰写 10 万字以上），或参编省级以上统编教材（本人撰写 4 万字以上）；或独立完成并正式出版学术著作 1 部（15 万字以上）。经专家认定，在同类著作、教材中具有较高的学术水平和实用性。"

这一标准是兼顾到河南省所有高校特点的评定教授职称的最低科研水平要求，对各高校制定教授的科研工作量标准具有首要的参考作用。

第二，学校前三年教授实际完成的科研工作量。这是科研工作量标准具有本校特点、符合本校实际的最重要参考依据，虽然同为地方本科院校，但发展基础不同，标准的差异就会很大，从本校前三年的实际科研工作量来确定本校的标准，就可以确保标准的群众基础。

———————————

① 豫人职[2001]16 号文件。

第三,学校自身发展定位对教授科研工作量的期待。这是从前瞻性角度对标准的适当拔高,体现的是发展性和挑战性。

根据上述三条标准衡量,河南省高校对教授的论文要求全部从核心期刊起算,是符合实际的,在数量上的要求则因为各学校的定位和发展目标不同而略有差别,郑州大学由于属于省部共建的"211"学校,所以对教授的科研要求就高,每人每年2篇以上;河南大学进入平稳发展期,所以要求教授每年1篇以上;河南师范大学因为进入一个后起直追的特殊时期,所以要求教授三年四篇以上。对其他科研内容的要求标准也基本与论文的要求标准相当。

在目前这种对科研工作量的要求模式下,还有两个问题值得思考,一个是限制专业技术人员科研工作积极性的技术问题:各学校除了对教授岗位的科研工作量要求外,还存在一个奖励论文目录,主要是高层次的论文,而对于超额完成岗位要求的论文数但又不属于奖励范围的部分,则在分配方面没有任何体现,等于从制度上不鼓励教授多发表岗位工作量之外的论文,这显然不是学校的初衷;另外一个问题是论文的数量和质量的关系问题,如果数量上没有达到标准,但是论文的层次特别高,如何评价履行岗位职责的结果? 实践中河南师范大学是采用由校学术委员会来认定的办法,虽然可以解决问题,但总给人评价标准模糊、人为性因素较多的感觉。

针对上述两方面的问题,河南师范大学进行了新的探索,2008年年初进行了科研工作量量化的尝试,根据初步论证的结果,既解决了科研工作量与津贴收益对应不连续的问题,又解决了科研方面数量与质量的关系问题,如表4—6和表4—7所示。

表4—6　河南师范大学各专业技术岗位科研工作量标准

(单位:分)

| 岗位 | 科研工作量 |
| --- | --- |
| 硕导教授 | 438 |
| 普通教授 | 414 |

续表

| 岗位 | 科研工作量 |
|------|-----------|
| 硕导副教授 | 318 |
| 普通副教授 | 267 |
| 高级实验师 | 219 |
| 讲师 | 195 |
| 实验师 | 159 |
| 助教 | 120 |
| 助理实验师 | 96 |
| 教员、实验员 | 60 |

表 4—7　河南师范大学科研工作量核算办法

| | 类　　别 | 分数 |
|---|---|---|
| AHCI、SSCI、SCI、EI 论文收录 | SCI 二区 | 600 |
| | SCI 三区、《新华文摘》全文转载 | 450 |
| | SCI 四区、人大复印资料全文复印 | 350 |
| 学术论文 | 《中国科学》等国内顶尖期刊 | 1000 |
| | 一级学科顶尖期刊(包括中文版 AHCI、SSCI、SCI、SCIE、EI 源期刊)和外文 SCI 源期刊 | 900 |
| | 二级学科顶尖期刊(包括中文版 AHCI、SSCI、SCI、SCIE、EI 源期刊)和外文 SCIE 源期刊 | 600 |
| | CSSCI 源期刊 | 300 |
| | 全国中文核心期刊和中外出版,但不属于 AHCI、SSCI、SCI、SCIE、EI 的外文版期刊 | 180 |
| | CN 期刊(只用于初级专业技术岗位核算工作量时适用) | 30 |

| 类　别 | | | 分数 |
|---|---|---|---|
| 学术著作 | 专著 | 导向出版社 | 1300 |
| | | 一般出版社 | 1000 |
| | 省级以上统编教材 | 导向出版社 | 1000 |
| | | 一般出版社 | 700 |
| 专利 | 发明专利 | 授权 | 900 |
| | | 受理 | 80 |
| | 实用新型专利(授权) | | 225 |
| 科研项目 | 国家级 | 重大项目课题 | 6000 |
| | | 重点项目课题 | 4500 |
| | | 一般项目课题,973、863、科技支撑计划一级子课题 | 3000 |
| | 省部级 | 重大项目课题 | 2250 |
| | | 重点项目课题 | 1500 |
| | | 一般项目课题 | 750 |
| | 教育厅 | | 300 |
| | 一般厅、市级 | | 120 |
| | 横向(每万元经费) | | 75 |
| 科研成果奖 | 国家级科研成果奖单列,分数由校学术委员会核定 | | |
| | 省部级 | 一等奖 | 3000 |
| | | 二等奖 | 1500 |
| | | 三等奖 | 500 |
| | 教育厅 | 一等奖 | 300 |
| | | 二等奖 | 100 |
| | 一般厅级(含省自然科学论文奖) | 一等奖 | 100 |
| | 国家新药奖 | 一类新药证书 | 3500 |
| | | 二类新药证书 | 2500 |
| | | 三类新药证书 | 1500 |
| | | 四类新药证书 | 500 |

| 类　别 | | | | 分数 |
|---|---|---|---|---|
| 教师获得艺术、体育类作品与奖励 | 美术类 | 作品发表与同级别学术论文等值,但同一期发表多幅作品按一幅计算。 | | |
| | | 全国美术作品展(国家文化部、中国美术家协会主办,每五年一届)(国家文化部、中国文联主办的全国美术作品展奖励等级降一级,优秀奖不计奖) | 一等奖 | 1500 |
| | | | 二等奖 | 900 |
| | | | 三等奖 | 600 |
| | | | 优秀奖 | 300 |
| | | 全国美术作品单项展(中国美术家协会主办)河南省美术作品展(每五年一届) | 一等奖 | 300 |
| | | | 二等奖 | 150 |
| | | | 三等奖 | 90 |
| | | | 优秀奖 | 45 |
| | 音乐类 | 作品发表与同级别学术论文等值,但同一期发表多幅作品按一幅计算。 | | |
| | | 全国比赛作品奖、表演奖(文化部、中国音乐家协会、中央电视台、中央人民广播电台等国家级机构主办) | 一等奖 | 1500 |
| | | | 二等奖 | 900 |
| | | | 三等奖 | 600 |
| | | | 优秀奖 | 300 |
| | | 省(部)比赛作品奖、表演奖(省政府、省委宣传部、省音乐家协会、省电视台、省广播电台、国家教育部等主办) | 一等奖 | 300 |
| | | | 二等奖 | 150 |
| | | | 三等奖 | 90 |
| | | | 优秀奖 | 45 |
| | 体育类 | 全国运动会 | 第一名 | 1500 |
| | | | 第二名 | 900 |
| | | | 第三名 | 600 |
| | | | 名次奖 | 300 |
| | | 全国锦标赛、全国甲级联赛等全国性单项比赛,河南省运动会 | 第一名 | 300 |
| | | | 第二名 | 150 |
| | | | 第三名 | 90 |
| | | | 名次奖 | 45 |

　　新的科研工作量核算办法的效果,在对 2006 年和 2007 年的模拟

计算中得到检验,达到了预期的设计要求。从 2008 和 2009 年的运行情况来看,激励效果显著,极大地调动了专业技术人员的科研工作积极性,科研工作全面提速,增长幅度空前。

# 第五章　地方本科院校聘任制研究

聘任制度改革是体现高校用人自主权的改革,是高校整个人事分配制度改革的突破点,这一环节的成败,将决定高校能否建立一支动态的、充满活力的高质量的教师队伍,这支队伍的素质和活力最终将决定学校教育教学质量的高低。

把聘任制度改革作为整个改革的突破点,是因为原来人事制度的所有弊端都集中在这一环节。身份管理体制下,形成了一种事实上的员工职位终身制,员工到了学校就有了铁饭碗,无职位之忧,无待遇之忧,人性中天生的惰性决定了教职工缺失了机制上的进取动力,整个教职工队伍也就丧失了活力。聘任制度的改革将全部革除这些痼疾,通过实施岗位管理,将教职工的"学校人"意识转变为"社会人"意识,淘汰机制的确立将职工对职位的危机感转化为工作的动力,使教职工队伍始终充满活力。

聘任制度改革成功的标志是建立一套有效的机制——人才选择机制,人员业绩激励机制,人员动态淘汰机制。

## 第一节　聘任主体和聘任程序研究

### 一、聘任主体研究

1. 一级聘任与二级聘任

按照《高等教育法》的规定,高校自主聘任教职工是高校办学自主权的内容之一,它是大学校长的法定权力,但在具体实施过程中有两种模式:一是由学校负责全部教职工的聘任,二是学校和各中层单位分别聘任不同层次的教职工。这涉及聘任模式问题,是一级聘任还是两级聘任,归根到底是一种管理模式的选择问题。

实践当中,两种聘任模式同时存在,聘任效果也是各具特色。

在一级聘任模式下,学校通揽了所有员工的聘任工作,统一制定上岗条件,统一审核应聘人员材料,统一进行面试选拔,统一签订合同,整个过程全部由学校主导,学院处于执行阶层,聘任过程中出现的问题也由学校统一解决。这种方式的优点是整个聘任过程具有整体性与规范性,各类人员的上岗标准把握尺度统一,合同的签订从内容到形式高度一致。但这种聘任模式存在的问题也同样突出:聘任过程中院(系)一级的积极性得不到充分发挥,对其间出现的问题无能为力;统一的条件和标准,不能适应不同学科的不同需求,实际上是用全校最低的标准要求所有的学科,从机制上限制了优势学科在高标准、高起点上的聘任需求;更有可能存在隐患的是,将来的考核是与聘任形式密切相连的,一级聘任必然一级考核,而一级考核必然不能适应全部学科的具体情况,仍然是用全校最低的统一标准进行考核,聘任中出现的错误将会被进一步放大,造成的消极后果也会进一步加大。

两级聘任也叫分级聘任,指学校和各中层单位分别有各自聘任的岗位范围。一般情况下,学校负责聘任的是专业技术岗位中正高级的岗位及各中层单位的行政正职,其余岗位全部由各中层单位自行聘任。这种聘任模式下,学校和各中层单位的积极性均得到了充分的发挥,学校负责聘任的教授级专业技术岗位,是专业技术岗位中最高层次的岗位,体现了充分的权威性和重视程度,既有效地防止了高层次人员的流失,又为各中层单位的聘任树立了样板;学校对各中层单位行政正职的聘任,既显示了学校的用人标准和导向,又使他们在组织本单位的聘任工作中处于中立和超然的有利地位,能够有效完成本单位的聘任工作;在上岗条件、聘任标准、岗位职责的把握上,学校聘任层面上由学校统一决定,各中层单位层面上由各单位根据自己的实际情况自行规定,从机制上保证了聘任工作的学科和专业针对性。在后续的考核问题上,与分级聘任相联系的必然是分级考核,使聘任中发挥学校和中层单位两个积极性的优点在考核中进一步得到发挥。

2. 地方本科院校的聘任特点和方式

无论聘任主体是学校还是中层单位,在运用聘任权力的时候,一定要充分考虑地方本科院校在高层次人才市场上的地位,从而采用恰当的聘任方式来达到选择人才的目的。因为学校在运用聘任权自由选择学校发展需要的高层次人才的同时,教职工也同样具有选择单位的权力,这种双向选择的过程,增加了聘任过程的不确定性,任何考虑不周全的聘任政策,都可能会使聘任的过程变为人才流失的过程。因此,地方本科院校的聘任,既不能照搬国内部属院校的做法,更不能照搬国外的做法,一定要从自身的实际情况出发,制定能够实现自身聘任目标的聘任政策。

从河南省30所本科院校的情况看,学校在人才市场的地位具有鲜明的两面性:一方面是对高层次人才的需求急迫,包括高职称和高学历人员,但留住人才的吸引力相对较弱,处于卖方市场地位;另一方面是对大量的中低层次的人员挑选余地加大,处于买方市场地位,但又不能轻易推向社会,因为教职工的社会保障体系尚未完善,推向社会后会造成不稳定因素,政府不会支持学校的做法。这一基本特点决定了地方本科院校的聘任工作必须考虑的关键因素或者基本目标是:确保高层次人才聘任过程中的不流失;对中低层次人才的聘任留有缓冲余地;为与将来的实质性聘任接轨做好准备。

(1)防止高层次人才聘任过程中的流失。这是地方本科院校实行聘任制改革中面临的共同问题,各学校也都采用了自己认为是有效或可能有效的方法来避免高层次人才的流失,总结这些方法,可以概括为两大类,一种是纯粹的"堵"的方式,另一种是"堵"与"疏"相结合的方式。两种方式的效果,与鲧和禹治水的方式带来的效果相同。

所谓"堵"的方式,就是对拒聘的情况设置诸多限制条件,最常见的限制条件如"未满约定服务期的人员,不得拒聘;承担科研项目未结项的人员,不得拒聘;教学和科研的骨干人员,不得拒聘等",这些限制条件,有的是合理的,如未满约定服务期的人员不得拒聘;有的是不合理的,如教学和科研骨干人员不得拒聘,因为这与聘任制的基本原则相矛盾。实际上,聘任过程中的这些限制措施发挥的作用十分有限,不能从根本上防止高层次人才的流失,西安市和成都市的一些省属高校,在初次聘任中就因为这方面的原因,造成不少教授的流失。

所谓"堵"与"疏"相结合的方式,是指除了规定合理、合法的限制条件外,还要针对高层次人才的需求,采取针对性的方式做好留住人才的工作。高层次人才的需求包括物质和精神两个层面,前者包括适当的工作平台、恰当的工作待遇,后者包括尊重的需要、情感的需要等,相应地,聘任中需要考虑的问题就是:

——设置不同层次的专业发展平台。这一部分人员主要集中在教授职称的层面,可以根据人员层次的差异,将教授岗位进一步区分,确保不同层次的人员都有自己理想的专业发展平台。河南省高校的做法经受了实践的检验,被证明是成功的,他们在教授层次的岗位上又分为若干层次,保证了各层次人员的合适岗位(见表5—1)。

表5—1　河南省部分高校关于教授岗位的设置

| 河南师范大学 | 河南大学 | 郑州大学 |
|---|---|---|
| 省特聘教授岗 | 省特聘教授岗 | 长江学者教授岗 |
| 校特聘教授岗 | 黄河学者教授岗 | 省特聘教授岗 |
| 博士生导师教授岗 | 博士生导师教授岗 | 校特聘教授岗 |
| 省重点学科第一学术带头人教授岗 | 硕士点第一牵头导师教授岗 | 教授关键岗 |
| 硕士生导师教授岗 | 硕士生导师教授岗 | |
| 普通教授岗 | 普通教授岗 | |

随着改革的深化,终身教授岗位的设置,将从制度上保证高层次人才的适当岗位和待遇,从根本上解决高层次人才的稳定问题。

——控制学校聘任层次人员的范围。在地方本科院校的聘任中,凡是需要确保稳定的人员,都应该纳入学校聘任的范围。原因有三:一是可以保证聘任政策的有效把握和聘任程序的规范,二是可以保证避开院系小环境中不利于稳定人才部分的影响,三是可以保证当事人聘任中自尊的需要。随着学校的发展和在人才市场中角色的变化,学校直接聘任层次人员的范围可以逐步缩小,如河南师范大学在2003年第一轮改革中,学校直接聘任人员的范围是普通教授以上的全部岗位。在2008年第二轮改革中,已经将包含硕士生导师教授岗在内的以下岗位,授权各学院聘任,这是学校发展和改革深化的必然趋势。

　　——有的放矢的思想政治工作。思想政治工作是我们党的重要法宝之一,在知识分子工作中仍然发挥重要的作用,因为中国的知识分子身上具有"士为知己者死"的浓厚的传统文化的烙印,在他们的追求中,物质待遇并不是占第一位的,精神待遇才是第一位的,这就给学校充分发挥思想政治工作在稳定人才方面的作用提供了平台。通过工作,使当事人感受到学校的温暖和重视,感受到工作环境的温馨,从而产生作为单位员工的自豪感,自觉为学校的发展贡献才智。这是已经被无数学校改革实践所证明,也是许多地方本科院校总结的"感情留人"的重要内容。

　　(2)对中低层次人才聘任过程中的力度缓冲。在目前的条件下,地方本科院校对中低层次人才的需求基本处于买方市场的地位,学校需要的人员都有充分地挑选余地,即使学校处于聘任中如此有利的地位,也不可按照理论上理想的聘任制要求去做,因为能够实施理想聘任制的社会条件还不具备,整个聘任过程只能在现有政策范围内去争取改革效果的最大化,具体说:

　　对改革前已经是学校正式在编的人员,聘任制不是以清除不合格人员为目的,而是以转变工作理念和分配方式为目的,从原来的做工作多少一样、好坏一样的理念,转变为多劳多得,优劳优酬的理念,从原来的大学教职工具有铁饭碗职位的理念,转变为工作职位靠能力和贡献维持的理念,这是由以下两种原因决定的:

　　第一,社会保障体制的不完善,决定了还不能将不合格的人员完全推向社会。目前国内绝大部分地区的事业单位,还没有建立社会保险机制,退休人员还由政府承担其工资和福利待遇,因此这些单位的落聘人员,只有另外寻找单位一条出路,如果找不到新的单位,就丧失了基本的生活保障,对地方本科院校的落聘人员,他们寻找新单位的能力,总体上比部属院校落聘人员寻找新单位的能力要弱,所以除非个人联系到新的单位,否则不能轻易推向社会。硬性推向社会,政府不会支持,同时还会带来一系列的法律问题,个别学校的这一类做法已经带来了一系列的负面影响,教训很深刻。这一实际情况,要求学校在聘任时要尽可能地减少落聘人员,对于落聘人员主要在校内消化,要么转换岗位,要么使之在人才交流中心待岗。

第二,改革中有一条基本原则,即维护既得利益者的权益,也就是通常的"老人老办法,新人新办法"的说法。这是为了减少改革阻力、保证改革成功而从无数失败的教训中总结出来的一条基本原则。很显然,如果改革使既得利益者的利益受到损害,改革受到的阻力要比制定新的改革规则用来要求新的人员所遇到的阻力大得多,因此不是非改不可的情况,一般不要涉及既得利益者。北京大学在人事制度改革中,提出将终身教职设在副教授以上职称人员中,引起中级及以下人员的强烈反应和质疑,就是一个典型的案例。另外,北京大学的改革中还提出实行国外大学的有限次晋升职称政策,即"非升即走"政策[1](up-or-out),以此作为督促年轻教师加快业务发展的措施。这确实是国际上通行的成熟做法,但目前仅能供各方面条件较好、管理自主性比较大的部属院校参考,还不适应于地方本科院校,主要是受制于职称评审指标的限制和对高层次人才有限吸引力的限制(专业发展平台有限)。

(3)为与将来的实质性聘任接轨做好准备。目前存在的不利于完全实施聘任制的外部条件,并不意味着学校在聘任制改革中无所作为,相反,各学校可以在现行的政策范围内,积极创造条件,为将来向完全的聘任制过渡和接轨做好准备工作。其中包括对新进人员采用新的用人制度,用人事代理的方式替代传统的入编方式,约定具体的工作内容和聘任期限,办理全部的法定保险,完全按照聘任制的要求去做,而这

---

① 张维迎:《大学的逻辑》,北京大学出版社2004年版,第31页。

是目前政策所能办到的。比如到 2007 年年底,河南师范大学已经为 24 名新进人员办理了人事代理手续;对聘任的原有人员,采用规范的合同,明确岗位职责、岗位待遇、考核办法和续聘条件,除了解聘后不推向社会外,其他方面全部按完全聘任制的要求去做,为将来的接轨做好心理上和程序上的准备。河南师范大学在第二个聘期中,全部签订河南省人事厅统一印制和认可的事业单位人员聘任合同,同时对第一聘期考核不合格人员,作了低聘处理,引起了在职人员的高度重视;考核过程中采用模拟辞退的做法,符合解聘条件的人员,要在校人才交流中心待岗,学校提供基本的生活保障,促使他们通过培训完善自己,并珍惜新的工作岗位,同时对在岗人员保持了一种持续的压力和警示,有利于各项改革目标的实现。

在高等教育比较发达的美国,其高校聘任工作已经形成了一套完善有序的做法,体现在高校聘任的自主性,教师招聘的公开性,招聘程序的严格性,教师考核的规范性,聘任形式的多样化等方面。在专业技术人员的聘任上,把决定权基本上全部授予了学院和系,学校校长和董事会的把关则基本上是程序性的。这实际上是一种完全低重心的运行模式,意味着学校认为在聘任中发挥专业和学科的积极性比学校统一控制更为重要,这些做法虽然不能照抄照搬,但可以作为地方本科院校聘任制改革的重要参考标本,把现行的政策用足用够,摸索一套有中国特色的地方本科院校聘任制模式。

[案例 5—1]北大改革方案的不合法与不合理①

《北京大学教师聘任和职务晋升制度改革方案(征求意见稿)》(以下简称《改革方案》),已经在北大很多教师中引起很大的恐慌和强烈的不满,因为许多人发现自己一夜之间突然从历来认为是"长期聘用至退休"变成了不再属于"长期聘用"的教师。按照北大这个《改革方案》,北大现有教师按其职务分为助教、讲师、副教授、教授四级,但只

---

① 沈颢:《燕园变法》,上海文化出版社 2003 年版,第 119 页。

有"教授享有直至学校规定的退休年龄的长期职务,其他职级的教师不享有长期职务",亦即包括副教授在内的所有教师不能晋升到教授就会解聘。

我们必须指出,北大《改革方案》这一条的根据是完全不清楚的,例如是根据国家法律,还是国际惯例?……,在英国体制下,一个讲师或高级讲师未能晋升并不影响其终身聘用,亦即终身聘用是一回事,晋升是另一回事,并不像北大《改革方案》那样讲师不能晋升为副教授要解聘,副教授不能晋升为教授也要解聘。而且北大这一"不能晋升将解聘"的规定,并非只是适用于"今后",而是同样适用于北大历年来已经聘任的所有教师。这种规定实在有点骇人听闻,我们不能不说,这些规定一方面由于没有任何法律根据因而是根本"不合法"的,另一方面这些规定与西方同类情况的处理方法相比较则是极端"不合理的"。例如以上述英国的情况作对照,则我们有理由认为,不管北大如何制定"今后"招聘解聘教师的条例,这些条例不应该适应于北大过去和现在已经被聘任的教师。

## 二、聘任程序研究

聘任程序不仅仅体现聘任的过程,它的实质是体现聘任的指导思想,所以研究聘任程序上的差异,就可以追溯到聘任理念的差异,是研究聘任工作的一条重要途径。

聘任程序包括岗位的公布,上岗条件、岗位职责要求和待遇,候选人的确定,考核,人员确定等五个环节,这里将通过河南省高校的一般招聘程序同美国高校的一般招聘程序的比较,分析目前聘任工作中存在的问题和改进办法。

[案例5—2]:美国旧金山城市大学的教师招聘程序

旧金山城市大学的教师招聘过程中共有20多道程序,人事部既是组织运行机构,同时与平等权利部一起对院系选人程序等进行监督。包括审查院系选才委员会人员构成,规定选才委员会中必须有40%的少数民族代表(包括肤色、性别等),如果系内人员不够,要到别的系借人。选才委员会工作之前,要举办平等教育机会讲座,所有成员均要参加。还要审查院系用人计划,对用人条件不能要求得太多,因为条件越多,符合的人越少,平等就业的机会就越小。对参加面试者提出的问题必须是一样的,也不能问与工作无关的问题等。据介绍,在招聘过程中,人事部就像一个警察一样照章办事,另外,人事部一年中要拿出很多精力去应付法庭,代表学校上法庭应诉。①

1. 招聘岗位的公布:这主要涉及公布范围的大小和公布的媒体。一般来说,公布范围的大小只是量的差别,不涉及招聘制度本质及其他内容。然而,实际情况却并非如此,招聘岗位公布范围实际上也就等于是公布了招聘范围,它直接体现了招聘制度的本质,即是否是真正意义上的聘任制。美国法律规定,招聘必须面向全国甚至全球,因此美国各大学的空缺职位一般是面向全国招聘的,而部分研究型大学则是面向全球招聘。这说明美国大学的招聘是真正意义上的聘任制,雇员和学校的关系是完全的合同关系。我国地方本科院校的招聘范围是比较有限的,甚至是定向范围。一般而言,地方本科院校的招聘形式有两种,一是大规模的新聘期招聘,通常是三年一次;二是年度招聘,主要是招聘应届毕业生和少量高层次(如特聘教授)人员。新聘期招聘的范围基本上是定向招聘,面向本校原来的教职工进行招聘。这样的招聘范围,实际上反映出聘任制的不彻底性,因为它以人事关系能否转移到学校为基本前提,凡是人事关系可以转移到学校的,才能办理招聘手续,人事关系不能办理到学校的,原则上不能招聘。这种潜在的招聘条件,也是高校的无奈之举,因为如果招聘到了没有人事关系的人员,将面临没有出口的状况:聘期结束后将无法推向社会,因为本人的各种社会保险此前无法办理,推向社会后在本人没有找到新的职位之前,学校必须

---

① 辽宁省教育厅赴美高校人力资源配置与管理培训考察团:《美国高校人力资源配置及管理模式培训考察报告》,《辽宁教育研究》2001 年第 8 期。

负担其与在职人员一样的待遇。因此,学校在招聘没有人事关系的人员时,持十分谨慎的态度,必须专业技术水平特别高,至少要高于本校大多数同类人员的水平,在这个前提下,学校会从两方面做工作:一是通过省人事主管部门,重新建立档案和人事关系,纳入正常的人事管理,二是学校自筹经费,比照在职同类人员的待遇或者约定待遇标准发放,由于这类人员属于学校定义的"高层次人员",所以学校支付经费使得各方面均可接受。对于一般层次的没有人事关系的专业技术人员,则不存在这种特殊的优惠待遇。这是目前地方本科院校高层次人才可以"自由"流失,而一般水平的专业技术人员不会随意流失的体制原因,也是学校可以利用个人档案控制人才流失的目前还起作用的措施之一。

当整个社会的保障机制建立和完善后,真正意义上的聘任制也就会随之建立起来,高校的招聘范围将自然而然地可以面向全国甚至全球进行招聘了。

2. 上岗条件、岗位职责要求和待遇:这是招聘过程中对应聘者来说最重要的内容,在这些方面中美也有着明显的差别,而这些差别也同样折射出国内高校聘任制的不完善。

——关于岗位、职位与职称的关系。国内高校改革后实行的是岗位管理模式,按岗位进行招聘,即对专业技术岗位来说,公布出来的岗位是教授、副教授、讲师、助教或类似的同级专业技术岗位,在上岗条件中对职称同时提出要求,一般来说要求应聘者具有同级以上职称,个别特别优秀的,可以放宽到与岗位要求低一级的职称。在校内聘任时,为了体现改革的力度,在新聘期的大规模聘任时,常会出现相当数量的低职高聘和高职低聘人员,实际上是一种内部的淘汰竞争激励机制,这样的机制确实起到了激励作用,鼓励专业技术人员努力创造良好的业绩,但实际上个人的职称与受聘的岗位之间是一种双轨运行的模式:政府实行的是评聘结合制度,只要通过了职称评审,就意味着必然被聘任,就可以享受相应标准的国家工资,因此职称评审的全过程都受到政府主管部门的严格控制,从指标申报、条件掌握、分级推荐到最后评审,全部由政府控制;学校的聘任指导思想是评聘分离,现有职称只是聘任的重要参考条件,二者之间没有必然的联系,重点参照的是专业技术业绩。这实际上是对以前身份管理弊端的改革,因为改革前评上职称尤其是教授职称的人员,由于实行的是身份管理,没有相应的督促机制和业绩要求,所以评上职称就相当于进到了保险箱,无论教学科研工作做的怎样,工资和奖金都可以按身份的标准享受,改革后实行多劳多得,优劳优酬的分配政策,岗位津贴按岗位的考核结果分配而不是按照身份进行分配,但国家工资部分则仍然按照原来身份管理模式下的标准享受,所以这种双轨制实际上是改革过程中政府政策与学校政策不一致或不配套的体现。

美国大学实行的则是职位聘任制,不涉及职称问题。它的职位分为教学职位和专职科研职位,教学职位又包括有资格申报终身教职的职位和无资格申报终身教职的职位。职称是应聘者到学校工作后,学校根据其工作业绩按照学校的相关规定进行评定的,由于美国不存在全国或州统一的职称评定办法,所以职称的含金量是靠学校的社会声誉支撑的,有着严格的评定条件和程序。

这种按职位进行招聘的办法优于按岗位招聘的办法,具体体现在三个方面:

首先,职位与职称相分离,把职称作为教师不断进取的激励手段,有利于教师工作积极性和创造性的发挥。职称既是专业技术水平的标志,也是一种荣誉,更是同物质待遇联系在一起,所以对知识分子来说,职称是促进专业技术发展的强烈推动力,这是中外一致的,职位与职称的分离,使得应聘者在确保努力工作以胜任职位要求的同时,还可以具有职称的晋升机会,珍惜职位同珍惜职称有机地联系在了一起,可以最大限度地激励教职员工的工作积极性。

其次,职称由学校评定而不是社会或政府评定,对学校和当事人都起到鞭策和约束作用。不同学校由于整体学术水平的不同而分成不同的层次,因而不同学校评定的职称,在社会上的认可度是不同的,学校为了自己的社会声誉,在职称评定标准上将最大限度地体现自己的整体学术水平,并会将评定者出色的工作业绩展现给公众;申请职称者为了自己的专业发展,会仔细衡量自己的专业水平与申请学校相应层级职称的匹配度,创造条件通过职称晋升体现自己的学术水平与价值。同时由于不同学校有不同的职称晋升标准,如果没有获得终身教职,工作单位变换以后,又要面临新的职称晋升考核,这就从机制上保证了专业技术人员始终保持进取的动力。

再次,职位与个人发展前途联系在一起,使应聘者工作目标和发展目标明确。不同的职位决定应聘者不同的发展前途,十分有利于应聘者确定自己的发展目标。如选择科研职位,意味着自己选择了有一定期限的职位,将通过自己申请到的科研经费获得收入,学校的义务则是为当事人提供必要的工作条件,包括有形的物质条件和无形的声誉条件,学校的权利则是享受当事人科研成果的冠名权;选择教师职位,则分为有申请终身教职资格的职位和无申请终身教职资格的职位,选择了前者,就要按终身教职的条件做准备,并在工作的第六年接受学校对终身教职的聘任考核,通过考核后就可以获得终身教职,没有通过考核则必须另择单位;如果选择后者,则意味着当事人将要在一个有期限的职位上工作,还要为今后的生计进行不间断的准备。

关于应聘者的学缘问题——这是中外高校招聘中反差最大的一个问题,国外高校几乎清一色地遵循一个潜规则:本校招聘人员不招本校应届毕业的学生,即使是名校毕业的优秀博士研究生。如果想到本校工作,必须经过若干年的其他单位的工作经历并取得优异成绩,理由很简单:避免学术上的“近亲繁殖”,营造良好的学术民主气氛。国内高校则清一色地遵循另一个与国外截然相反的潜规则:优先留用本校的学生,特别是研究生,即使在还有比本校学生更优秀的外校毕业生的情况下也是如此。其理由也简单:要么认为本校毕业生熟悉学校情况,尤其是熟悉导师的科研进展情况,有利于从一开始就进入工作角色;要么本校是国内知名高校,培养的研究生是全国一流水平,理所当然要留本校毕业生;要么本校是普通的地方本科院校,学生就业困难,如果选留外校毕业生,就会降低本校学生的就业率,同时也给社会上造成本校不留自己的毕业生则会被怀疑毕业生培养质量不高的误解。正是这些听起来冠冕堂皇的理由,造成了中国高校的奇特景观:高校教职工中本校毕业的占了绝大部分。以至于教育部在本科教学水平评估中,特意将教师的学缘结构作为评价指标之一,开始从制度上对教师的学缘结构进行规范。

表5—2　河南省代表性高校教师学缘结构情况一览表

| 学校 | 2006年师资数 | 外校毕业生数 | 本校毕业生数 | 本校毕业生占专任教师数的比例 |
|------|------|------|------|------|
| 郑州大学 | 2916 | 2396 | 520 | 17.8% |
| 河南大学 | 2102 | 1171 | 931 | 44.3% |
| 河南师范大学 | 1140 | 699 | 441 | 38.7% |
| 新乡医学院 | 716 | 502 | 125 | 24.5% |

高校教职工尤其是教师中本校毕业生比例过大的问题,正在成为制约学校发展上水平的关键因素之一,它严重地削弱了学校的竞争力,其危害性正在逐步显露出来并被越来越多的有识之士所意识。

第一,学术上的"近亲繁殖",削弱了学术活力,退化趋势强于进化趋势。众所周知的遗传学理论证明,生物界的近亲繁殖会导致物种退化,生命活力弱化,这是因为近亲繁殖会形成一个封闭的系统,在这个系统内,有限的物种优势基因会在不断的繁殖过程中减弱,劣势的物种基因则会在不断的繁殖过程中强化,最终的结果是造成整个物种的退化,生物竞争力下降,如果不加控制,物种走向消亡几乎是必然结果。归根到底,封闭系统造成的物种优势基因有限是这一结果的根本原因。同样道理,学术上的"近亲繁殖"与生物学上的近亲繁殖有着惊人的相似,在有限的学术圈子里,出身同一师门的人会逐步同化成相似的学术思维习惯,能够跳出这一圈子,用一个全新的视角思考问题,将是一件十分困难的事情,因为巨大的思维惯性会使当事人"不识庐山真面目,只缘身在此山中"。因此,只有来自不同学校、不同门派的研究者,合作过程中才会迸发出新的火花,学术的生命力才会始终保持长青。

第二,学术梯队中的三世同堂甚至四世同堂,扼杀甚至窒息了学术上的民主气氛。高校不断选留本校毕业生的必然结果,是形成学术梯队中的"三世同堂"甚至"四世同堂"现象,出身同一师门的弟子,纵向上有师爷、师傅的称谓,横向上则有师兄、师弟的称谓,在这样一个氛围中研究学术问题,身份上的不平等必然造成话语权的不平等,传统文化中的"师道尊严"会在学术讨论中继续发挥作用,地位低下的成员要不赞成甚至否决地位较高成员的观点,是需要极大勇气的,尽管传统文化中也提倡"吾爱吾师,吾更爱真理",但真正能做到的则是凤毛麟角,而且要冒着犯上的风险面对各方的压力。这种学术氛围中的通常做法是,科研上有"老爷子"出题,弟子们做题,学术之外的问题也同样有"老爷子"安排,包括行政管理岗位的推荐、职称的申报顺序等,俨然一个井然有序的大家族。在这种有序的学术氛围背后,是学术民主的丧失,是学术平等权的丧失,而这恰恰是影响学术创新的致命点。

　　[案例5—3]:美国大学招聘教师的一般程序①

　　美国高校选聘教师是面向全国的(有些学校、有些学科还面向海外)。用人广告要通过报纸、网络等媒体发布,一般要登载 30 天。某一级教师组织(如系或一个专业)必须有一定比例的不同性别、不同种族、不同的毕业院校和学科结构的教师。哈佛大学等著名大学规定禁止选留本校毕业生任教,若干年后取得充足的教学、研究经验通过聘任程序方可回校执教。

　　具体的聘用程序:

　　(1)每年的秋季,系部主任根据生师比等情况,对空缺岗位提出用人计划,报校长、副校长。用人计划包括用人时间、岗位分类、岗位基本条件、酬金方式等。

　　(2)通过岗位设置委员会(Position Allocation Committee)、预算经费委员会(Budget Planning Committee)审查、论证,确保学校的用人计

　　①　辽宁省教育厅赴美高校人力资源配置与管理培训考察团:《美国高校人力资源配置及管理模式培训考察报告》,《辽宁教育研究》2001 年第 8 期。

划与经费结合起来。

(3)用人单位组织选才委员会(Search Committee Is Formed)(人事部审查其人员组成的合理性)。

(4)人事部统一在媒体发布用人广告。

(5)应聘者提交申请表、履历、申请书、3封推荐信、学历(大学寄来的成绩证明)等有利于说明与招聘岗位要求相符的资料。

(6)选才委员会组织对应聘者进行面试、试教。

(7)选才委员会选1—3名候选人,提交校长。

(8)校长、平等权利代表、选才委员会主席作最后面试,校长作最后选择,上交校董事会批准。

对于临时缺席教员,校长、系主任可以临时外请,但要具备一定的条件,且承担的教学任务不能超过满课时人员工作量的60%。

旧金山城市大学,要求教授每周要上15小时的课,并增加1小时与学生见面答疑,纽约大学教师每周最低上课7学时。


3. 候选人的确定:美国大学在招聘人员时,首先由所在学科负责招聘人员从应聘人员提供的材料中,根据招聘职位的要求,通过电话面谈,主要考察其工作经历和核查其提供材料的真实性,选出符合度最高的3—5名候选人。

国内地方本科院校在招聘人员时,在众多应聘人员中首先由学校人事部门按学历高低进行筛选,然后按毕业学校的声望进行遴选,最后确定候选人。

这两种不同的候选人确定方式,实际上体现了两种不同的人才观。美国高校由学科负责初选,体现的理念是只有内行才能挑选内行,重视工作经历,体现的是才能优先;国内高校由人事部门初选,体现的理念是学校不相信院系能从学校利益方面考虑选留人才,按学历和毕业学校声望选人,是潜意识中把学历与能力相等的观念用来支配行动。同时由于相对完善的人才市场还没有建立起来,所以能够进行挑选的对象主要是应届毕业生,有过工作经历的人员一般不会通过正常途径应聘,个别人员能够应聘的,则多是违反与原单位的约定私自应聘的,而且流动方向几乎全部是逆向流动,即从小城市流向大城市,从专科层次的高校流向本科层次的高校,从一般高校流向重点高校。

4. 考核:美国高校对候选人进行考核时包括两个程序:一是考核组的面试,二是候选人的学术报告。考核组的成员以所在学科的教授为主组成,其他人员包括所在学院其他学科的教授会成员或所在学院的人事委员会的成员。考核以专业工作为主,测试其专业水平是否高于或与现职同类岗位人员专业水平持平,其中推荐人的学术地位和推荐意见发挥重要的作用。如果招聘的是对学术水平要求特别高的职位,招聘组成员中还可能包括从外边聘请的同行中高级专家。候选人的学术报告,主要是面对研究生和同行,公开展示学术水平和授课能力,听众的反馈意见在考核组作出最终决定时要占到相当大的比例。

国内地方本科院校在招聘对专业水平要求特别高的岗位主要是特聘教授时,会采用与美国高校相类似的程序:学校人事部门会从众多应聘者中挑选出学术出身比较好(学历高,毕业学校声望高)、专业业绩突出的候选人,将他们的科研代表作挑选出来,在国内著名同行专家中进行匿名外审,通过这一环节审核的候选人再由学校的学术委员会进行最后的评审,看是否符合学校招聘职位的要求。招聘应届毕业生时,程序则相对比较简单,由学校人事部门进行基本条件初审后,再由学校的招聘领导小组进行终审决定。招聘小组的成员由两部分组成,一是学校各职能部门的领导人,包括人事处、教务处、科研处、研究生处、监察处等部门,二是由所在学院的领导和教师代表,面试的内容是试讲和接受招聘组成员的问询。

比较中外两种考核方式,美国的方式是注重学科同行选才,既论学术出身更论学术能力;国内的方式是采用学校职能部门和学科相结合的方式,学术出身是入门条件,当事人科研代表作匿名外审结果的重要性高于专家的署名推荐。从招聘质量来看,基本上都保证了质量要求,但程序上的微小差别,也说明出很多深层次的差别:国内初选时人事部门的参与,首先是担心学院不能保证选才的质量,因为这类岗位的设置和待遇全部由学校承担,学院基本上处于无利害关系的状态,所以学校不会放手让学院去做,说明学院与学校的关系中,行政关系处于主导地位,学术关系处于辅助地位。但从有利于学术发展的角度看,两者之间的关系还需要进一步调整,学院作为学术实体在学校的地位有待进一步的提高。其次是学院学术力量大小的限制,有的学院还没有教授甚至很少有教授,无法组成有效的教授考察组,容易受主观因素的制约。科研代表作匿名外审的可靠性高于专家的署名推荐,说明国内的学术信用度还不高,完善的学术市场还没有确立,专家署名推荐是否属实,对推荐者几乎不存在影响。在一个完善的学术市场中,如果推荐者有意不属实推荐,会葬送自己的学术声誉,最终会被学术市场所淘汰,所以推荐者会像珍惜自己的生命一样珍惜自己的学术声誉,推荐意见代表自己真实的想法,在美国无论是中学教师对学生的推荐还是其他专家对求职者的推荐,总体上是有比较高的可信度的,这是学术市场长期选择的结果。

国内对应届毕业生的招聘,考核程序看似严格,实际上只要满足了两条就有工作机会:以高学历毕业于重点大学,讲课水平高。这实际上把高考的选拔当成了工作的选拔,认为高考成绩好,就是科研水平高。这种选拔方式也确实选到了不少好的人才,但也错过了许多有雄厚科研潜力但不是毕业于重点大学的人才,因为高考作为一种应试教育体制下的选拔考试,不可能全面反映当事人的素质能力,如果把这种选拔方式的局限性继续用到大学的选才中,是一种明显的不恰当的方式。

5. 人员的确定和批准程序:美国大学的学科教授会确定人选后报院长审批,院长再报教务长审批,然后由校长审批,最后经董事会批准。审批环节虽然多,但每个环节的把关标准是不同的,院长审批后实际上标志专业审核已经结束,其后的审批都是带有备案性和程序性的意义。

国内地方本科院校招聘高水平专业人才时,校学术委员会的审核标志着专业审核的完全结束,接下来的校长聘任只是一种程序性的做法,不具有实质意义。因为校长是学术委员会的当然主任,学术委员会的意见也就表达了校长的意见。在招聘应届毕业生时,大部分学校都将最终决定权授予人事部门,个别学校授权到分管人事的副校长。

在人员的确定和批准程序上,中美两国没有本质的差别,都是既发挥学科教授会的专业选择作用,又体现学校的宏观控制作用。

[案例5—4]:河南师范大学招聘特聘教授的启事

河南师范大学是一所建校历史较长的省属重点大学。学校位于京广、太荷铁路、京珠高速、107国道交汇处的豫北名城新乡市,北依巍巍太行,南滨滚滚黄河,美丽的卫水穿校而过。其前身是始建于1923年的中州大学和创建于1951年的平原师范学院。新中国成立后,由于院系调整,学校先后更名为河南师范学院二院、河南第二师范学院、新乡师范学院。1985年始称河南师范大学。

八十四年来,特别是新中国成立以来,河南师范大学以振兴中国教育事业为己任,坚持以培养人才为中心,筚路蓝缕,艰苦创业,与时俱进,开拓创新,逐步发展成为一所学科门类较为齐全的综合性师范大学。学校现设有17个学院,24个研究所(中心),10个省级重点学科,49个本科专业,涵盖了经济学、法学、教育学、文学、理学、工学、农学、历史学、管理学等9个学科门类。学校从1978年开始招收硕士研究生,现有4个博士学位授权点,6个硕士学位授权一级学科,75个硕士学位授权二级学科点,2个硕士专业学位授权点,涵盖了哲学、经济学、法学、教育学、文学、理学、工学、农学、历史学、管理学和医学等11个学科门类。学校设有省部共建细胞分化调控国家重点实验室、省部共建黄淮水环境与污染防治教育部重点实验室、河南省环境污染控制重点实验室、河南省生物工程重点实验室、河南省生物工程研究应用中心、生命科学和化学2个省级实验教学中心,3个省级人文社科研究基地;河南省高校师资培训中心和河南省高中校长培训基地挂靠我校,拥有河南省规模最大、种类最多的生物标本馆。学校占地面积128万平方米,建筑面积60余万平方米,教学科研仪器设备总值达1.3亿元,图书馆纸质文献资源200余万册,电子图书44万余册。全校现有教职工2000余人,各类学生30000余人,专业技术人员1700余人,其中,中国科学院、中国工程院双聘院士5人,设立省级特聘教授岗12个,教授、副教授等高级职称500余人;国家有突出贡献的中青年专家、教育部新世纪优秀人才支持计划入选者4人,享受国务院政府特殊津贴专家26人,教育部教学指导委员会委员3人,河南省优秀专家24人,获河南省教学名师奖2人。

为了大力推动学科建设,提高学校学术层次和科研实力,培养和造就一批具有国际、国内先进水平的学科带头人,经河南省教育厅批准,设置省级特聘教授岗位12个,现有7个岗位招聘,热忱欢迎国内外优秀中青年学者前来应聘。

一、招聘岗位

1. 物理化学

研究方向:(1)功能溶液化学;(2)生物量热学;(3)电化学;(4)资源化学。

2. 动物学

研究方向:(1)动物细胞和分子生物学;(2)动物生态与资源保护利用;(3)动物生理生化及病理;(4)动物遗传学。

3. 环境科学

4. 基础数学

5. 原子与分子物理

6. 材料物理与化学

7. 植物学

二、应聘条件

1. 学术造诣高深,在科学研究方面取得国内外同行公认的重要成就;具有发展潜力,对本学科建设和学术研究工作有创新性构想;具有带领本学科在其前沿领域赶超或保持国际先进水平的能力;具有团结协作精神及相应的组织管理和领导能力。

2. 身体健康,能从事教学科研第一线工作。

3. 年龄一般在50岁以下。

4. 具有博士学位。

三、岗位职责和聘期

按照《河南省高等学校设立特聘教授岗位实施办法》的相关规定执行。特聘教授聘期为5年，采取分段聘任的方法，首期为3年，聘期内考核合格，续聘2年。

四、待遇和配套支持

学校根据通过论证的研究计划提供必要的科研启动经费，提供安家费，享受我校同级人员的工资及福利待遇，提供三室一厅住房，安排配偶工作和子女入学。

年岗位津贴12万元人民币。

学校实行"一事一议、一人一策"政策，特殊情况，可以面议。

五、申报程序

1. 个人提出申请；

2. 由学校向省教育厅推荐，省教育厅组织专家评审委员会评审，确定特聘教授人选。

六、申请材料

1. 填写《河南省高等学校特聘教授候选人推荐表》，表中相关材料，如学历学位证书、职称聘书、科研和教改项目立项证明、科研成果获奖证书、论文索引、专著目录、专利证书等，请附复印件；

2. 须提供3位国内外著名同行专家的推荐信；

3. 10篇代表性研究论文全文复印件；

4. 配偶及子女情况（为工作、入学安排考虑）。

七、其他

相关文件和表格可从河南师范大学人事处网页上查询和下载。

八、咨询联系方式

通讯地址：河南省新乡市建设东路46号河南师范大学人事处

邮政编码：453007

联系人：略

联系电话：86—373—3325876　3323766　3326203

传真：86—373—3325876

E-mail:rscszk@htu.cn

[案例5—5]:河南师范大学招聘应届毕业生的通知

各有关单位:

根据学校2007年进人有关要求,现将招聘考核程序有关事宜通知如下:

一、考核组成员确定

招聘考核组由校"毕业生招聘工作领导小组"成员和各单位进人领导小组成员共同组成。校"毕业生招聘工作领导小组"成员由校主管领导、组织部、人事处、教务处、科研处、研究生处、监察处、学生处等相关人员参加,各单位进人领导小组成员根据实际情况确定6—7人参加。

二、参加面试人员确定

1. 人事处会同各用人单位,根据学校规定的进人条件和应聘人员情况,通过对应聘材料的审核或组织应聘人员初试确定参加面试的人员名单;

2. 面试名单确定后,各用人单位负责将面试的具体时间(原则上在公布之日起7日后组织面试)与地点通知拟面试人员和考核组成员,并由人事处在校园网上公布;

3. 面试前另有报名应聘的,由人事处审核资格后,确定可否参加面试。

三、考核内容及程序

(一)考核内容

应聘教学科研岗位的,主要考察讲课技能和业务素质。讲课技能考核由学校和用人单位共同进行,并进行打分排序;业务素质由用人单位考核,凡业务考核未通过人员实行"一票否决"。

应聘政治辅导员岗位的,主要考察对辅导员工作专业基础知识和校内用人单位专业特点和学生特点的把握情况,学校和用人单位共同考察,并计分排序。

应聘教辅岗位的,主要考察专项技能和业务素质。专项技能和业务素质考核程序由用人单位设计,学校和用人单位共同考察,并计分排序。

应聘管理岗位的,主要考察专项技能和行政管理能力。专项技能和行政管理能力考核程序由用人单位设计,学校和用人单位共同考察,并计分排序。

所有拟聘人员均需参加心理素质测试,由专家认定测试结果,供录用时参考。

(二)考核程序

1. 审核应聘人员资格及相关证件证明;

2. 组织岗位技能测试、综合性面试和心理素质测试;

3. 综合相关结果,确定应聘人员考核名次。

四、签约程序

1. 用人单位根据应聘人员考核名次,在前两名中确定拟聘人员;

2. 用人单位对拟聘人员写出考察报告,连同应聘材料送学校"毕业生招聘工作领导小组"办公室(人事处)审核;

3. 经审核同意接收的人员体检合格后,由人事处根据有关规定签订接收协议;

4. 签约应提交材料。

应聘毕业生应提交以下材料:就业协议书,个人基本情况和通讯联系地址,身份证、第一学历毕业证学位证原件复印件,学校管理部门出具的所学课程的全部学习成绩,学习期间奖励、奖学金方面的证书原件和复印件,已发表的论文、论著和科研方面的材料。

用人单位上报材料:书面考察报告(包括专业考察、政审材料等),《接收来校人员考察情况表》,毕业生提交的材料和由学校教务部门加盖公章的专业必修课成绩。

特此通知。

毕业生招聘工作领导小组办公室
2007 年 3 月 30 日

〔案例5—6〕:宾夕法尼亚大学招聘教师启事

### 美国宾夕法尼亚大学招聘中文教师

美国宾夕法尼亚大学东亚语言与文明学院需要两名全职教师担任2007—2008学年中文语言课程的教学任务。该合约期为一年,若教师表现令人满意,则可每年续约,续约期最长可达两年。申请者在人文或教育领域应至少获得硕士学位,研究需主要侧重中文以及教学法,同时,需英语流利,普通话为母语或达到近似母语的程度。有各级中文教授经验者优先考虑,尤其需要具有商务汉语教授经验者。任职内容包括为语言班级授课(每学期3门课程),出席中文课程会议,与语言项目及中国部的同事合作研发教材。

有意者请将求职信,个人简历,个人教学理念综述,教学演示录音,以及两封推荐信寄往:美国宾夕法尼亚州费城,威廉姆斯厅847号,美国宾夕法尼亚大学东亚语言与文明学院院长,G. Cameron Hurst Ⅲ教授,邮编19104-6305。

申请书的审查将从2007年4月5日起开始,整个过程将持续到该职位被填补上为止。美国宾夕法尼亚大学具有极强的行动力,为所有人提供平等的机会,且坚持致力于多元化发展。

### 三、聘任合同的内容

学校确定了聘任对象后,被聘任者要与学校签订聘任合同,它体现的是员工与学校之间平等的民事法律关系。目前河南省地方本科院校与职工签订的合同是全省统一的格式合同,它有如下特点:

(1)实行的是教师岗位聘任合同,相同岗位的合同内容也是相同的。

(2)缺乏详细的和可操作性的辞聘和解聘的约定,出现纠纷时不能作为处理依据。这主要是受制于社会改革滞后对大学改革的影响。

(3)没有关于教师社会保障方面的约定。

相比之下,美国大学教师的合同签订更加规范,表现在:

(1)鲜明的个人针对性,每个人的合同各不相同。

(2)合同双方的权利义务关系规范,可操作性强。

(3)辞聘和解聘的规定明确,程序规范。

(4)社会保障体系完善,人才市场比较成熟。

# 第二节　聘任的合法性研究

聘任员工的权利是法律赋予大学校长的权力,是大学最重要的自主权之一。但是,如何在聘任制改革中依法行使这种法定的权利,做到既维护学校的合法权益,又维护教职工的合法权益,则是一个无法回避的、事关改革合法与否的重要问题。

## 一、高校教师与学校之间的法律关系

按照我国现行的法律规定,教师与学校之间存在三种法律关系,一是行政法律关系,教师与学校之间存在管理和被管理的关系,教师是被管理者,学校是管理者,这种关系受行政法规调整,适用法律是《教师法》和《高等教育法》;二是劳动法律关系,教师与学校作为劳动者和用人单位,一旦签订劳动合同,就产生了受《劳动法》和《劳动合同法》调整的劳动法律关系;三是民事法律关系,教师与学校作为法律主体,在涉及人身、财产的法律关系时是完全平等的,签订合同时体现的是双方完全的自愿和平等①。

1. 教师与学校之间的行政法律关系

行政法律关系是指国家行政机关与公民之间受行政法调节的关系,它有两个特点:第一,这种法律关系中双方的权利、义务关系是法定的,不以当事人的意志为转移;第二,双方的权利义务关系具有不对等

---

① 杨存荣、汪健、裴兆宏:《略论高校人事聘用制度改革》,《清华大学教育研究》2003 年第 2 期。

性,行政机关行使管理职能,只享有权利,另一方必须服从管理,履行义务。在我国,高校作为公益性事业单位,在具有相对独立性的同时,还受政府教育行政机关的领导和指导,另外还代表教育行政机关行使某些管理职能,因而与教职工之间形成了行政法律关系。在这种关系中,学校和教职工的关系是行政隶属关系,即领导与被领导的关系。具体表现为:

教师资格的认定:按照我国《教师法》的规定,国家实行教师资格制度,持证上岗,对大学教师资格的认定,《教师法》第十三条规定"普通高等学校的教师资格由国务院或者省、自治区、直辖市教育行政部门或者由其委托的学校认定",对于河南省地方本科院校,全部获得省教育厅的授权,自行按规定对教师资格进行认定,取得教师资格后,方能行使教师的权利。学校对招聘的新教师进行业务培训并依法认定教师资格,就是行政法律关系的体现。

教师职务的评定:《教师法》第十六条规定"国家实行教师职务制度,具体办法由国务院规定。"目前教师职务分为教授、副教授、讲师、助教及相当的其他系列的职务,其评定权由省级教育行政部门行使或其委托的高等学校行使,对河南省地方本科院校而言,根据学校层次的不同,分别获得了从初级到高级的不同专业技术职务的评审权。学校按教育行政主管部门的规定对教师进行专业技术职务评定,同样是行政法律关系的体现。

教师岗位的聘任:我国《高等教育法》第四十一条规定,"高等学校的校长全面负责本学校的教学、科学研究和其他行政管理工作,行使聘任与解聘教师以及内部其他工作人员的职权"。国家人事部2002年7月出台了《关于在事业单位试行人员聘用制度的意见》,对事业单位公开招聘工作人员进行了具体规定,高等学校人事分配制度改革中的聘任制就是依据这些相关规定进行的,具有充分的法律和政策依据。

教师日常行为的管理:《教师法》第二十二条规定:"学校或者其他教育机构应当对教师的政治思想、业务水平、工作态度和工作成绩进行考核。"第二十四条规定:"教师考核结果是受聘任教、晋升工资、实施奖惩的依据。"在第八章"法律责任"部分,还规定了学校对教师进行处分或解聘的三种情形。因此学校在自己职权范围内出台的相关管理规定主要包括奖惩方面的规定,是高等学校作为行政法律关系主体正常行使管理权的体现。

2. 教师与学校之间的劳动法律关系

作为政府举办的高等学校,属于事业单位,根据《劳动合同法》第96 条的规定,"事业单位与实行聘用制的工作人员订立、履行、变更、解除或者终止劳动合同,法律、行政法规或者国务院另有规定的,依照其规定;未作规定的,依照本法有关规定执行"。因此,公立的地方本科院校与其员工之间还存在着劳动法律关系。

3. 教师与学校之间的民事法律关系

民事法律关系调整的是平等主体之间的财产关系和人身关系,高校作为法人、教师作为公民,在民事法律关系中是两个平等的主体,因此在涉及财产关系和人身关系方面,双方具有相同的权利和义务,即必须遵循自愿、公平、等价有偿和诚实信用等原则,任何一方不得违背对方的意愿把自己的意志强加给对方。

民事法律关系主要体现在聘任合同的签订上。即在符合国家法律、法规的前提下,教师和学校作为两个平等的法律主体,对合同的内容有平等的建议权,只有当双方对合同条款完全协商一致时,方可以签订合同,任何一方不能以任何对方不能接受的方式强迫对方签订合同。这样一种法律关系,决定了学校在改革过程中必须持非常慎重的态度,方案中任何欠妥的内容,都可能引起教师的反对而拒绝签订合同,从而引起高层次人才的流失,这是改革中已经出现过的沉痛教训,学校决策者必须清醒地认识到民事法律关系的特点,引以为戒。

## 二、高校聘用制改革中聘用关系与劳动关系逻辑优先顺序辨析

2008 年1 月1 日起开始实施的《劳动合同法》,将事业单位与实行聘用制的员工之间的聘用关系也纳入其调整范围,使得高校聘用制改

革中实际存在的聘用关系和劳动关系,附带一系列新的法律问题。如何正确定位两种关系,确保高校聘用制改革的合法性,维护学校和教职工双方的利益,是高校聘用制改革中必须面对的重大理论问题和实践问题。

## (一)聘用关系与劳动关系的内涵

1. 聘用关系:是指教职工作为应聘人,按照学校的要求接受聘任后所形成的受人事部《关于在事业单位试行人员聘用制度的意见》(即国办发[2002]35号文件,以下简称《意见》)所调整的关系。

聘用关系实质上是一种民事法律关系,双方的法律地位是完全平等的,是双方基于完全自主基础上双向选择的结果。《高等教育法》赋予高校对教职工的聘用权,教职工作为独立的民事主体,在法律规定的范围内,享有充分选择工作单位的权利。因此,高校作为法人,向社会发出的招聘启事,实际上是一种要约,公民接受要约应聘为学校教职工,实际上是一种承诺。这种要约和承诺的书面意思表示就是聘用合同,即聘用关系的表现形式是聘用合同。

高校的聘用制改革是人事分配制度改革中最重要的组成部分,它的改革目标是实现高校职工由"学校人"向"社会人"的转变,建立一种能上能下、能进能出、完全靠人才市场调控的用人机制,以最大限度地激励教职工的工作积极性和主动性,提高办学效益。国家人事部2002年7月出台了《意见》,对事业单位聘用制改革的指导思想、实施办法作出了明确规定,是高校聘用制改革的政策依据。

2. 劳动关系:是指教职工作为劳动者、学校作为用人单位所建立起来的受《劳动法》和《劳动合同法》调整的关系。

劳动关系体现在法律上就是劳动法律关系,是与民事法律关系并列的一种法律关系。它是作为当事者双方的劳动者和用人单位基于各自的意愿表示,达成一致而成立的符合劳动法律规定的法律关系。

高校的劳动关系原本只存在于工勤人员与学校之间,但在于2008年1月1日生效的《劳动合同法》中,第九十六条规定了"事业单位与实行聘用制的工作人员订立、履行、变更、解除或者终止劳动合同,法律、行政法规或者国务院另有规定的,依照其规定;未作规定的,依照本法有关规定执行。"目前关于高等学校的聘用制改革,法律、行政法规和国务院没有特殊的规定,因此高校作为事业单位,其与所有教职工之间的关系都属于劳动关系,受《劳动合同法》的调整。

3. 两种关系并存的背景。

在高校聘用制改革中同时并存两种关系,是我国事业单位人事制度改革深化的必然结果,预示着打破身份界限的用工制度改革目标正从理论走向实践。因为我国从计划经济时代以来,一直实行"劳动—人事"相分离的制度,从员工的身份上来说,对工人的管理属于劳动部门,对干部的管理属于人事部门;从单位的性质来说,事业单位与其人员之间的人事关系,由人事部门管理,人员享受干部待遇,享有一定的身份特权;企业单位与职工之间的关系是一种劳动关系,由劳动部门管理。这种管理模式表明,计划经济体制下的劳动力配置带有强烈的行政色彩,身份界限鲜明。随着市场经济体制的逐步完善,人力资源的配置将逐步由行政方式过渡到市场方式,原来存在的人才市场与劳动力市场统一为人力资源市场,已经是大势所趋。与此相对应,高校与职工之间的关系除了聘用关系之外,还同时存在劳动关系,也是人事制度改革深化过程中水到渠成的必然结果。

**(二)确定聘用关系与劳动关系逻辑优先顺序的依据**

对于高校聘用制改革中同时并存的两种关系,必须区分二者的主次位置,即确定二者的逻辑优先顺序,才能决定在二者出现不一致时用哪一种关系主导另一种关系。

综合两种关系的产生依据和内涵,笔者认为劳动关系要优先于聘用关系,理由是:

1. 劳动关系依据的法律效力高于聘用关系依据的法律效力

劳动关系的依据是《劳动合同法》,由第十届全国人民代表大会常务委员会通过,其法律效力仅次于由全国人民代表大会通过的基本法律,对劳动关系的主体、内容和客体作出了详细的法律规定,是目前关于劳动关系最权威的法律依据。

聘用关系的依据是中央组织部、人事部和教育部的一系列文件,主要是国务院办公厅转发人事部的《意见》,也包括此前教育部教人[1999]16号文件《关于当前深化高等学校人事分配制度改革的若干意见》,中共中央组织部、人事部、教育部联合下发的人发[2000]59号文件《关于深化高等学校人事制度改革的实施意见》。这些文件对高等学校实行聘用制度的基本原则、实施范围、聘用程序、考核制度、解聘辞聘制度、人事争议处理、聘余人员安置、聘用工作的组织领导等,做出了政策规定,是高等学校聘用制改革的重要政策依据。

从两种关系的依据来看,《劳动合同法》的法律效力要高于国务院部门规章的法律效力,当两种关系对同一种情况有不同规定时,聘用关系当然要服从于劳动关系。

2. 劳动关系的覆盖范围大于聘用关系的覆盖范围

从两种关系对工作岗位覆盖的范围来说,劳动关系涉及所有工作岗位,而聘用关系只是涉及按照规定设置的岗位,因此前者的覆盖范围大于后者的覆盖范围。

对高校而言,按编制性质划分的岗位类别有三类:即教学科研岗、管理岗和教辅岗。由于高校聘用制改革过程中实行的是全员聘用制,因此全部岗位中除了按规定由上级按组织程序配备的人员外,都是通过聘用的形式上岗的,即聘用关系涵盖了全部岗位。另一方面,在各个岗位上工作的人员与学校的关系全部是劳动关系,因此处于工作状态下的聘用关系的范围与劳动关系的范围是完全重合的。

当某一个岗位或某一些岗位上聘用的人员,由于某种原因聘用关系中断或暂时停止时,他们与学校之间的聘用关系不复存在,但他们与学校之间的劳动关系却并不是必然同时消失,因为聘用关系的存在是以是否聘用为前提,包括聘期正常结束和提前因故结束,而劳动关系的存在是以法定条件为前提的,既有实际存在的劳务关系,也有虚拟的但是法律认可的劳动关系。如一位在学校连续工作满15年的教师,在距退休年龄不足5年的时候,如果聘期考核不合格,学校可以按单位规定解除聘用关系,但当事人与学校之间的劳动关系却依然存在,因为《劳动合同法》中将这种情况列为用人单位不得解除劳动合同的法定情形,因此学校可以给当事人调换其能胜任的其他工作岗位或安排临时性工作,继续履行用人单位的法定义务。

**（三）确定聘用关系与劳动关系逻辑优先顺序的实践意义**

在高校人事制度改革实践中,教职工与学校的关系由于劳动关系的被确认,形成了对此前单一聘用关系的冲击,一系列原来被认为是当然的关于聘用方面的规章制度,面临新的挑战。根据上述聘用关系与劳动关系的逻辑优先顺序的分析,改革实践中与两种关系相关的,也是最能集中反映两种关系差别的,需要重新认识和慎重对待的涉及教职工切身利益的问题是:教职工的法定辞职权,学校的法定解聘权,学校的服务期及违约赔偿规定。如何确保这些问题处理过程中的合法性,是区分两种关系逻辑优先顺序实践意义的最集中体现。

1. 教职工的法定辞职权

《劳动合同法》赋予了劳动者明确的法定辞职权,第三十七条规定"劳动者提前三十日以书面形式通知用人单位,可以解除劳动合同。"即只要满足"提前30日"和"以书面形式",就具备了辞职的法定要件(《劳动合同法》还同时规定了由于用人单位违反相关规定或法律法规另有规定的,职工可以即时辞职的情形)。

这一法律规定从根本上改变了目前高等学校聘用制规定中的聘期或服务期概念。按照通常的做法,学校与职工的聘用关系中都有聘期的约定,聘期的长短则根据各学校情况的不同而不同,在聘期未履行完毕的情况下,学校一般会拒绝职工单方面的辞职申请的。《意见》中也规定除了四种可以立即单方面解除合同的特殊情形外,"受聘人员提出解除聘用合同未能与聘用单位协商一致的,受聘人员应当坚持正常工作,继续履行聘用合同;6个月后再次提出解除聘用合同仍未能与聘用单位协商一致的,即可单方面解除聘用合同",与《劳动合同法》的规定相比,受聘人员单方面解除合同的期限延长了5个月。

劳动者的法定辞职权,挑战的是传统的聘期或服务期观念,即涉及《合同法》中的有约必守原则与劳动者的择业自主权的冲突问题。《劳动合同法》采用了向劳动者择业自主权倾斜保护的原则,有其内在更深刻的合理性:一般民事合同中的期限约定,来源于当事人的意志自治,属于"私"的领域,而择业自主权是劳动者的基本权利,其效力来源于宪法的规定,因此效力来源的位阶差异,决定了择业自主权高于合同期限的守约原则;另一方面,尽管合同期限的约定对双方具有约束性,但是劳动者的劳动付出同人身属性联系在一起,具有不得强制履行的特点,当两者冲突时,《劳动合同法》当然会优先保护劳动者的辞职权。

2. 学校的法定解聘权

《劳动合同法》赋予用人单位的法定解聘权,体现了 9 种情形,包括三个方面:劳动者由于自身的过错影响到合同的履行;劳动者由于自身能力问题导致的合同不能履行;订立合同时依据的条件变化导致的合同无法履行。与此同时,《劳动合同法》规定了 6 种用人单位不得解除劳动合同的情形。这两方面的有机结合,构成了用人单位完整的法定解聘权。

在《意见》中,也同样规定了聘用单位的解聘权,一种是因身体原因不能履行岗位职责,另一种是因为考核不合格又不同意调换岗位或调换岗位后仍不能胜任工作的。同时,从维护受聘人员的利益考虑,文件同时限定了 6 种不得解除合同的情形,与《劳动合同法》的禁止情形相似。

在高校的改革实践中,学校的辞聘权范围既大于《意见》中的相关规定,也大于《劳动合同法》中的相关规定。除了通常的聘期考核不合格的情形外,还有两种常见情形:

第一,专业技术人员的"非升即走"。以北京大学的人事分配制度改革为代表,对专业技术人员实行有限次数的职务升迁制,达到要求的,将获得终身教职,逾期不能升迁的,学校将不再聘任[①]。这是鞭策和激励专业技术人员努力提高专业技术水平的有效措施,也是国际上高等教育比较发达国家的惯例做法。

---

① 张维迎:《大学的逻辑》,北京大学出版社 2004 年版,第 31 页。

第二,专业技术人员有限期的提高学历。这主要是地方本科院校的做法,随着教育部本科教学工作水平评估的进行,学校对教师的学历要求标准也随之提高,以前在人才引进比较困难情况下补充的低学历人才尤其是本科层次人员,在新情况下逐步显出其不适应性,为了从制度上督促这些教师提高学历,学校出台了限期提高学历的规定,凡是在规定时间内完成学历层次提高的,可以继续被聘用,逾期未达要求的,学校将予以解聘。

客观地说,学校的上述规定是从学校发展的长远利益考虑的,对提高教师队伍的水平是有利的,也是《高等教育法》赋予高校聘任权所允许的。但随着《劳动合同法》的实施,教职工与学校的劳动关系优先于聘用关系,这就决定了学校在实施上述规定时,要首先进行合法性审查,包括:按规定应该解聘人员,是否属于"在本单位连续工作满十五年,且距法定退休年龄不足五年的",属于此种情况的人员不能解聘;学校是否给予当事人调换岗位的机会,或者给予当事人进行培训的机会,如果没有给予这些机会即解聘,是违反《劳动合同法》规定的。

3. 学校的服务期规定

几乎所有的高校与教职工之间都有服务期的约定,归纳起来有五种:

——定向或委培服务期。学校提供工资、学费甚至津贴,教职工脱产攻读学位,毕业后回校服务一定期限。

——引进人员基本服务期。学校为保证新进人员的工作相对稳定性,在引进时与当事人协商确定的服务期。

——脱产进修服务期。一种类似定向或委培的服务期,由于学校承担了教职工进修期间的工资和学费,因而要求进修者回校服务一定的时间。

——骨干教师服务期。这是针对被评为省级和校级骨干教师的教职工规定的一种服务期,由于学校对骨干教师提供了特殊的待遇,包括经费方面的支持,因而要求对方服务一定的期限。

——职称服务期。学校规定参评职称人员必须按学校规定承诺晋升职称后的服务期。这是目前最具争议的一种服务期,一方面由于在评职称的过程中基本上都存在指标数少于申报者人数的情况,因而不少学校把职称的指标数当做一种资源来利用,规定申报者在申请之前做出承诺,一旦评上职称,就要在学校服务一定的期限;另一方面,全国绝大部分省市在职称评审上还没有实行评聘分开,而是实行评聘结合的方式,把评审与聘任结合在一起,学校要求的服务期实际上是单方面提出的新的聘期要约。

按照《劳动合同法》关于服务期的规定,上述服务期有多处违法的嫌疑。该法第二十二条关于服务期的规定是"用人单位为劳动者提供专项培训费用,对其进行专业技术培训的,可以与该劳动者订立协议,约定服务期"。以此来对照上述服务期的规定,可以看出只有定向或委培服务期和脱产进修服务期符合规定,其他服务期均不符合规定。

4. 学校的违约赔偿规定

学校的违约赔偿常常和服务期联系在一起,采用的原则通常是补偿性和惩罚性相结合,即在返还学校投入的资金后,还要另外付出惩罚性的金额。

按照《劳动合同法》关于违约金的规定,在支付与服务期相联系的违约金时,补偿性原则是合法的,惩罚性原则是违法的。该法第二十二条规定"劳动者违反服务期约定的,应当按照约定向用人单位支付违约金。违约金的数额不得超过用人单位提供的培训费用。用人单位要求劳动者支付的违约金不得超过服务期尚未履行部分所应分摊的培训费用"。但是,如果教职工与学校约定有竞业限止条款时,教职工支付违约金的标准则是双方约定的,因为第二十三条规定"劳动者违反竞业限制约定的,应当按照约定向用人单位支付违约金"。

尽管惩罚性原则并不违反《意见》中的相关规定"受聘人员经聘用单位出资培训后解除聘用合同,对培训费用的补偿在聘用合同中有约定的,按照合同的约定补偿",但由于劳动关系优先于聘用关系,所以关于违约金的规定,必须以《劳动合同法》为准。

### 三、中美两国高校与聘用制有关的法律比较

高校在聘任员工的过程中必须保证合法性,是国际上通行的基本原则,从中美两国高校聘任过程中遵守的法律、法规和政策,可以清楚地看到这一原则的体现。

表5—3　中美两国高校与聘用制有关的法律比较

| 适用法律和政策 | 中国高校 | 美国高校 |
|---|---|---|
| 法律 | 《劳动法》<br>《劳动合同法》<br>《民法通则》<br>《教师法》<br>《工会法》 | 1. 联邦法律——《平等就业机会法》、《平等待遇法》、《国民残障保护法》、《平等教育机会法》<br>2. 州法律<br>如加州教育法律除了国家关于平等教育、平等就业的法律之外,还规定不可以歧视教职工及学生的性倾向、健康状况等一些内容 |
| 政策 | 《关于在事业单位试行人员聘用制度的意见》 | 主要是校区政策,由校董事会决定 |
| 其他规定 | 学校自行规定的实施办法 | 在人事管理方面,各学校还有本校的体现其办学宗旨的政策规定 |

## 第三节　落聘人员的安置形式研究

学校对于因为学校聘任政策方面的原因而落聘的人员,有两种处理方式可供选择:一是让他们离开学校,从"学校人"变成"社会人",进入人才市场,二是进入校内人才交流中心,在学校转岗或待岗。这两种不同的处理方式,体现着学校不同的改革理念和改革力度,也考验着学校管理层在执行政策过程中处理原则性、灵活性、稳定性与改革成功关系方面的智慧,既是一个实践问题,又是一个理论问题。

国务院2002年转发人事部《关于在事业单位试行人员聘用制度的意见》,也对落聘人员的出路问题作了特别强调:"事业单位未聘人员的安置和管理,是人员聘用工作的重点和难点,政策性强,必须予以高

度重视。要将未聘人员尽量安置在本单位或者当地本行业、本系统内，同时要探索多种安置办法。城市和有条件的地区可以跨行业、跨系统调剂安置。各地区、各部门要制定切实可行的政策，为未聘人员创办经济实体或者进入企业提供优惠条件，引导鼓励未聘人员面向基层、农村和中小企业，使他们在新的领域发挥作用、施展才干。"所以尽管落聘人员数量比较少，但影响很大，直接与在岗人员的未来相联系，社会关注度高，可以毫不夸张地说，学校在处理这件事情上怎么谨慎和小心也不为过分。

### 一、落聘人员进入社会人才市场

这是一个非常敏感而复杂的问题，需要特别谨慎地处理，从政策依据到程序适用的各个环节，不能出现丝毫问题。

落聘人员进入人才市场，必须同时满足三个条件，学校才能与落聘人员解除聘用关系和劳动关系：

1. 合同履行完毕。这是最基本的前提，按照《合同法》的要求，合同履行完毕后，双方的权利义务关系即告结束。需要注意的是，有不少学校与职工签订的不止一个合同，除了聘用合同外，还有服务期合同，只有两个合同同时履行完毕，才能满足此条件。

2. 学校应该履行的法定义务全部完成。这里主要指学校应该为聘用人员正常办理全部社会保险，这是"学校人"变为"社会人"最基本的安全保障。社会保险有五种形式，分别是养老保险、医疗保险、失业保险、工伤保险和生育保险，这是法定的保险，用人单位必须为受聘者办理。

这一条件是制约"学校人"变为"社会人"的关键因素，因为国内绝大部分地区还没有实行事业单位的社会保险加入工作，从河南省的情况来说，所有高校的教职工除了加入医疗保险和失业保险外，其他三种保险均没有政策上的强制加入，只是对近几年新进的用人事代理方式用工的人员办理了全种类的社会保险，这就决定了现阶段高校改革中还不能对未加入社会保险人员实行"学校人"向"社会人"的转化。

3. 不涉及其他法律规定禁止的情形。主要指不涉及《劳动合同法》第十四条第二款的规定"劳动者在该用人单位连续工作满10年且距法定退休年龄不足10年的,应当订立无固定期限合同"。这一条主要是保证工作时间比较长且年龄比较大的职工,他们在社会上更换新的工作单位的难度比年轻人要大,《劳动合同法》对这类特殊群体进行了保护。实际上,落聘人员主要是因为工作能力相对较差,如果年龄再比较大,工作竞争力会减少很多,从人道主义角度考虑,也应该特别关照。

除此之外,按照《劳动合同法》第四十二条规定的五种情形,也不能将落聘人员推向社会:从事接触职业病危害作业的劳动者未进行离岗前职业健康检查,或者疑似职业病病人在诊断或者医学观察期间的;在本单位患职业病或者因工负伤并被确认丧失或者部分丧失劳动能力的;患病或者非因工负伤,在规定的医疗期内的;女职工在孕期、产期、哺乳期的;在本单位连续工作满十五年,且距法定退休年龄不足五年的。这是法定条件,必须无条件执行。

### 二、进入校内人才交流中心

从目前的实际情况来看,依托学校人才交流中心安排落聘人员,是一种比较现实的选择,作为"学校人"与"社会人"的过渡形态,对淘汰人员走向社会是一种缓冲,对在岗人员是一种鞭策,既实现了改革目的,又不会引起学校稳定问题,还为下一步的深度改革奠定了基础,可谓一举三得。

进入校内人才交流中心的落聘人员,其可能的出路有四种:

1. 培训后转岗。这是为落聘人员进一步求职负责任的举措,如果其落聘是因为专业技能方面存在问题,而本人又有进一步学习的能力,学校就应该积极安排他们的进修学习,并在费用上进行支持,学校可以承担一部分培训费用。比如,河南师范大学规定这类人员的培训费用由学校和个人各承担50%,学校最多时可承担5000元。

2. 直接转岗。这是最常用的安置方式,因为学校的岗位类别比较多,对人员的技能要求也不同,落聘人员可以扬长避短,选择适合发挥自己特长的岗位,这期间学校应该积极做好协调工作。

3. 承担临时性工作。这只是一种重新安置前的过渡性工作,给落聘人员重新就业提供一个冷静的思考期和缓冲期,降低他们的择业期望值,使下一阶段的重新就业更加顺利。

4. 享受法定的最低待遇。这是落聘人员最糟糕的一种选择,如果学校已竭尽全力对其再就业进行了协调努力,由于个人不努力或不配合,要么一直找不到新的岗位,要么到新的岗位仍然不能适应工作,这种情况下个人只能享受法定的最低待遇了,其底线是不能低于当地的最低生活保障标准,同时国家工资中规定不能扣发的部分也应该保留,即薪级工资应该保留。

上述方式的处理结果不会带来稳定方面的问题,因为造成这一现象的原因完全在个人,它对在岗的教职工也起到了一定的警示作用,鞭策他们不断努力完善自己。比如,河南新飞电器集团工作区内最醒目的地方有一条著名的标语:“今天工作不努力,明天努力找工作”,对职工颇具警示作用。如果把这条标语用到大学校园里,也是很合适的。

作为学校的人才交流中心,要时刻关注政府有关事业单位人事制度改革的进程,一旦条件成熟,就要及时将学校对落聘人员的安置与社会的安置接轨,也只有到那个时候,学校才不再承担应该由社会承担的工作任务了,也才能放开手脚发展。

表5—4　河南师范大学第一聘期落聘人员安置情况一览表

| 落聘人员总数 | 社会人才市场安置数 | 校内人才交流中心安置数 | | | |
|---|---|---|---|---|---|
| | | 培训后转岗 | 直接转岗 | 承担临时性工作 | 享受低保 |
| 7 | 1 | 1 | 4 | 1 | 0 |

总之,从效果来看,河南省地方本科院校对落聘人员的重新安置方式方法是妥当的,政策掌握界限是准确的,没有一例人员因为不满落聘后工作安置方式而上访,保证了学校的改革在平稳的环境中稳步推进。

# 第六章　地方本科院校考核问题研究

考核问题是高校人事分配制度改革中的关键环节,是高校人事管理从身份管理走向岗位管理的制度保证。它直接关系到岗位职责的落实和改革目标的实现,是改革过程中工作难度最大的环节。所有进行人事分配制度改革的高校,无不高度关注考核环节,投入相当多的人力和精力研究考核问题。对于经历过漫长的身份管理过程的高等学校来说,对教职工进行实质性的考核,无论是从理论上还是从实践上,都需要解决好一系列相关问题。

## 第一节　考核的种类和目的研究

### 一、考核的种类

根据考核的目的不同,地方本科院校对教职工个人的考核一般可以分为下述三类:

1. 水平考核:这实际上是一种评估考核,即按照某一类岗位要求的各项要素,进行对照评估,得出被考核者符合或不符合的结论。这种考核方式通常用于学校对新进人员的招聘过程中,以及教职工申报各级专业技术职务时。对前者,要对照学校引进人员的条件进行考查,其中主要包括学历、年龄、工作经历、曾经的工作业绩、教学水平等方面进行综合比较评估;对后者,要根据不同的专业技术职务要求的一般条件和业绩条件,进行综合比较评估。

需要说明的是,当这类考核有指标限制时,常常按照符合程度的高低,优中选优,并不是只要符合基本条件就可以实现申请者的要求。

2. 能力考核:这主要是以晋升为目的的考核,通常用在选拔领导者的工作中。这种考核最注重的是潜力考核,尽管很关注被考核者取得的工作业绩,但更看重的是取得业绩的方式和方法,看重的是人际关系的处理能力。如果整体上符合拟选拔岗位的要求,对考核中发现的弱点和不足,还要进行有针对性的培训,促其改进。

3. 绩效考核:这是以兑现待遇包括薪酬、奖励为目的的一种考核,它是一种验收考核,即按照双方约定的岗位职责,照单验收,不但要确定是否完成任务,还要确定超额的工作量和未完成的工作量,并根据此结果兑现薪酬和奖励(包括奖励和惩处)。

对地方本科院校而言,在人事分配制度改革中,上述三类考核方式都可能会用到。但对教职工聘任时主要采用水平考核和能力考核,兑现岗位津贴和奖励津贴时,则主要采用绩效考核。

对单位的考核,一般主要采用目标考核,即按照上级设定的各项工作目标进行验收考核,考核结果作为对单位领导班子进行奖惩和对单位进行经费奖励的主要依据。


## 二、考核的目的

人事分配制度改革方案实施过程中的考核,其目的是为了确保各项改革的目标能够得以实现。这主要体现在两个方面:一是学校整体发展目标的实现,二是各个岗位目标的实现。

显而易见,高校人事分配制度改革中的考核主要是业绩考核,即验收岗位职责完成情况的考核,以此作为兑现岗位津贴的依据(绝大部分高校改革中还没有涉及国家工资部分),或足额领取,或超额领取,或差额领取。其背后更深一层次的目的则是:岗位管理模式在分配中体现的原则是多劳多得、优劳优酬,努力工作就可以得到高报酬,包括物质方面的和精神方面的;如果不努力工作,就不能得到高回报,还要受到来自精神方面的评价压力。这实际上是以岗位津贴为杠杆,调控教职工的工作积极性。它隐含的一个基本前提是:经济利益对所有的教职工都是有吸引力的,为了得到更多的经济利益,他们都会更加努力地工作的。

这一考核目的是否准确和完整,实际上涉及管理中另外一个重要问题:高校管理层对教师的人性定位如何? 确定了对教师的人性定位,就可以判断上述考核目的的正确性和完整性。

1. 中国高校教师的人性定位

在管理理论中,对管理对象主要有三种人性假设:

**经济人假设(X 理论)**①——

这是古典管理学家和古典经济学家关于人性的假设理论,最早从泰勒的科学管理理论中提出来的人性假设。它认为作为管理对象的人,有着本质上追求经济利益最大化的动机,是最大的工作原动力。在这一人性假设的基础上,泰勒提出了旨在提高生产效率的科学管理理论,员工通过高效率的工作获得自己希望的高报酬,老板通过员工高效率的工作得到自己的经济收益。

其主要观点:

(1)人是由经济诱因来引发工作动机的,其目的在于获得最大的经济利益。

(2)经济诱因在组织的控制之下,因此人总是被动地在组织的操纵、激励和控制之下从事工作。

(3)人总是以一种合乎理性的、精打细算的方式行事,力图用最小的投入取得满意的报酬。

(4)人的情感是非理性的,会干预人对经济利益的合理追求,因此组织必须设法控制个人的情感。

该理论指导下的管理方式特点:

任务管理;进行强制劳动;物质刺激;严肃纪律。

**社会人假设——**

20 世纪 30 年代,美国学者梅奥在霍桑实验的基础上提出了"社会人假设",他把重视社会性需要、轻视物质性需要的人称为"社会人"。

---

① 靳娟:《人力资源管理概论》,机械工业出版社 2007 年版,第 49 页。

这是经济人假设的进一步发展,在科学管理模式下,人们逐步发现了经济人假设的局限性,缘由是随着工作效率提高到一定水平后,经济因素对员工的激励效果会达到一个极限,而超过这个极限后经济因素几乎不再发挥作用,但是通过调整工作环境,尤其是发挥团队的集体作用,增加成员之间的人际交往,工作效率又会得以提高。这充分说明人不仅仅是个经济动物,还有作为人的群体需要的一面,人际关系需要也是提高工作效率的重要因素之一,在考虑员工人性假设时必须将员工假设成社会人。

其主要观点:

(1)人类工作的主要动机是社会需要,而不是经济需要。

(2)工业革命和工作合理化的结果,使得工作变得单调而无意义,因此必须从工作的社会关系中去寻找工作的意义。

(3)非正式组织有利于满足人的社会需要。

它较之"X理论"前进了一步,注意到人有安全感、归属感、受尊重的社会需要,更深刻地揭示了人的本质需要。

该理论指导下的管理方式特点:

对人的管理不仅依靠一定的规章制度和组织形式,而且还要保持组织对成员的吸引力。要激励和保持组织成员的责任感、成就感、事业心、集体精神和高涨的士气,在组织内部形成融洽的人际关系,满足组织成员的社会性需要。

**自我实现人假设——**

这是在社会人假设基础上的进一步发展。瑞典心理学家马斯洛(Abraham. h. maslow)提出了著名的"需要层次理论",他把人的需求分为生理需求、安全需求、社交需求、尊重需求和自我实现需求五个层次,依次由较低层次到较高层次。这一理论同时包括五点基本假设:已经满足的需求,不再是激励因素;人们总是在力图满足某种需求,一旦一种需求得到满足,就会有另一种需要取而代之;大多数人的需要结构很复杂,无论何时都有许多需求影响行为;一般来说,只有在较低层次的需求得到满足之后,较高层次的需求才会有足够的活力驱动行为;满足较高层次需求的途径多于满足较低层次需求的途径。

该理论指导下的管理方式特点：

创造舒适的工作环境,营造良好的工作氛围,使人们充分发挥自己的潜能;促进组织成员的自我实现;充分运用内在激励,注重员工在工作中除物质满足之外的内在需要;建立一整套制度保证员工自我实现的需要得以实现和满足。

对照上述三种人性假设,很容易可以做出判断,从20世纪90年代末开始的高校人事分配制度改革到现在,中国高校的教师人性定位经历了一个从经济人假设到自我实现人假设的历程,从最初以得到高收入为主要目的而努力工作,到现阶段以实现自身价值为主要目的而努力工作,且处于马斯洛需要层次理论中的第四和第五层次,即尊重需求和自我实现需求。因为高校教师的收入早已经处于社会群体中比较高的部分,生计的压力早已不复存在;稳定的职业和良好的工作环境、人际关系环境,解决了教师的安全需求和社交需求,剩余的就是最高层次的尊重需求和自我实现需求了。因此,在设定考核目标时必须考虑到教师的真实需求。

2. 正确人性定位下的考核目标设计

中国高校的教师是中国社会中文化层次比较高的群体,从事的职业也是社会地位比较高的职业,因此教师无论是对自己的身份认知还是对自己的职业认知,都有良好的感觉和较高的期望值,具有强烈的自尊和获得他人尊重的感觉。如果考虑到中国知识分子自古至今所特有的心理脆弱现象,他们对获得尊重的感觉特别敏感。因此设计考核的目标时必须从这些基本特点出发,才能够符合实际。

以此来衡量现在各校通用的考核目标,可以发现这是一种有缺陷的考核目的观,在身份管理转为岗位管理的初期会产生明显的激励作用,因为改革初期教师的工资收入还很低,大部分人还存在生计问题,尤其是住房压力,所以当实行岗位津贴制度所带来收入的极大增加时,教师还是愿意为增加收入而接受将自己作为经济人进行管理的,但随着收入增加到一定限度,金钱的激励作用就会降低,教师更高层次的需求就会出现,他们不再满足于自己被作为经济人对待,而是要作为自我实现的人来对待,尊重需要和自我实现的需要是最重要和迫切的需要,他们关心自己的成就、名声、地位和晋升机会,希望学校能为自己创造一个实现自身潜能和价值的工作环境和制度环境,表现在对考核的要求上,就是要用内行来考核自己,而不是通过外行的行政人员来进行考核,同时认为考核的目的不仅仅是奖励和惩罚,还应该是帮助自己寻找差距,分析原因,并制定有针对性的改进措施,求得最终的自我完善和发展。

这种不以惩罚为目的的考核方式,是国外高等教育比较发达的高校普遍采用的,美国高校实行终身教职制度,一些特别优秀的教授或副教授,如果达到一定的标准,就可以成为学校的终身员工,不存在解雇的可能,但为了避免因为得到"铁饭碗"而产生工作惰性,丧失工作积极性,美国又实行了"终身后评审制度",用另外一种方式对获得终身教职的员工进行评审,但这种评审不是以惩罚为目的,也不是以重新进行终身教职验收为目的,而是以帮助被评审者自我完善和发展为目的的,充分体现了以人为本的大学管理理念。除了终身教职的员工外,美国大学对其他签订了定期合同的员工的考核,也不是以惩罚为目的,考核的结果固然要作为兑现待遇、增加工资、晋升职务的依据,但更重要的是帮助被考核者分析存在的问题,修改其专业发展计划,甚至必要时安排其脱产进修。

表6—1　河南省代表性院校考核目的一览表①

| 学校 | 考核目的 |
| --- | --- |
| 郑州大学 | 学校对单位实行目标考核,按考核结果兑现岗位津贴总额。 |
| 河南大学 | 为进一步落实教职工岗位聘任制,建立激励竞争机制和自我约束机制,使学校能够准确地掌握和评价各类人员的德才表现和工作实绩,为教职工的聘任、奖惩以及职务调整、职称评审、工资晋升、评先评优、津贴分配等提供依据,激励教职工认真履行岗位职责,提高工作效率,确保学校的各项工作的顺利开展。 |

---

① 各相关高校的改革文件。

续表

| 学校 | 考核目的 |
|---|---|
| 河南师范大学 | 为了正确评价工作人员的德才表现和工作实绩,激励和督促工作人员提高政治、业务素质,认真履行岗位职责,并为其晋升、聘任、奖惩、培训、辞退、岗位津贴发放以及调整工资待遇等提供依据。 |
| 河南理工大学 | 学校对单位实行目标考核,按考核结果兑现岗位津贴总额。 |

## 第二节 考核内容研究

随着高校人事分配制度改革的不断深化,对专业技术人员的考核内容的认识,也在不断深化,经历了一个从抽象到具体的过程。

1. 教育部的相关规定

有关高校教师的考核内容,目前仍以教育部1979年发布的《关于高等学校教师职责以及考核的暂行规定》为准,其主要内容体现在三个方面:

政治表现:主要看教师的思想政治表现,道德品质和工作态度。如看从事本职工作的事业心和责任感;积极承担任务,认真负责的精神;实事求是的科学态度;顾全大局,团结互助,彼此合作等表现;认真参加政治学习,遵守社会主义法纪和工作纪律的情况。

业务水平:主要考查教师从事教学、科学研究工作的业务水平和创新精神及其能力。如掌握本专业基础理论和专业知识的广度和深度;分析问题和解决问题的能力;讲课内容、教学法的水平和教学效果;整理或编译教材、撰写出版著作的水平;科学研究工作的水平和能力,在集体承担的科研项目中个人所起的作用;学术论文或报告的水平;实验教学和实验技能的水平;按本职称所要求的外国语水平。

工作成绩:主要考查教师在教学、科学研究等各项工作中的贡献。如积极承担教学任务,完成教师工作量的情况;关心学生,研究、改进教学方法在提高教学质量方面取得的成绩;整理或编译资料、教材、著作的成绩;科学研究工作的成绩或成果;实验工作取得的成绩或成果;进修学习的成绩。

兼任党、政工作的教师,还要考核其所担任的党政工作中掌握政策、联系群众、以身作则、完成任务的情况。

很显然,这种关于考核内容的规定带有明显的时代烙印:对教师政治方面的要求放在突出的位置;以定性考核为主,与身份管理的要求相一致。这是我国整体改革开始初期的认识水平,现在看起来可能有比较初级的感觉,但在当时却是结束"文革"十年动乱后提出的具有超前意识的考核理念,与此前工作中从没有考核要求相比,是一个极大的进步。

2. 《教师法》的相关规定

《教师法》第二十二条规定的对教师通用的考核内容是:"学校或者其他教育机构应当对教师的政治思想、业务水平、工作态度和工作成绩进行考核。教育行政部门对教师的考核工作进行指导、监督。"第二十三条规定:"考核应当客观、公正、准确,充分听取教师本人、其他教师以及学生的意见。"第二十四条规定:"教师考核结果是受聘任教、晋升工资、实施奖惩的依据。"

这是 1993 年通过的《教师法》对教师考核内容的规定,它第一次用法律的形式对考核内容做出规定,也是现在各种有关教师考核内容的法律基础。

3. 河南省各高等学校目前对教师工作考核内容的规定

(1)关于总体考核内容

河南省本科院校的考核工作,全部以河南省人事厅出台的关于专业技术人员考核的规定为蓝本,统一到所谓的"德,能,勤,绩"框架中(对担任党政领导职务的,增加一个"廉"的方面),各学校在此基础上进一步阐明其内涵。

[案例6—1]:河南师范大学关于教师工作考核内容的表述

考核以工作人员的岗位职责和年度工作任务为基本依据,内容包括德、能、勤、绩四个方面,重点考核工作实绩。

德,主要考核政治、思想表现和职业道德表现,包括贯彻执行党的基本路线和国家方针、政策的态度和表现,以及思想品德、职业道德、廉洁奉公、遵纪守法等方面的情况。

能,主要考核业务技术水平、管理能力的运用发挥,业务技术提高、知识更新等情况。担任领导职务的,还要考核其理论政策水平和计划、决策、组织协调能力。

勤,主要考核工作态度、敬业精神和遵守劳动纪律情况,包括事业心、责任感和工作的勤勉程度。

绩,主要考核履行职责情况、完成工作任务的数量、质量、效率,取得成果的水平以及社会效益和经济效益。

[案例6—2]:河南大学关于教师工作考核内容的表述[1]

考核应以每个人所聘岗位及其岗位职责为依据,内容包括德,能,勤,绩四个方面,重点考核工作业绩。

德:主要指贯彻执行党的路线、方针、政策的政治立场、政治态度和政治表现,以及思想品质、职业道德、团结协作精神、奉献精神、廉洁奉公、遵纪守法等方面的情况。

能:主要指管理才能、业务技术水平和工作熟练程度。

勤:主要指事业心、责任感、工作态度和勤奋敬业的程度。

绩:指完成工作的数量、质量、成果及效益。

从上述资料中可以看出,河南省地方本科院校对教师的考核内容在大的方面是大同小异的,区别只在于"绩"的方面,即教学和科研方面完成的数量和质量,不同的学校由于层次不同,对这方面要求的标准也不相同。

上述有关考核内容的规定,经过高校两轮人事分配制度改革的检验,证明是符合我国实际的,也是符合各学校实际的,尽管部分内容有

---

[1]　河南大学校党字[2001]44号文件。

待进一步改进。按照上述内容进行考核,学校办学的社会效益和经济效益均能得到大幅度地增长,办学活力和综合竞争力不断得以提高,专业技术人员的工作主动性、创造性也可以进一步增强,这充分说明了考核内容的导向性是正确的。

(2)关于业绩考核的具体内容

高度重视专业技术人员的业绩考核,是地方本科院校人事分配制度改革的共同特点之一,这是与本次改革模式由身份管理转变为岗位管理模式联系在一起的。在岗位管理模式下,可以充分利用这种模式需要什么就设置什么、同时考核什么、奖励什么的特点,根据学校发展的阶段性目标,分解到不同的岗位职责中,然后通过考核来保证这些目标的落实。

虽然各高校在考核中都重视对"绩效"的考核,但绩效的内涵却各不相同,这与学校的层次和定位及发展目标有关。此处值得探讨的是考核的单一对象和双元对象问题,即只是针对各个岗位上的受聘人员进行考核,还是既对各岗位受聘人员进行考核,同时又对单位整体进行考核问题。随着改革的不断深化,考核的双元对象问题逐步得到越来越多学校的关注和重视,由少数学校的实验性做法,已渐次成为争相效仿并不断改进的共性行为。它的优点主要体现在以下三个方面:

第一,考核对象双元化,有助于促进学校实质性的发展。众所周知,各个岗位的目标之和,并不等于学校的整体目标。在改革初期,学校主要关注的是如何最大限度地发挥教职工工作积极性问题,即改变仅凭身份,而不论劳动和贡献多少却享受同等待遇的做法,这些问题确实随着改革的深化得到了解决,身份管理被岗位管理所逐步替代,多劳多得、优劳优酬的新的分配模式逐步建立起来并被教职工认可和接受,学校用人效益得到明显提高。但随之,另一个新的问题又出现了——这种改革对于提升学校的层次和水平作用有限。缘由是,即使学校的所有岗位都完成了职责,也并不意味着学校的层次和水平能自动提升上去,因为岗位职责的高低更多的是考虑群众性因素,而对挑战性因素考虑有限,还有一个更为重要的原因是学校的总体发展目标主要是靠集体的力量实现的,仅凭单个岗位目标任务的完成根本无法达成学校发展的总体目标。这就促使希望有所作为的学校管理层,开始认真考虑如何给各单位确定工作目标问题,通过既考核各个岗位又考核各个中层单位的办法,促进学校的实质性发展。

第二,考核对象双元化,能够充分发挥学校和中层单位的两方面的积极性。如果将各中层单位列为考核目标后,就将学校发展的压力成功地进行了分解,调动了多方面的积极性,能够做到群策群力为学校的发展出谋划策、尽心出力,使得中层领导班子除了创造条件使各岗位的受聘人员完成岗位职责外,还要组织和整合力量完成学校规定的单位发展目标。由于单位的目标难度挑战性比较大,就会激发中层领导班子充分发挥工作的主动性和创造性,当各单位的目标完成或超额完成了,学校的整体发展目标就会得以实现了(见案例6—3)。

第三,考核对象双元化,可以保证改革的效益最大化。改革的最终目的是提高学校的办学效益,其中包括社会效益和经济效益,而社会效益的最集中体现就是教育教学质量的高低和在同类院校中的竞争力的强弱。这不仅需要通过身份管理模式向岗位管理模式的转变以提高用人效益,进而提高办学的经济效益,还需要将各单位的工作目标也作为考核对象,这样就可以将考核的督促、激励作用发挥到最大限度,有利于通过考核的杠杆,推动学校整体水平的提高,使改革的效益最大化。

[案例6—3]河南师范大学考核对象双元化的探索

河南师范大学经过对2002年开始进行的改革总结,经过2007年3月到12月的反复征求意见,出台了对教学单位和管理与服务单位的考核办法,成功地将学校的发展目标分解到各中层单位。

学校的发展目标是"到2023年学校建校100周年时,学校要建成在国内影响较大的、具有教师教育特色的综合性教学研究型大学",其中每一项定性表述内容下又有一系列量化的指标,如"国内影响较大",一级指标指学校综合实力排名进入到全国本科高校的前100位以内,二级指标包括相应的科研能力和水平、办学的规模和效益等;

"教师教育特色"的一级指标是学校的教师教育从"本色"浓缩为"特色",二级指标是师范与非师范的学科分布等;"综合性"的一级指标是学科门类较为齐全、基础学科较为丰厚、学科之间有效均衡和内在融合,二级指标是学科的配置和布局、融合;"教学研究型"的一级指标是教学与研究并重,二级指标是专业技术人员岗位职责中对教学和科研的具体要求。所有这些量化后的学校发展目标,均被有效分解到相关的学院和管理服务单位,并进一步细化到具有可操作的层面。

表6—2　河南师范大学教学单位考核目标体系

| 序号 | 考核内容 | 权重 | 分项指标 | 权重 |
|---|---|---|---|---|
| 一 | 教学工作 | 1.00 | 1. 专业建设 | 0.20 |
| | | | 2. 课程与教材建设 | 0.20 |
| | | | 3. 教学改革 | 0.20 |
| | | | 4. 实践教学 | 0.20 |
| | | | 5. 教学管理 | 0.20 |
| 二 | 学科建设与研究生教育 | 1.00 | 1. 学科建设规划与重点学科建设 | 0.20 |
| | | | 2. 重点科研机构 | 0.10 |
| | | | 3. 博士点、硕士点建设 | 0.25 |
| | | | 4. 学术交流活动 | 0.05 |
| | | | 5. 拔尖人才的引进与培养 | 0.15 |
| | | | 6. 研究生教育 | 0.25 |
| 三 | 科研工作 | 1.00 | 1. 科研管理 | 0.10 |
| | | | 2. 承担科研项目 | 0.25 |
| | | | 3. 鉴定成果(项目结题) | 0.05 |
| | | | 4. 科研奖励 | 0.12 |
| | | | 5. 当年科研经费 | 0.15 |
| | | | 6. 出版著作 | 0.05 |
| | | | 7. 学术论文 | 0.20 |
| | | | 8. 专利 | 0.03 |
| | | | 9. 科技开发、社会服务 | 0.05 |

续表

| 序号 | 考核内容 | 权重 | 分项指标 | 权重 |
|---|---|---|---|---|
| 四 | 师资队伍建设 | 1.00 | 1. 师资队伍建设规划 | 0.10 |
| | | | 2. 教师数量的缺编度 | 0.20 |
| | | | 3. 学缘结构 | 0.10 |
| | | | 4. 高级职称比例、硕士博士比例 | 0.30 |
| | | | 5. 师资培训 | 0.10 |
| | | | 6. 学术骨干队伍建设 | 0.20 |
| 五 | 设备、实验室、图书资料及档案建设 | 1.00 | 1. 设备管理 | 0.30 |
| | | | 2. 实验室建设 | 0.40 |
| | | | 3. 图书资料建设 | 0.20 |
| | | | 4. 档案建设 | 0.10 |
| 六 | 学生工作 | 1.00 | 1. 学生工作总体情况 | 0.40 |
| | | | 2. 学生教育工作 | 0.20 |
| | | | 3. 学生管理工作 | 0.20 |
| | | | 4. 创新性和临时性工作 | 0.20 |
| 七 | 党建、思政精神文明建设 | 1.00 | 1. 领导班子建设 | 0.25 |
| | | | 2. 党员和干部队伍建设 | 0.20 |
| | | | 3. 工作制度建设 | 0.15 |
| | | | 4. 精神文明建设和思想政治工作 | 0.30 |
| | | | 5. 改革和发展思路 | 0.10 |

**表6—3 河南师范大学管理与服务单位考核目标体系**

| 序号 | 考核内容 | 权重 | 分项指标 | 权重 |
|---|---|---|---|---|
| 一 | 工作目标任务完成情况 | A 类单位 0.4 B 类单位 0.3 | 1. 工作计划 | 0.10 |
| | | | 2. 调查研究 | 0.05 |
| | | | 3. 资源的获取和利用 | 0.10 或 0.20 |
| | | | 4. 目标任务落实情况 | 0.50 |
| | | | 5. 创新性、临时性工作 | 0.15 |

| 序号 | 考核内容 | 权重 | 分项指标 | 权重 |
|---|---|---|---|---|
| 二 | 党建、思政及精神文明建设 | 1.00 | 1. 领导班子建设 | 0.30 |
| | | | 2. 党员及干部队伍建设 | 0.30 |
| | | | 3. 思想政治工作 | 0.20 |
| | | | 4. 精神文明建设 | 0.20 |
| 三 | 制度建设及执行情况 | 1.00 | 1. 部门规章及执行情况 | 0.30 |
| | | | 2. 全局性规章及执行情况 | 0.50 |
| | | | 3. 档案建设 | 0.20 |
| 四 | 职工总体出勤率 | 0.10 | 100% 计 100 分 | |
| | | | 95% 以上、100% 以下计 95 分 | |
| | | | 90% 以上、95% 以下计 90 分 | |
| | | | 85% 以上、90% 以下计 80 分 | |
| | | | 85% 以下不计分 | |
| 五 | 领导及群众满意率 | A 类单位 0.3 B 类单位 0.4 | 75% 以上按对应比例计分 | |
| | | | 60% 以上、75% 以下计 60 分 | |
| | | | 60% 以下不计分 | |

4. 美国高等学校对大学教师工作的考核内容

美国高校对教师考核的内容是全国统一的，主要包括三个方面：

教学：教师对各级各类学生的授课工作。

研究：教师自身的科学研究工作。

社会服务：又叫社区服务，指教师利用自己的专业特长服务于社会的工作，包括对校内非学术社团和政府机构的服务。

美国所有大学对教师的考核内容都在上述范围内，差别只在于对每一部分的侧重程度不同，如研究型大学对教师科研的要求更高一些，一般的文理学院则对教学的要求更高一些。

5. 中美大学对教师工作考核内容的比较

通过以上内容的表述，可以看出中美大学对教师工作考核内容共同的地方是，同样重视教师的教学和科研工作，这是教师工作最主要的内容。最明显的差异是：中国大学增加了对教师政治思想和品德的考核，缺少了对社会服务的考核；美国大学则增加了对教师社会服务的考核，缺少了对教师政治思想和品德的考核。

这一内容上的差别涉及的问题是：

（1）对教师的政治思想要求是由我国大学培养人才使命所决定的，也是我们国家政治制度所决定的，应该坚定不移地坚持。我国大学的使命就是要培养社会发展所需要的高层次人才，即建设有中国特色社会主义事业的高层次人才，他们必须具备的基本素质之一就是要坚持四项基本原则，这就要求承担大学教育教学任务的教师，必须在政治思想方面既给学生进行理论上的传输和指导，做到既要教书，又要育人，同时还要求教师本人必须是所教授的理论知识的坚定认可者和实践者。

（2）大学教师考核中缺少以专业特长服务社会的内容，是我国高等学校管理中考核内容的一个缺失。由于我国没有硬性地要求这方面的内容，导致了一系列的负面效应。譬如，大学教师科研成果转化为实际生产过程的转化率普遍较低，社会效益不明显；大学教师的科研成果主要是作为评审职称的必备条件，一旦通过职称评审，科研成果就往往会被束之高阁；使得大学教师的科研普遍重理论研究，而轻实践探索。然而，对地方本科院校而言，服务当地社会经济发展应该是地方政府办学的重要期待目标之一，而实际上这一目标的实现程度常常令地方政府失望，这也是全国各地均出现的地方政府与地方本科院校相互抱怨的重要原因之一，学校往往会抱怨政府经费的支持力度不够，政府抱怨学校为地方社会经济的发展作出的贡献不大。所有这些问题均与考核内容的要求有关，美国高校将社会服务作为教师的考核内容之一，值得我们借鉴。

## 第三节　考核方式研究

高校教师的考核过程实际上是一个复杂的过程。用系统论的观点来看,如果把学校的人事分配制度改革作为一个大系统,高校教师考核问题则是其一个标准的子系统,它具有系统的所有特征,因此必须用系统论的要求处理考核问题。然而与整个高校人事分配制度改革的大系统相比,高校教师考核系统只是一个子系统,而子系统必须服从和服务于大系统,要使这样一个子系统实现其在大系统中的功能最优化,就必须在大系统目标的指引下设置考核系统的诸要素,并将系统论的要求应用到考核的全过程。

**一、处理好考核系统的目标与人事分配制度改革系统目标的关系**

　　人事分配制度改革要解决的首要问题是如何最大限度地发挥教职工积极性和提高用人效益问题,理顺管理体制和运转机制,达到提高教学、科研、管理水平和办学的社会效益,最终为社会培养高水平建设人才的目的;考核要解决的问题是保证教师岗位职责的落实和预定工作目标的实现,达到增强教职工责任感的目的和实现学校的发展目标。考核系统的目标与人事分配制度改革系统的目标之间的关系,是一种手段与目的的关系,这是研究考核问题的逻辑起点。由于手段服从和服务于目的,所以考核的方式和方法必须遵循高校的管理工作和专业技术工作的自身特点,不能为了考核而考核,这样才能正确发挥考核的作用。根据高校教职员工的工作特点,考核过程要重点处理好以下三方面的问题:

　　1. 定性与定量的结合问题

　　在考核指标的确定上,必须坚持定性与定量相结合、以定量为主的原则。因为考核过程也是一个比较的过程,定量的部分越多,其结果就越具有客观性,越易于比较,考核效果越好。然而,尽管纯粹的定性缺乏可比较性,无法确定客观的考核档次,但它又是考核某些内容时所必需的。它主要用于否定性或排除性的考核情形,如规定出现相关情形之一的考核结果为"不合格",包括受到党纪、政纪处分或处理的,受到投诉且查证属实且造成严重后果的,出现教学事故的等,上述情况使定性也成为必要的考核方式之一。

但一般而言,在考核的过程中,除了实在难以量化的内容用定性的方法考核外,其余内容要尽可能用量化的方式考核,其中包括曾被普遍认为量化指标比较困难的对党政管理单位和个人的考核。河南师范大学在改革的过程中,对党政管理单位和个人的量化考核进行了不间断的探索,摸索出了一套适合本校特点的量化考核办法,它把对党政管理单位的考核在两个量化指标层次上进行:一是对工作结果的量化考核,可以很容易地进行比较;二是对工作过程的量化考核,它引进了"满意率"的概念,考核主体以服务对象的代表为主,同时包括校领导、机关代表,根据考核对象的述职,最终将感性认识通过数字体现出来,而且在几年的考核实践中,三类考核主体在对考核对象的评价上存在着高度的评价顺序一致性,印证了这种量化方式的合理性。对专业技术人员的考核,量化过程比较简单,教学工作量和科研工作量很容易计算,也被考核对象广为接受和认可。

表6—4　河南省代表性高校考核中定性、定量内容一览

| 学校 | 德 | 能 | 勤 | 绩 |
|---|---|---|---|---|
| 郑州大学 | 定性。个人述职,群众投票,领导决定 | 综合在"绩"的考核中 | 综合在"德"的考核中 | 定量。按岗位职责要求考核 |
| 河南大学 | 定性。个人述职,群众投票,领导决定 | 综合在"绩"的考核中 | 综合在"德"的考核中 | 定量。按岗位职责要求考核 |
| 河南师范大学 | 定性。个人述职,群众投票,领导决定 | 综合在"绩"的考核中 | 综合在"德"的考核中 | 定量。按岗位职责要求考核 |
| 河南科技大学 | 定性。个人述职,群众投票,领导决定 | 综合在"绩"的考核中 | 综合在"德"的考核中 | 定量。按岗位职责要求考核 |
| 河南理工大学 | 定性。个人述职,群众投票,领导决定 | 综合在"绩"的考核中 | 综合在"德"的考核中 | 定量。按岗位职责要求考核 |

## 2. 数量与质量的关系问题

这是针对专业技术人员考核过程中必须高度注意的一个问题。对专业技术人员规定科研数量是必需的,因为没有数量就没有质量,但是不能唯数量。因为考核中如果一味强调数量标准,就会形成一种危险的导向:教师为完成任务只注意数量而忽视质量甚至不顾质量,只注意短期效果而忽视长期效果,容易造成科研成果在低水平上大量重复的现象,这对学校的长远发展和师资队伍建设是非常不利的。为避免出现这种情况,鼓励教师多出高质量的科研成果,必须建立一种特别的学术质量评价机制,使那些学术含量特别突出的科研成果能够得到确认,并摆脱数量标准的束缚,直接认定为履行了岗位职责。目前处理科研中数量与质量关系比较好的学校,主要采用两种办法来处理:

第一,在数量未达到标准时,由学术委员会对高水平的科研成果进行直接认定。在改革深化过程中,发现科研上数量与质量的冲突时,不少学校采用了变通的办法来处理,即如果考核对象觉得自己的成果学术含金量特别高时,可以申请校学术委员会直接认定为履行了岗位职责。河南省许多高校实行的校学术委员会直接对特别突出的科研成果进行质量认定的做法,被实践证明是鼓励专业技术人员出高水平成果的有效措施,这可以从考核制度上理顺数量与质量的关系。

第二,专业技术岗位的科研工作量是一个量化的标准,不同层次的科研成果对应不同的量化标准,这样只要达到总的标准,就视为完成了岗位职责,而不用考虑科研成果数量的多少。这种方式一劳永逸地解决了科研上的数量与质量的关系问题,使专业技术人员摆脱了科研成果上的数量束缚,可以尽自己的全力去创造高水平的科研成果。

## 3. 年度考核与聘期考核的关系问题

考核实践中还涉及从时间上要求的两种考核,一种是年度考核,由国家政策所要求;另一种是聘期考核,是聘任制度所要求。如何处理好这两种考核的关系,涉及如何认识高校科研工作自身规律的问题。高校科研成果的产出需要一个较长的学术积淀过程,愈是高水平的成果,需要的学术积淀过程愈长,所谓厚积薄发。这一规律与现行的年度考核出现了矛盾,有的专业技术人员可能本年度做的全是准备工作,所有成果要等到次年度或聘期结束的年度(大部分学校的一个聘期为三年)才能出来,如果当年就定为考核不合格,就会严重挫伤其科研积极性,既不符合实际,又不公平。为克服这种情况,许多学校坚持的考核原则是"年度考核与聘期考核相结合,以聘期考核为主",年度考核主要起到督促作用,不作考核结论,未完成任务者只是暂时不能领取岗位津贴,聘期内任何时间完成,就可以任何时间领取。聘期考核则是一次全面考核,完全依照聘期岗位职责的履行情况作出考核结论,为兑现待遇和下一轮聘任提供充分的依据。

　　上述方式显然是符合专业技术人员工作实际的,年度考核中可能没有达到标准的人数比较多,但真正到聘期考核时,未完成聘期科研工作量的人数却非常少。譬如河南师范大学第一个聘期中的相关情况如表6—5所示。

表6—5　河南师范大学2003—2005学年专业技术人员考核不合格人数统计

|  | 2003 年 | 2004 年 | 2005 年 | 聘期考核 |
|---|---|---|---|---|
| 科研考核不合格人数 | 17 | 14 | 4 | 4 |

　　对党政管理人员的考核,则与专业技术人员的考核要求截然不同,在两种与时间有关的考核中,当然以年度考核为主,因为管理和服务工作的特点不存在可弥补性,不能用下一年的工作效果折抵前一年的工作未达标部分。

## 二、在对岗位考核时要建立考核系统的双主体结构

　　在高校教师的考核子系统中又包括若干更小的子系统,考核的主体系统是其中的小子系统之一。从理论上说,考核的主体是学校的代表,有权力对考核对象履行岗位职责的情况做出鉴定和评价,这里涉及两种方法问题:要么由考核主体直接对全体考核对象进行考核,要么考

核主体分为不同的层次,对不同层次的考核对象分别进行考核。对于单位教职工数量不大的部门,当然适用于第一种方法,标准统一,便于把握,考核结果的可比较度高;对于单位教职工数量比较大、内部结构比较复杂的单位,如相当规模的本科院校,则适用于第二种方法,而且从大多数在考核制度改革方面比较成功的院校来看,考核主体分为学校和院系(机关处级)两个层次会更恰当。这种双主体的考核模式需要一个基本前提,即聘任过程也必须是双主体的,以体现责、权、利的统一,其突出的优点主要体现在下述几个方面:

1. 便于学校与中层部门共同发挥积极性

高校人事分配制度改革是涉及全体教职工利益的大事,需要调动各方面的积极性,尤其是各基层部门的积极性,这是学校制订改革方案的基本指导思想之一。因此,在改革相对完善的高校,聘任时实行的是分级聘任,即在党政管理岗位中,学校主要聘任处级正职,处级副职的聘任,学校尊重正职的提名,按组织程序确定,其他人员由各基层单位聘任;在专业技术岗位的聘任中,学校只聘教授层次的人员,副教授职务以下人员由各院系聘任,在学校备案即可。这样可以充分发挥各基层单位的积极性,与学校包揽全体成员聘任、只重视学校单方面积极性的发挥相比,效果明显要好得多。与聘任相联系的考核,同样应该坚持学校与中层单位积极性同时发挥的指导思想,这涉及两个原则:

(1)考核主体与聘任主体一致性原则

学校聘任的是处级单位正职和教授,他们的考核由学校负责,其他人员是各单位聘任的,他们的考核由各单位负责。这样的分级考核可以使学校集中精力抓好考核中的关键环节,为各中层单位的考核树立样板,同时,中层单位主要领导作为考核对象参加学校的考核后,就会在组织本单位职工的考核中严格贯彻学校的规定,使各基层单位的考核能够落到实处,真正发挥考核环节的督促、保障作用。

(2)整体考核原则

学校对各单位的考核,主要是依据各单位的既定工作目标或岗位职责规定的总工作量进行,不涉及对教职工个人的考核(处级单位正职与教授除外),如果考核结果达不到学校规定的最低标准,则按比例核减该单位全体人员的岗位津贴,单位内部再根据自己对每个职工的考核结果确定每个人的岗位津贴。这种考核方式的最大优点是学校与中层单位权责一致,纲举目张,大幅度提高了考核效益。

2. 便于考核中的宏观调控与微观搞活相结合

考核中的双主体结构,既保证了学校对考核工作的宏观调控,确保考核不会走过场,又赋予中层单位的考核主动性,出台学校无法做到的灵活性大、针对性强的考核措施,便于充分发挥考核的督促、保障作用。具体而言,它有四方面的优越性:

(1)学校可以从宏观上把握学校工作目标的完成情况

学校层次上的考核,完全与学校的整体工作目标联系在一起,在考核内容上,体现的是学校对党政管理人员和专业技术人员的最基本要求,在考核方式上体现的是民主与集中的最充分结合,在考核结果的运用上,体现的是学校最明显的导向性,这就保证了完成学校宏观目标的不竭动力,同时也摆脱了烦琐的管不了也管不好的具体事务,通过体现管理的层次性,便于集中精力抓学校发展的大事。

(2)在中层单位中形成工作合力

学校的整体考核必然在中层单位中形成工作合力,由于考核结果对领导和职工是荣辱与共的,所以领导班子与其职工是一个利益共同体或命运共同体,共同的目标促使领导者为员工的工作创造良好的工作条件和氛围,员工为自己也为单位努力工作,各方面的积极性都能得到充分发挥。

(3)有利于专业技术人员充分发挥特长

高校专业技术人员中(主要是教师),大部分在教学和科研工作中各有所长,有的教学和科研俱佳,还有一些人是某一方面特别突出,另外一方面则相对欠缺。从学校的整体要求来说,当然提倡教师教学和科研同步发展,但如何对待两方面发展不平衡的教师,在学校层面是不易解决的问题,而在院系的范围内,则提供了解决这一问题的最大可能性。由于在同一个院系内,专业的相似性大,可比性高,通过制定适当的换算办法和有效的管理措施,就可以实现教学水平高的教师以教学为主,科研为辅,科研水平高的教师以科研为主,教学为辅。这样,既克服了千人一面的职责标准带给教师的缺乏选择权的弊端,给教师提供了发挥专长的机会,又不影响学校整体目标的实现。

(4)各中层单位的考核标准更具针对性

高校同类人员虽然具有较多的共性,但其差异性也是不容忽视的。同样从事管理工作,在不同的部门,工作的特点就不一样;同样从事专业技术工作,在不同的院系就有不同的特点,既有文理科的差别,也有艺术类与非艺术类的差别等,当要求考核工作充分考虑考核对象的工作特点,使考核标准更符合实际情况时,各中层单位作为考核主体时为其提供了现实可能性,也只有中层单位才能制定出针对性相对较强的考核标准,有利于调动教职工的积极性,充分发挥考核的导向作用。

3. 中美高校专业技术人员考核程序比较

(1)国内高校目前通用的对专业技术人员的考核程序

河南省高校的考核程序,也是国内地方本科院校考核的基本程序。河南省人事厅统一下发的考核文件中,制定了统一的考核程序,各学校都是按照此文件规定,执行统一的程序。它分为五个步骤:

①个人总结:被考核者依据学校既定的岗位职责的要求,实事求是地写出个人总结,包括履行岗位职责情况,存在的问题和今后的努力方向等。

②述职和民主评议:被考核者向考核组面对面汇报,并接受考核组的检查,同时接受单位全体教职工的评议,常常是通过感性的民主测评的方式进行。

③综合评价和确定等次:由考核组根据核查的结果,参考民主测评的结果,给出最终考核结果,确定出等次。

④反馈:考核组将考核结果反馈给被考核者个人。

⑤总结:属于例行工作,学校考核小组将本单位年度考核情况总结后上报上级主管部门。

　　这一考核程序从形式上和逻辑上来看,是比较完整和严谨的,能够达到考核的目的。但从实际的考核效果来看,不同学校之间的差异很大,有的学校通过这一程序确实发挥了考核的督促作用,激励教师努力工作,不断完善自己;而有的学校则纯粹地将考核变成一个走过场的过程,使考核流于形式。根据笔者了解到的情况,造成这一差别的主要原因是考核组成员的构成问题。一般而言,无论是学校派往各院系的考核组,还是各院系自己组成的考核组,都必须是由学术专家组成的,即考核组成员必须是内行,这样他们在考核时才能对考核对象进行比较权威的、恰如其分的评价,既能判断其从事专业工作的学术价值,又能敏锐地发现存在的问题,并提出建设性的改进意见。但实际考核过程中,有的学校在组织考核组时,主要以行政人员为主,尤其是学校组织的考核组,对不同院系专业技术人员考核时,本来就存在学科上的差异,如果再由专业之外的行政人员来主持考核,除了核查论文的数量和对照论文发表期刊的级别外,对考核对象学术水平的综合判断和存在的问题及改进意见,就无从谈起了,考核过程只能流于形式,无法发挥考核的督促和提高的作用。

　　(2)美国大学的考核程序①

　　美国大学根据对教师考核的三方面内容,分别进行考核。

**教学评价——**

　　美国按照卡内基高等教育委员会提出的高校分类方案,把高校分为研究型大学、有博士学位授予权的大学以及综合性大学和学院。美国教育测试服务中心曾对这些大学和学院的系主任就教师的聘任、晋升以及薪水增加等方面采用的评价方法进行了调查,结果表明课堂教学、出版物质量、出版物数量和个人资历是评估教师的关键因素。但是这四个指标在三类学校中的重视程度各不相同。

　　评价教学质量的信息来源的重要程度排序如表6—6所示。

---

　　① 夏妍、张怀菊:《美国大学教师绩效评价研究》,《世界教育信息》2006年第9期。

表6—6　美国大学评价教师教学质量的信息来源重要度排序

| 信息来源途径 | 现行的排列次序 | | | |
|---|---|---|---|---|
| | 全部 | 研究型大学 | 有博士学位授予权的大学 | 综合性大学和学院 |
| 系主任评价 | 1 | 3 | 1 | 1 |
| 同行评价 | 2.5 | 1 | 3 | 2 |
| 系统的学生评价 | 2.5 | 2 | 2 | 4 |
| 委员会评价 | 4 | 4 | 4 | 3 |
| 学生的非正式意见 | 5 | 5 | 5 | 6 |
| 教务长评价 | 6 | 8 | 6 | 5 |
| 教学大纲和考试的内容 | 7 | 7 | 8 | 7 |
| 选修课的普及情况(选修人数) | 8 | 6 | 7 | 10 |
| 自我评估 | 9 | 10 | 9 | 8.5 |
| 教学改进活动(参加各种讨论会、参加在职培训等) | 10 | 11 | 11 | 8.5 |
| 学生考试成绩 | 11 | 9 | 12 | 11 |
| 同行专家听课后的评定 | 12 | 12 | 10 | 12 |
| 校友的意见或评价 | 13 | 13 | 13 | 14 |
| 学生情况的长期跟踪调查 | 14 | 14 | 14 | 13 |
| 课堂教学录像 | 15 | 15 | 15 | 15 |

从表6—6中可以看出,对教师教学效果的评价,最主要由同行专家和学生来进行,考核对象的自我鉴定则处于比较次要的地位。这是符合教学评价一般规律的。

①系主任评价

由于美国大学的系,是以单向或相近学科为基础的学术行政管理单位,①因此系主任既是权威的业务专家,也是权威的行政主管,他对管理范围内的教师的教学工作评价具有当然的权威性。系主任综合自

①　赵瑛瑛:《美国大学的系主任》,《瞭望》2007年第1期。

己的观察了解和从其他信息渠道得到的信息,对教师的教学情况作出书面评价。

②学生评价

学生作为教师教学的直接对象,是评价教师教学工作的权威主体之一。虽然学生作为受教育者还没有达到完全成熟的评价教师教学工作的主体,但他们对教学工作的直接感受却是衡量教学工作质量高低的重要依据。各学校采用不同形式的学生等级评价量表或检查表。最常用的有总括检查表、自助系统评价及以目标为基准的检查表。

③同行评价

同行评价无论在何种类型的大学都很重要,同行评价的主体一般是与被评价教师所教学科相关的资深教授,也可包括外校的资深教授。在评价教学时同行所用的评价方法主要有同行填表式评价、书面评价、匿名小组评价。

**科研评价——**

在美国高校教师的绩效评价中,科研评价与教学评价占有同等重要的地位。美国的研究型大学、有博士学位授予权的大学、综合性大学和学院在对科研和学术水平的指标评价排列次序是不同的,他们各有侧重点。具体见表6—7。

表6—7　美国大学评价科研工作的指标重要性排序

| 科研内容 | 现行的排列次序 | | | |
|---|---|---|---|---|
| | 全部 | 研究型大学 | 有博士学位授予权的大学 | 综合性大学和学院 |
| (1)出版物数目 | | | | |
| 在高层次刊物上发表的论文数 | 1 | 1 | 1 | 3 |
| 独著或作为主要作者出版书籍数 | 2 | 3 | 2 | 1 |
| 在所有专业刊物上发表的作品数 | 4 | 5 | 6.5 | 2 |
| 负责撰写书籍中的专门部分或章节数 | 6 | 7 | 5 | 7.5 |
| 作为次要作者或编者出版的书籍数 | 10 | 9 | 11 | 9 |
| 在专业会议上发表的论文数 | 11 | 11 | 13 | 7.5 |

| 科研内容 | 现行的排列次序 | | | |
|---|---|---|---|---|
| | 全部 | 研究型大学 | 有博士学位授予权的大学 | 综合性大学和学院 |
| 未出版的论文或报告数 | 14 | 15 | 4 | 14 |
| 在各种出版物中被引用的次数 | 15 | 13 | 15 | 15.5 |
| (2)学术研究和出版物的质量 | | | | |
| 本校同行评定 | 3 | 2 | 3 | 4 |
| 外校同行评定 | 7 | 4 | 9 | 12 |
| 系主任评定 | 8.5 | 8 | 8 | 10 |
| 教务长评定 | 13 | 14 | 14 | 13 |
| 自我评定 | 16 | 16 | 16 | 15.5 |
| (3)所获资助金额 | 8.5 | 10 | 10 | 6 |
| (4)担任专业刊物的审阅人或编辑 | 12 | 12 | 12 | 11 |
| (5)所获荣誉或奖励 | 5 | 6 | 6.5 | 5 |

　　表6—7是对134所学校系主任的调查中所列出的各高校科研和学术水平评价的16项指标的重要程度排序,其中比重最大的有三项,即在高层次刊物上发表的论文数、出版的书籍数(本人独著或主要作者)和经过同行专家评定的研究工作质量。本人著作被引用的次数、未公开发表的论文或报告数量和自我评定等项目则占次要地位。其他指标(如获得的研究课题资助或奖励)受重视的程度则不一致。由此可以看出,研究型大学倾向于更多地强调校内和校外同行专家的评价,综合大学和学院则不那么重视这种指标。在科研的16项评价指标中,美国高校对权重值较大的几项所用的主要评价方法是:①

　　①同行评价机制

　　同行评价是以一个学术共同体的存在为条件,共同体内的学者认

---

　　① 夏妍、张怀菊:《美国大学教师绩效评价研究》,《世界教育信息》2006年第9期。

同一些基本的学术价值和学术规范。美国学术界的同行评价至少包含这几个重要组成部分:外部评审人制度、匿名评审的专业杂志、研讨会(seminar)制度。

②成果计数法

即通过科研成果的数量来评价教师的绩效,它是一种常用的量化评价方法。这种方法在各种类型的高校都用,只是所占比重不同。在具体计算教师的绩效时,这种方法通常有两种形式:对出版物直接加总与使用加权法计算。

③引用分析法

它是一种相对的评价方法,其理论基础是文献被引用是以其质量为基础的,质量高的文章或研究成果被引用的次数就多,与成果计数法相比,它更为客观。虽然收集论文或作者的被引用次数有着难以想象的困难,但设在美国费城的科学信息研究所(ISI)专门从事这项工作,它们所提供的社会科学引文索引(SSCI)(1969 首次出版)、科学引文索引(SCI)(1961 首次出版)和文学与人类科学引文索引(AHCI)(1978 首次出版)被作为评价高校科研水平和质量的具体指标,一般认为进入该索引的论文数量是衡量一所大学科研水平的重要标志。

**社会服务评价——**

在美国,教师的绩效评价除了依据教学和科研外,社会服务也占有一定比重。社会服务也称社区服务,包括对校内非学术社团和政府机构的服务。对美国高校系主任进行调查的结果表明,只有 2% 的人认为评价教师时社会服务是一个重要的因素,而有 1/3 的人认为,它是一个次要的因素。不同的学校和系对社会服务的划分是不同的。哈伯曼和奎因把社会服务分为四个层次:第一层次的活动至少要持续一个学年,主要指范围广泛的咨询服务,或拟定一项重要的方案,或协调一个重要的科研项目;第二层次的活动可略短于一年,如帮助组织研讨会或科研项目的管理;第三层次是对某个机构承担二三个月的连续服务;第四层次指一次性活动,只要求几天的准备时间,例如作一次公开演讲或领导一次讨论。这些层次的划分只适用于部分高校,每个高校也会制定自己认定的社会服务内容。

美国大学对教师社会服务评价的一般程序是,要求每位教师列出社会服务的详细情况,在报告有关目标、有形成果、所用时间以及所获报酬的说明时,应附有建议、报告、文章及其他证明性文件,这样可以确保其真实性。其中无学分课程(如继续教育课程)、专题讨论会、学术研讨会等可根据它们所吸引的参加人数,以及学生对课程内容和教师教学效果的评价来作出判断。其他类型的服务可通过有关的团体或公司来评价,也可以通过对推广或扩大服务而提供的目标达成的程度来评估社会服务活动。

笔者在美国宾夕法尼亚大学学习考察期间,特别留意了解大学教师的社会服务情况,一个比较突出的事例就是大学教授为留学生进行义务讲座情况,免费义务给留学生介绍美国的文化、生活习惯、日常行为规范等。

(3)中美高校对专业技术人员考核程序差异分析

美国高校对教师的系统考核,经历了一个比较长的历史时期,几乎伴随着大学的产生而产生,到目前已经日臻完善,无论是对教师业务的任何一方面进行考核,都有一套规范而有效的考核程序,可以完全达到考核的目的。反观国内高校,真正对高校教师进行卓有成效的考核,则是从人事分配制度改革开始的,即从20世纪末开始的。地方本科院校对教师进行系统的考核,开始得更晚一些,因此,客观上决定了国内高校对专业技术人员的考核还有一段较长的探索路程。

对照美国大学对教师工作的考核程序,从河南省地方本科院校来说,有许多值得反思的地方,可主要归纳为以下三个方面:

第一,教学和科研的平衡度把握得不好,畸轻畸重。河南省地方本科院校基本上分为两类:一类是有硕士点和博士点的学校,另一类没有硕士点和博士点的学校。因此,对教师教学和科研的把握上也分为两种截然不同的情形:前者重科研轻教学,后者重教学轻科研。轻教学可以轻视到不用规定岗位的教学工作量,如河南师范大学第一个聘期的相关规定;轻科研可以轻视到没有科研工作量的规定,如许多刚刚专升本的学校。这种对教学和科研平衡度把握上的失衡,不利于一个本科院校的正常发展。这方面应该借鉴美国高校的做法,当学校的定位明确后,对教师教学和科研的要求也要随之明确下来,考核要按照要求进行,这样才能保证学校定位的落实。

第二,工作内容规定的多,考核的少。考核内容规定了德、能、勤、绩四个方面,每一方面又包括若干细节,但实际考核中,则只是考核了绩的方面,其他方面在考核时基本上没有涉及。这种情况说明了要么岗位职责内容规定的不合适,要么考核上存在问题,但无论哪一种情况,岗位职责与考核的脱节,都会造成管理上的形式主义。

第三,考核过程中实的不少,虚的也不少。所谓虚,指的是考核不到位。如关于教学工作的考核,学校也重视学生评教,甚至在网络上无记名进行,但得到的主要是对教师教学效果的优良率,至于存在的具体问题是什么,则既没有从学生评教中得到信息,也没有从专家评教中得到信息,更没有人通过书面意见反馈给当事人,造成的直接后果就是今年教学中存在的问题,到明年仍然是这些问题,考核的督促作用根本无法体现。类似的问题也出现在对科研的考核中,由于多数学校的考核主体不是内行,所以对考核中存在的问题,根本不能提出改进建议,只能靠当事人的悟性和自我总结。所有这些考核中不该出现的"虚"的东西,都在弱化考核的督促和激励作用,是应该尽力避免的。

### 三、建立考核结果的反馈机制

从系统论的观点看,开放的系统更具有活力,而要做到系统的开放,就必须使系统与环境有信息的交流,在信息的交流过程中考察系统的功能,不断对组成系统的各要素进行调整,确保系统功能的最大化,即开放的系统必须建立有效的反馈机制。对考核系统来说,就是要充分考虑各种因素对系统的影响,密切关注实际考核效果同预期考核效果的差异,不断对系统进行调整,使这种差异趋于最小化。

衡量考核系统修正与否的重要参数是考核的结果,理想的考核结果应该是最大限度地发挥考核的督促和激励作用,形成推动学校发展的强大合力,即各类人员在考核结果上具有平衡性,大多数人员的考核结果在"合格"的等次之上,考核结果对考核对象的促进作用明显等。具体地说,考核反馈机制的建立要着重处理好以下三个方面的问题。

1. 党政管理人员与专业技术人员在考核结果上的平衡问题

这是高校考核工作中一个十分敏感的问题。由于这两类人员的工作性质和特点各不相同,考核的方式也必然不相同。根据笔者掌握的材料,许多学校在改革之初的文件讨论过程中,在对上述两类人员的考核中普遍存在着种种误解和担心:专业技术人员认为党政管理人员的岗位职责容易完成,除非违反党纪和政纪,绝大多数的考核结果是旱涝保收,而自己完成岗位职责的难度比较大,考核结果不理想的风险性也比较大,甚至有些业务教师认为,改革方案是行政人员主导制定的,肯定会有利于行政人员而不利于专业技术人员;党政管理人员认为专业技术人员自己可支配的时间比较多,自由度比较大,完成岗位职责后考核结果很明确,而自己受严格的办公时间约束,常年接受服务对象的评价和监督,得到理想的考核结果有相当的难度。因此,如何在考核标准问题上确保这两类人员的平衡,是一个关系改革能否顺利进行的大问题。

河南师范大学在改革中为了保证上述两个系列人员考核结果的基本平衡问题,采取了极为谨慎的做法,参考专业技术人员的合格标准,学校对机关人员"合格"底线的界定进行了反复的论证。由于党政管理人员的考核结果最终是以量化的"满意率"方式体现出来的,所以确定"合格"标准的最低满意率至关重要,这个标准最后确定为75%。为了慎重期间,学校把这个标准作为试行标准,允许一年后重新进行修订。实践证明,这一标准是恰当的,在第一年的考核中,党政管理人员中有6名正处级干部的满意率没有达到标准,占8.1%,教授中有11人没有通过年度考核,占9.2%,基本上保持了平衡。

2. 及时根据考核结果调整岗位职责标准的难易程度

改革的目的之一是充分挖掘教职工的工作潜力,体现在岗位职责的标准上,就是大多数人经过努力是可以达到的。由于改革前制定的标准没有经过实践的检验,带有一定的主观成分,因此必须根据实践的结果进行调整。当然,当所有人都能很顺利的达到岗位职责的标准时,这意味着标准有点偏低,反之,当超过五分之一的教职工经过努力也完不成岗位职责时,就意味着标准有点偏高,这两种情况下都需要进行标准调整。因此,比较适当的岗位职责标准应该是群众性和挑战性的有机统一,只能根据考核结果的反馈信息不断进行调整。

河南师范大学在改革中对第一个聘期的实践进行了认真的总结,针对绝大多数教师科研水平整体提高的实际,在第二个聘期中很自然地将岗位职责中的科研工作量标准做了小幅度提高,运行情况表明提高的幅度是适度的,是改革不断深化的必然结果。

3. 建立多种适合高校特点的考核结果反馈渠道

考核的督促和保障作用发挥的强弱,与考核结果的运用有关。一般而言,考核结果直接与教职工的物质利益与精神利益联系在一起,对高校教职工来说,他们更看重的是精神利益,因为它与自身价值的实现联系在一起,把声誉放在非常重要的地位,对考核结果十分敏感。因此,要充分考虑知识分子的特点,建立多种适合高校特点的考核结果反馈渠道。被考核实践证明,行之有效的反馈方式是以正面表彰考核结果优良人员为主,以个别谈话鞭策、鼓励少数未完成岗位职责人员为辅。河南师范大学在这方面进行了有益的探索,用书面形式及时反馈考核结果,坚持考核结果的反馈分类处理,完成得特别好的,公开肯定;没有完成的尤其是没有完成年度任务的,只通知到本人。属于单位主要负责人的,则由主管校领导进行谈话,了解原因,指出不足;而对由于自身原因造成重大工作失误导致的考核不合格干部,则由学校组织部门进行诫勉谈话,明确提出整改要求。这些分类处理的反馈方式,收到了明显的效果,它充分考虑到了知识分子的强烈自尊心和进取心的特点。通过这种方式得知考核结果不理想的人员,在以后的年度考核和聘期考核中,几乎再没有出现不合格现象。随之而来的是,管理部门的管理水平和服务质量逐年提高,学校的教学和科研水平也是一年上一个新台阶。

# 第七章　地方本科院校分配制度改革研究

这次自20世纪90年代末始于北京大学和清华大学的高校人事分配制度改革,概言之,就是花钱买机制。所谓花钱,就是学校在国家工资之外,另外投入一定的资金作为教职工的岗位津贴;所谓买机制,就是学校新投入的资金,将按照新的管理机制运行,即新资金的分配与工资的分配不一样,不是按照教职工的身份进行分配,而是按其履行岗位职责的情况进行分配,也就是将岗位津贴与教职工的劳动及其对学校的贡献联系起来,以充分体现多劳多得、优劳优酬的分配原则,彻底改变身份管理下分配中的平均主义"大锅饭"现象。

由于这次高校人事分配制度改革中各学校投入的资金数额比较大,人均数额超过教职工平均工资的70%,个别学校甚至与工资的数额达到1∶1的比例,所以对调动教职工的工作积极性发挥的激励作用就比较大,全体教职工的关注度相应也比较高。如何用一种全新的方式来分配这部分新投入的资金,以达到预期的激励效果,而不致产生新的矛盾和不和谐现象,是改革方案的制定者必须认真思考的问题。

毫无疑问,新投入的资金主要是按照教职工的工作效率来分配的,但这种分配是否还应该考虑公平呢? 如果考虑公平的话,如何确定效率与公平之间的平衡点? 党的十七大报告中有关分配问题的阐述中专门提到了公平问题,提出"合理的收入分配制度是社会公平的重要体现。要坚持和完善按劳分配为主体、多种分配方式并存的分配制度,健全劳动、资本、技术、管理等生产要素按贡献参与分配的制度,初次分配和再分配都要处理好效率和公平的关系,再分配更加注重公平。"这些阐述对指导新投入资金的分配有什么现实指导意义？这是正确进行分配制度改革所无法回避的问题，必须从理论上和实践上给出答案。

## 第一节　分配制度改革原则研究

在高等学校人事分配制度改革过程中，关于分配制度的改革有一个通用的基本原则，即效率优先，兼顾公平。无论是教育部[1999]16号文件，还是人事部与教育部联合下发的[2000]59号文件，都要求贯彻这样一个原则。各高校也都普遍地把这个原则落实到本单位的分配制度改革中。

这次高校人事分配制度改革的主旨在于：彻底终结计划经济体制下分配制度实行身份管理的平均主义大锅饭模式。为此而明确提出"效率优先、兼顾公平"的分配原则是有其历史的必然性与合理性的。改革前的高校身份管理模式下，教职工的身份与其待遇天然地联系在一起，干多干少一个样，干好干差也是一个样，工作的开展及其效率的高低仅仅凭借教职工自身的觉悟和素质。这种分配制度的不公平，在一定程度上挫伤了教职工的工作积极性，大多数教职工对此分配政策不满意，学校领导层对此也不满意。基于此，改革中提出的"效率优先，兼顾公平"的原则得到了广大教职工与领导层的一致拥护，这可以说是一种必然的群体反应。

"效率优先，兼顾公平"作为分配原则可以用定性的语言来表述，但将这一原则的精神具体渗透到改革方案的制定过程中，就不能仅仅停留在定性表述的层面上，而必须要有实质的量的考虑了。因此，改革方案的制定者在将这一分配原则落实到改革方案之前，必须从理论上准确把握与此分配原则相关的几个重要概念之内涵，譬如，公平、公平感、效率、效率优先、兼顾公平，与此同时还要准确把握它们之间的相互关系。

### 一、公平与效率的含义及关系

1. 公平：我国1989年版的《辞海》对公平的解释是："人们从既定概念出发对某种现象的评价。亦指一种被认为是应有的社会状况。反映社会生活中人们的权利和义务、作用和地位、行为和报应之间的某种相适应的关系。公平观念和标准受社会历史条件的制约，具有时代性和阶级性。"

此处的关键词是"应有的社会状况"，因此公平与历史的发展阶段相联系，在计划经济体制下，人们觉得待遇与身份联系在一起，是一种"应有的社会状况"，觉得是公平的；在市场经济体制下，人们将待遇与劳动和贡献联系在一起，认为是一种"应有的社会状况"，觉得是公平的。这说明在不同的历史条件下，公平的内涵也是不同的。

2. 公平感：这是一个心理学名词，指个体对公平的心理感觉或心理体验。心理学家把公平感通过一个公式表示出来，认为人们在衡量公平程度时，经常用个人的收获与个人的付出进行比较，如果自己的比值与他欲比较的个体的比值相等时，他就会觉得公平；反之，如果觉得自己的比值与比较个体的比值不相等时，就会觉得不公平，比值小的一方没有得到自己应该得到的东西。

以上可见，公平感是一种个体的主观感受，不存在绝对的标准，随历史条件的变化而变化，同时它与个体实际得到的东西多少无关，只与同其他人得到的东西进行比较时才有意义。传统的公平感概念是"不患寡而患不均"，无论得到的东西多少，只要个人得到的与其他人得到的一样多就有公平感，反之就没有公平感；现代的公平感概念是，自己的收获与付出之比值，与相同环境下他人的收获与付出的比值相等或接近时，就感觉到是公平的。

3. 效率：我国1989年版《辞海》对效率的解释有两种含义，一是指消耗的劳动量与所获得的劳动效果的比率；二是指一种机械在工作时输出能量与输入能量的比值。这本来是一个物理学名词，后来被借用到经济学领域，经济学的效率有三方面含义：一是生产效率，指生产过程中产出和投入的比值;二是资源配置效率,指资源的产出和投入之间的比值;三是 X 效率,即比较效率,指在一定条件下的经济活动中,实际投入产生的实际产出与理论上应该产生的产出之间的比值。

人事分配制度改革中的效率,显然是从效率的机械含义借用来的,它把职工的工作业绩作为输出能量,把职工得到的岗位津贴作为输入能量,输出能量与输入能量的比值就是效率,比值越大效率越高,比值越小,效率越低。

4. 公平与效率的关系:从前面对两个词语的含义分析可以看出,公平和效率不是一个范畴内的概念,前者是伦理学中概念,后者是经济学中的概念,从逻辑学上无法对二者进行比较。但现在把二者同时用做分配原则中两个核心概念,而且带有互相矛盾的意味,说明两者的含义又有了变化,显然是与身份管理体制下的分配模式和岗位管理体制下的分配模式联系在一起了,根据这一结论,公平与效率的特定含义应该是:

分配中的公平模式:相同身份的人应该得到相同的待遇。这样一种理解应该是准确的,因为在计划经济体制下的分配模式,也不是人人均而等之,而是相同身份的人享受相同的待遇,不同身份之间享受不同的待遇,这已经被大家从心里面所接受和认可。如果把公平理解为根据人的天然属性确定享受待遇的标准,则是一种歧义的理解,不符合实际。因为从新中国成立到现在的大学教职工分配中,从来没有实行过按人头进行分配的模式,都是按身份进行分配的,最典型的表现就是大学教师中不同职称的人员,工资标准是不同的,但相同职称人员的工资标准则是相同的。

分配中的效率模式:相同身份的人除了得到基本的相同待遇外,额外付出的部分也应该得到额外的待遇。这似乎与计划经济体制下的分配原则不矛盾,因为社会主义的分配原则就是按劳分配,多劳多得,不劳不得,体现的就是效率模式。的确如此,但实际上在计划经济体制下高校的分配中从来就没有体现过这一原则,一直实行的倒是全部根据身份确定待遇标准的做法,尤其是作为职工主要经济收入的工资,从

1952 年到 2005 年的三次工资制度改革中,体现的都是身份工资,只是 2006 年的第四次工资改革,才第一次引入岗位工资和绩效工资的概念,第一次提出"岗变薪变"的观点,第一次提出按工作绩效分配工资的观点。所以现在改革中提出来的效率模式,实际上是一种社会主义分配原则在高校分配中的回归和深化。

确定了两种分配模式的内涵之后,有必要分析两种模式的关系,即这两种模式是对立的,还是统一的,亦或是对立统一的。根据前面的分析,我们可以把二者的关系概括为两个方面:

第一,公平和效率在指导分配过程中的对立统一性。如果说两者是对立的,即采用了一种模式后,就必须放弃另一种模式,换言之,如果强调了公平,就会降低效率,或者说追求了效率就会放弃公平,二者只能选其一,是一种"鱼与熊掌不可兼得"的关系,这显然是不符合实际的,因为在改革的各种文件中从来没有将二者对立起来的规定,分配实践中也不可能出现二者对立的情况。

如果说两者是统一的,即公平是追求效率的公平,效率是讲究公平的效率,理论上是完全可能的,这是一种最理想的状况,但也仅仅只是一种理想状况,实践上是很难做到的,所以改革文件中没有把它作为追求的目标。

最后一种可能的关系是,二者是一种对立统一关系,公平与效率既有统一的一面,又存在矛盾和冲突的一面,在实践中可根据实现目标的不同,调整二者的关系。这是二者实际存在的关系,也是这次改革中要处理好的关系之一。

第二,公平的相对性和效率的绝对性。公平永远是相对的,任何时候都没有绝对的公平。在计划经济体制下的分配中,所谓公平也是在身份相同情况下才可以享受到相同的分配标准,对身份上存在差异的人员,就会有不同的分配结果,因此对不同身份的人员来说,不相同身份的人员享受相同的待遇就是一种不公平;即使相同身份的人员享受到相同的待遇后,不同的生活负担(如家庭中无劳动能力人口的数量差别),造成了不同的生活水平的差异,从这一结果来看,享受相同待遇的人员对生活负担重的人员也是一种不公平。另外一方面,效率则是绝对的,是指人们对效率的追求是绝对的,永不停止的。因为社会的发展和进步是永恒的,在这一过程中,资源的有限性与需求的无限性的矛盾将是永存的,要想实现高水平上的社会公平,必须以实现高效率为前提,从科学发展观的角度看,就是要用最小的资源消耗量,实现最大的收益产出量,通过提高效率来实现社会的长期稳定发展,因此,只要人们追求社会进步的思想不停止,对效率的追求就不会停止。

5. 效率优先、兼顾公平作为分配原则时的含义:根据公平与效率的关系,在分配中坚持效率优先,兼顾公平原则,就是指在不能实现理想的"高效率基础上的高公平"的分配模式时,退而求其次,把效率放在第一位,同时考虑到公平,走"效率—公平—更高效率—更高基础上的公平……"的分配模式之路。

将这一模式运用到高校人事分配制度改革方案中,就是要首先依据教职工完成的工作量进行分配,尤其是教学工作量和科研工作量,而不是首先考虑教职工的身份,这是分配中必须坚持的首要原则,是激励教职工工作积极性和创造性的最有力杠杆,只有这样才能把多劳多得、优劳优酬的分配原则落到实处。在这一大前提下,适当考虑身份因素,主要是考虑老职工对学校发展的历史贡献,因为无论是专业技术职务还是党政管理职务,一般来说,较高职务的人员比较低职务的人员有更长的工龄,对学校发展作出的历史贡献也大,适当在分配中考虑这一因素,也是一种公平的体现。

制订方案面临的现实问题是:对效率强调到什么程度? 对公平又兼顾到什么程度? 这就涉及理论的实际应用问题。

## 二、效率与公平的平衡点

如果按照前面对公平和效率含义的界定,那么从促使高等教育快速发展的角度来看,分配中效率越高越好,公平越低越好,这样可以最大限度地发挥分配杠杆,充分调动教职工的工作积极性和创造性。这当然是一种非常理想的模式,但它在实践中是行不通的,因为它忽视了改革是一个渐进的过程,忽视了群众对改革力度有一个逐步适应的过程,忽视了改革必须有群众基础的特点。因此,要使一个好的改革方案能够顺利实施,必须能够照顾到各个不同群体的利益要求,对于习惯了身份管理模式下的所谓"公平"分配模式,要向打破身份界限、实行"效率"分配模式的过渡,无论是员工心理上还是行动上,都有一个适应和转变的过程,随着大家的逐步适应,效率的力度可以逐步加大,公平的成分可以逐步减少,最终完全过渡到新的公平层次上的效率分配模式。

1. 确定平衡点时需要考虑的因素

①国家工资部分体现的同系列人员级差

因为最能体现国家分配政策导向的是国家工资部分,教职工的习惯思维中对工资中体现的标准及差别,是无条件接受的,所以校内改革中涉及分配部分的标准,可以重点参考工资的结构。

目前最新的工资标准是国家 2006 年通过的工资改革方案,在这一次的工资标准设计上,开始一改前三次工资体系完全按身份设计的模式,引入了岗位管理的理念,把工资分为薪级工资、岗位工资和绩效工资三部分,其中的薪级工资主要是考虑个人的年资设计的,其余两部分则是根据所在岗位和完成岗位职责的情况设计的,说明两者的关系并不是对立的关系,而是一种可以同时并存的分配模式,改革的方向是减少公平部分的比例,增大效率部分的比例。

表 7—1　　河南省事业单位中专业技术岗位 2007 年工资标准比较

| 岗位 | 岗位工资 | 最低薪级工资 | 合计 | 与 12 级标准之比 | 备注 |
|---|---|---|---|---|---|
| 2 级 | 1900 | 555 | 2455 | 3.43 | |
| 3 级 | 1630 | 555 | 2185 | 3.06 | |
| 4 级 | 1420 | 555 | 1975 | 2.76 | 教授的最低标准 |
| 5 级 | 1180 | 317 | 1497 | 2.09 | |

续表

| 岗位 | 岗位工资 | 最低薪级工资 | 合计 | 与12级标准之比 | 备注 |
|---|---|---|---|---|---|
| 6级 | 1040 | 317 | 1357 | 1.90 | |
| 7级 | 930 | 317 | 1247 | 1.74 | 副教授的最低标准 |
| 8级 | 780 | 181 | 961 | 1.34 | |
| 9级 | 730 | 181 | 911 | 1.27 | |
| 10级 | 680 | 181 | 861 | 1.20 | 讲师的最低标准 |
| 11级 | 620 | 125 | 745 | 1.04 | |
| 12级 | 590 | 125 | 715 | 1.00 | 助教的最低标准 |
| 13级 | 550 | 80 | 630 | 0.88 | 见习人员标准 |
| 教授、副教授、讲师、助教最低工资标准之比＝2.76∶1.74∶1.20∶1 | | | | | |

从表7—1可以看出,在专业技术岗位比较规范的教授、副教授、讲师和助教四个层级中,如果说助教的工资标准是1,则讲师是1.20,副教授是1.74,教授是2.76。这一比例关系是高校教职工可以从心理上认可并接受的。

在此之前,国家工资标准基本上完全考虑身份因素制定的,其差别力度明显比改革后的要小。

表7—2  2006年前河南省事业单位中专业技术岗位工资标准比较

| 岗位 | 职务工资 | 津贴 | 合计 | 与助教标准比例 |
|---|---|---|---|---|
| 教授 | 880 | 377 | 1257 | 2.24 |
| 副教授 | 643 | 276 | 919 | 1.64 |
| 讲师 | 481 | 206 | 687 | 1.23 |
| 助教 | 392 | 168 | 560 | 1.00 |

但在高校制定岗位津贴的标准系列上,差别力度明显高于国家工资标准的差别度。

表7—3　河南省代表院校岗位津贴标准比较（取每档最低档次）

（单位：万元/年）

| 学校 | 教授 | 副教授 | 讲师 | 助教 | 与助教津贴比例 |
|---|---|---|---|---|---|
| 河南师范大学① | 1.7 | 1.1 | 0.8 | 0.5 | 3.4 : 2.2 : 1.6 : 1 |
| 郑州大学② | 1.2 | 0.8 | 0.5 | 0.3 | 4.0 : 2.7 : 1.7 : 1 |
| 河南大学③ | 1.6 | 1.1 | 0.8 | 0.5 | 3.2 : 2.2 : 1.6 : 1 |
| 河南科技大学④ | 2.1 | 1.3 | 0.7 | 0.4 | 5.3 : 3.3 : 1.8 : 1 |
| 河南理工大学⑤ | 2.98 | 2.17 | 1.44 | 1.0 | 3.0 : 2.2 : 1.4 : 1 |

　　河南省高校校内岗位津贴的标准差额力度，与国内部属院校岗位津贴的标准差额力度相比，基本上是相同的。

表7—4　两个部属院校岗位津贴标准比较

| 学校 | 教授 | 副教授 | 讲师 | 助教 | 与助教津贴比例 |
|---|---|---|---|---|---|
| 中国人民大学⑥ | 2.2 | 1.3 | 0.8 | 0.65 | 3.4 : 2.0 : 1.2 : 1.0 |
| 陕西师范大学⑦ | 2.01 | 1.5 | 0.9 | 0.5 | 4.0 : 3.0 : 1.8 : 1.0 |

　　从上述比较中可以看出，几乎所有实行人事分配制度改革的高校，其校内岗位津贴的激励力度都高于国家工资标准的差别力度，说明在高校管理层中，普遍认为国家工资标准中大锅饭的痕迹还比较浓，还不足以体现效率优先、兼顾公平的分配原则，所以普遍加大了岗位级差。

　　②国家工资体现的不同系列人员的级差

---

　　① 河南师范大学校党字［2002］5 号文件。
　　② 郑州大学校人事［2001］37 号文件。
　　③ 河南大学校党字［2001］44 号文件。
　　④ 河南科技大学人［2003］11 号文件。
　　⑤ 河南理工大学校党文［2007］24 号文件。
　　⑥ 《中国人民大学岗位业绩酬金实施意见》，2000 年 11 月 8 日党委常委会通过。
　　⑦ 《陕西师范大学人事分配制度改革实施意见》，2001 年 4 月 29 日党委常委会通过。

　　与岗位津贴标准相联系的另外一个困扰高校多年的问题是,党政管理岗位与专业技术岗位的对应关系如何确定?

　　这方面最基准的对应关系是正处级、副处级与教授和副教授的对应关系。通常有两种模式,一是将正处级与教授相对应,副处级与副教授相对应,二是将正处级定位于低于教授但高于副教授,副处级略低于副教授。前者考虑问题的出发点是正处级在管理工作中的作用与教授在专业技术工作中的作用是相同的,后者考虑问题的出发点是参考国家工资标准和其他国家政策中的与身份有关的规定(如财务报销中规定的各类人员坐软卧的级别标准、住房政策中国家规定的各类人员的住房标准等)。无论是何种情况,讨论改革方案时这个问题常常是热点问题之一,要么是专业技术人员有意见,要么是党政管理人员有意见,最后往往是根据本校历史上处理这两类人员问题的做法(如福利分配住房时各类人员的计分标准)做出选择。

表7—5　两个系列现行国家工资标准的比较　（单位:元/年）

| 专业技术岗位 | 标准 | 党政管理岗位 | 标准 | 专业岗位:管理岗位 |
|---|---|---|---|---|
| 教授 | 23700 | 正处级 | 17856 | 1.33 |
| 副教授 | 14964 | 副处级 | 14292 | 1.05 |
| 讲师 | 10332 | 正科级 | 11436 | 0.90 |
| 助教 | 8580 | 副科级 | 9660 | 0.89 |

表7—6　两个系列岗位津贴标准的比较　（单位:万元/年）

| 学校 | 专业岗位 | 标准 | 管理岗位 | 标准 | 专业岗位:管理岗位 |
|---|---|---|---|---|---|
| 河南师范大学 | 教授 | 1.7 | 正处级 | 1.6 | 1.06 |
| | 副教授 | 1.1 | 副处级 | 1.1 | 1.00 |
| 郑州大学 | 教授 | 1.21 | 正处级 | 1.0 | 1.21 |
| | 副教授 | 0.81 | 副处级 | 0.7 | 1.16 |
| 河南大学 | 教授 | 1.6 | 正处级 | 1.6 | 1.00 |
| | 副教授 | 1.1 | 副处级 | 1.1 | 1.00 |

| 学校 | 专业岗位 | 标准 | 管理岗位 | 标准 | 专业岗位：管理岗位 |
|------|---------|------|---------|------|------------------|
| 河南科技大学 | 教授 | 2.1 | 正处级 | 1.8 | 1.17 |
| | 副教授 | 1.3 | 副处级 | 1.2 | 1.08 |
| 河南理工大学 | 教授 | 2.98 | 正处级 | 2.85 | 1.05 |
| | 副教授 | 2.17 | 副处级 | 2.14 | 1.01 |

　　说明教授与正处级、副教授与副处级相比较,二者的校内岗位津贴之比基本上持平,前者只是略高于后者,这是河南省高校中普遍采用的两个系列收入比较标准。

　　③高等教育比较发达国家的高校教师收入差别

　　在高等教育比较发达的美国,高校中专业技术岗位的收入差别则是处于一个比较高水平上的差别度不大的状态。以旧金山城市大学为例,其各专业技术岗位的收入情况如表7—7所示。

表7—7　美国旧金山城市大学1999—2000年教师工资情况表①

（单位:美元）

| 职务 | 等级 | 升级（年） | 1999/10/01 | | 2000/10/01 | |
|------|------|-----------|------|------|------|------|
| | | | 年 | 月 | 年 | 月 |
| 助教 | — | — | 38500 | 3208 | 39700 | 3308 |
| 讲师 | 1 | 2 | 44300 | 3691 | 46100 | 3841 |
| | 2 | 2 | 46800 | 3900 | 48700 | 4058 |
| | 3 | 2 | 49400 | 4116 | 51400 | 4283 |
| | 4 | 2 | 52200 | 4350 | 54300 | 4525 |
| | 5 | 2 | 55100 | 4591 | 57000 | 4750 |
| | 6 | 2 | 58100 | 4841 | 59800 | 4983 |

---

　　①　《辽宁省教育厅赴美高校人力资源配置与管理培训考察团美国高校人力资源配置及管理模式培训考察报告》,《辽宁教育研究》2001年第8期。

续表

| 职务 | 等级 | 升级（年） | 1999/10/01 | | 2000/10/01 | |
|---|---|---|---|---|---|---|
| | | | 年 | 月 | 年 | 月 |
| 副教授 | 1 | 2 | 55200 | 4600 | 57100 | 4758 |
| | 2 | 2 | 58200 | 4850 | 59900 | 4991 |
| | 3 | 2 | 61500 | 5125 | 63200 | 5266 |
| | 4 | 3 | 65300 | 5441 | 67100 | 5591 |
| | 5 | 3 | 70200 | 5850 | 72200 | 6016 |
| 教授 | 1 | 3 | 65400 | 5450 | 67200 | 5600 |
| | 2 | 3 | 70300 | 5858 | 72300 | 6025 |
| | 3 | 3 | 76100 | 6341 | 78200 | 6516 |
| | 4 | 3 | 82600 | 6883 | 84900 | 7075 |
| | 5 | — | 89600 | 7466 | 92100 | 7675 |
| | 6 | — | 97200 | 8100 | 99900 | 8325 |
| | 7 | — | 105600 | 8800 | 108600 | 9050 |
| | 8 | — | 114300 | 9525 | 117500 | 9791 |
| | 9 | — | 124200 | 10350 | 127700 | 10641 |

2. 对河南省代表院校各岗位总收入级差的评价

按照确定岗位津贴的公平—效率平衡度的主要因素，评价河南省地方本科院校岗位津贴的公平—效率平衡度，可以得出的结论是：

（1）与各岗位之间的国家工资级差相比，总体上效率度低于公平度。

从图7—1中可以看出，曲线的斜率代表级差度的高低，即斜率越大，效率度越高，斜率越小，效率度越低。以此进行判断，除河南理工大学的效率度高于各岗位国家工资级差的效率度之外，其他高校的岗位津贴的效率度均低于各岗位国家工资级差的效率度。

由于各高校的岗位津贴标准多是2006年之前制定的，与当时的各岗位国家工资级差相比，效率度是比较高的，而2006年第四次工资改革强调岗位工资和绩效工资后，效率度明显提高，使得原来效率度比较

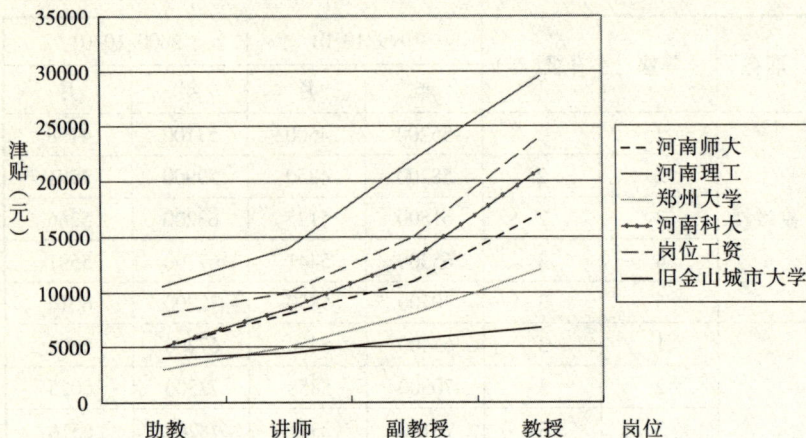

**图7—1　河南省代表院校岗位津贴级差曲线与
工资部分中岗位工资级差曲线比较图**

高的岗位津贴也相形见绌。

（2）与部属院校的岗位津贴级差相比，总体上效率度较低。

见图7—2。

（3）与国内其他地方本科院校的岗位津贴级差相比，总体上效率
度也比较低。

（4）与美国旧金山城市大学的各岗位收入级差相比，总体上效率
度较高。

从图7—4中可以看出，美国大学各岗位收入之间的级差度比较
小，即效率度比较低，但是各岗位收入的基数比较大，说明美国大学各
岗位之间的收入级差是在较高公平层次上的效率优先。

［结论］：河南省地方本科院校岗位津贴之间的级差显示，其效率
度是比较合适的。整体上既略低于国家工资的效率度，也略低于部属
院校和其他省市地方本科院校岗位津贴的效率度，如果从保持全国范
围高校之间的平衡来说，还略有提高的余地。但是随着高校职工整体
收入水平的提高，岗位津贴体现的效率度应该逐步降低，而公平度则需
要逐步提高，这是保持整个社会公平和稳定所必然要求的。

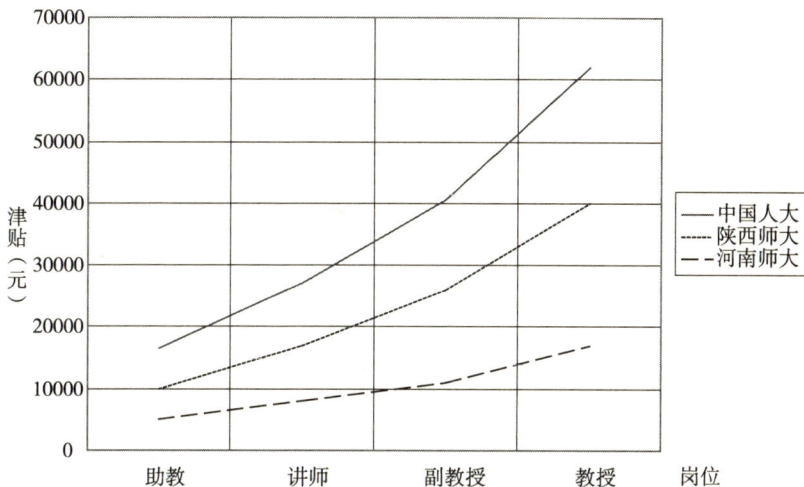

**图7—2　河南师范大学与中国人民大学和陕西师范
大学岗位津贴效率度比较**

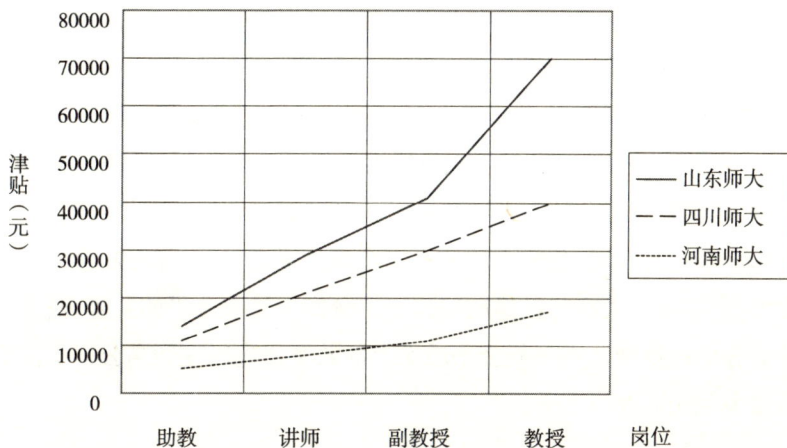

**图7—3　河南师大与四川师大、山东师大津贴级差效率度比较**

　　国内高校从部属院校到地方本科院校岗位津贴的效率度明显高于美国高校各岗位收入级差的效率度,说明这样一个问题:国外高等教育比较发达的国家,在高校职工的收入分配上已经处于一种高公平基础

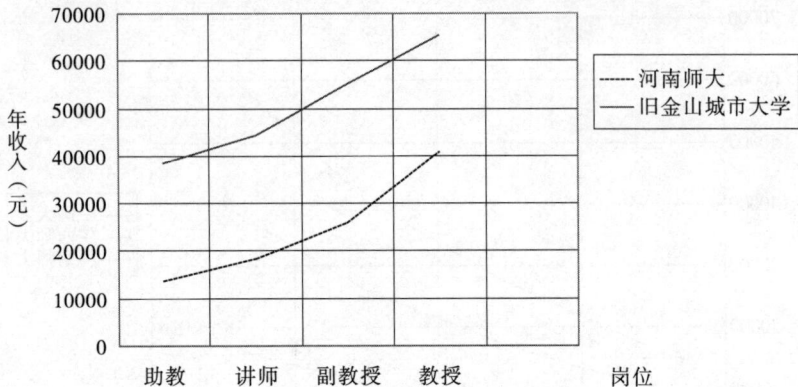

图7—4　河南师大与旧金山城市大学岗位收入级差效率度比较

上的效率优先,而我国的高等教育在经历过一个分配上的漫长的低公平层次上的低效率阶段之后,突然发现效率带来发展方面的巨大好处,于是就几乎是必然的带着一种矫枉过正的心态将效率强调到一种尽可能高的程度,学校制定政策时不是互相比公平度的高低,而是比效率度的高低,哪一个学校也不敢轻易强调公平,生怕被评价为思想保守、观念落后、改革意识不强,这与我们国家改革开放之初发展经济时提出的"让一部分人先富起来"、"优先发展沿海地区和东部"的经济政策如出一辙,这也是处理分配中公平与效率关系的必经阶段。可以预料,随着改革带来的大发展,分配中的公平度会逐步提高,这是和谐社会的必然要求,党的十七大报告已经明确提出了分配中注重公平的要求,高等学校的分配政策会从现在低公平层次上的效率优先转变为高公平层次上的效率优先。

# 第二节　分配制度模式研究

这次高校人事分配制度改革的模式目标就是由身份管理转变为岗位管理,在改革的初期,这种岗位管理模式的优越性非常明显,与身份管理模式相比,它通过改变以身份为标准进行分配为以劳动和贡献为标准进行分配,极大提高了教职工的工作积极性,学校的用人效益明显提高,教学水平和科研水平也同步提高。但是,随着改革的不断深化,岗位管理中存在的不完善因素也逐步显现出来,已经到了需要引起重视并加以改进的时候,不少高校开始在岗位管理的基础上寻找新的管理模式,并且取得初步的成效。

### 一、岗位管理相对身份管理的巨大优势

高校作为事业单位,在计划经济体制下,一直采用身份管理的方法,套用的是干部人事管理制度。身份管理是以"人"为中心的分类管理方法,它关注的焦点在于建立、维护和发展特定的员工管理体系。在这个体系中,每名员工都有身份标志,具有一定资格的工作人员享受一定的待遇,讲求用人以治事、因人施事,追求秩序的稳定和身份的平等。但是随着社会的发展,市场经济体制的建立和竞争机制的引入,身份管理的弊端也日渐明显。由于讲求因人施事,实际中形成因人设岗,人在事在,造成人浮于事;由于过分注重身份(如工人、干部、教授等)等静态条件,不利于形成竞争局面,严重地影响了个人工作积极性的发挥;由于缺乏对职工的规范化工作要求,使得工作人员的考核奖惩缺乏客观依据,形成能上不能上的局面。中组部、人事部、教育部于2000年8月下发的《关于深化高等学校人事制度改革的实施意见》,明确要求高等院校要全面建立和推进岗位聘任制度,实现人事管理由身份管理向岗位管理的转变,这为高校深化内部管理体制改革,建立新型人事管理体制提供了政策依据。

所谓岗位管理,就是按需设岗、公开招聘、竞争择优、严格考核、优劳优酬、合同管理、开放流动的一种管理模式,岗位管理模式最重要的方面有两个:一是按需设岗、公开招聘、竞争择优,破除"身份终身制",创造能上能下,能进能出的用人机制;二是注重实绩、优劳优酬,破除"平均主义"的分配模式。其中岗位聘任是岗位管理模式的核心,优劳优酬的分配制度是岗位管理模式得以顺利实施的保障。

经过探索,大部分高校的岗位管理已在实践中取得明显成效:

1. 按需设岗，克服了人浮于事现象。设岗的基本前提是科学定编，改革前高校承担的工作量与需要的职工数量之间没有一个科学的对应关系，人员数量的确定基本上是凭经验确定的，整体效益比较低，全国高校的生员比基本上在 3.5∶1 左右，生师比基本上在 5∶1 左右。改革后，办学效益被提到重要的议事日程，尤其是规模效益的观念深入人心，全国高校"十五"末的平均当量生师比已达到 14∶1，生员比达到 6∶1 以上，基本上确立了科学的编制依据。在此编制内，高校根据工作任务和工作目标，科学、合理地设置岗位，结合学科发展、专业方向、课程设置的实际需要，设置出结构合理、职责明确的各级各类教学、科研和管理人员的岗位。在此基础上，人员的调配由计划经济体制下的安置型向市场经济体制下的需求型转变，有多少岗位就配置多少员工，存在富余人员的单位职工就面临着落聘、转岗、分流、下岗的压力，这就要求员工不断提高个人的工作能力，以适应工作的需要，将落聘的压力转化为努力工作的动力，提高了工作效率，克服了人浮于事现象。

2. 明确职责，克服了滥竽充数现象。每个工作岗位都有明确的职责，包括工作内容、考核标准等，岗位需要职工什么样的能力结构，就选择相应的员工，能岗相符。河南师范大学在 2003 年进行第一次专业技术人员聘任过程中，对应聘人员要考察其前三年的工作业绩，结果竟然有 24 位教授和 37 位副教授、3 位高级实验师及 16 位实验师的科研成果几乎为零，即教授中有 25%、副教授中有 20%、高级实验师中有 15%、实验师中有 30% 的人员，在身份管理模式下没有任何科研成果，却享受着身份带来的一切待遇。由于这些同志达不到上岗条件，严格来说不能上岗，但第一次聘任时采用了从宽的政策，前三年的科研情况只作为参考，允许他们上岗，但学校将对此类人员给予黄牌警示，在全校引起极大反响。在转为岗位管理的几年中，再没有出现如此规模的未完成岗位职责的人员，说明岗位职责的明确界定，有效地克服了分配中只凭身份不凭劳动和贡献的不正常现象。

3. 考核严格，克服了奖罚不明现象。因为每一岗位都有明确的职责要求，学校可以根据岗位职责对教职工进行全面而严格的考核，奖勤罚懒。每学年末,在岗职工要对完成工作任务和职责情况进行总结,填写"年度考核表",按照系、院、学校逐级考核的原则,个人向考核小组述职,确定考核结果后要进行公示。依据考核结果,对业绩优秀者给予奖励,对达不到业绩要求者,减发或停发岗位津贴,进行必要的岗位调整,并履行续聘、解聘程序。

4. 多劳多得、优劳优酬,克服了分配中"平均主义"、"大锅饭"现象。考核结果为岗位津贴的发放提供了依据,多劳多得和优劳优酬真正得到了实现,克服了分配方式上的"大锅饭"现象。

### 二、岗位管理在高标准要求下存在的缺陷

高校人事分配制度改革的最终目的在于增强高校的活力和自我发展能力,提高办学效益,实现高校的快速稳定发展。岗位管理相对于身份管理而言,是从因人施事发展到以岗选人,实现了人员的流动,解决了高校人事管理中的能进不能出,职务能上不能下,待遇能高不能低等弊端。但随着改革的不断深化,人们对改革的期望值不断提高,岗位管理在这种高标准要求下的缺陷逐步显露出来了,已经不能完全适应高校快速发展的要求。这种缺陷主要体现在四个方面:

1. 岗位职责标准的保守性,不适合学校快速发展的要求。在岗位职责的制定上,为了保证75%以上的职工能够顺利达到,以免影响单位的稳定,定的标准往往比较低,只能确定最基本的岗位职责,即以全校最低的标准来要求所有的岗位。以河南师范大学副教授岗位职责中的论文要求为例,尽管低于政府职称评审文件中规定的讲师正常晋升副教授的论文条件,也低于副教授正常晋升教授的论文条件,仍然有人要求降低标准,如果对此要求予以确认,这实际上从政策导向上限制了职工积极性和创造性的发挥。

2. 分配中的平均主义成分依然较大。在岗位管理模式下,不同的岗位是通过不同的岗位职责来区别的,由于岗位是有层次的,那么相应的岗位职责的标准也存在着层次性,即低一级岗位职责的标准在没有与上一级岗位职责的标准出现重叠之前,对应的待遇是一样的,也就是

说分配中也存在与岗位一样的层次性或者说不连续性。这种岗位职责标准中存在的弹性,体现在分配中导致的就是一种新形式的平均主义。如现在各学校实行的都是岗位管理与奖励相结合的激励模式,完成岗位职责后就可以享受岗位津贴,超工作量部分如果达到奖励标准,就可以得到奖励。但是,对于超过岗位职责标准但又达不到奖励标准的工作量,实际上在分配中没有任何体现,是分配中的盲区。以河南师范大学为例,岗位管理模式下分配中的平均主义体现在四个方面:

第一,科研工作量上存在与分配无关的无效劳动。专业技术岗位的职责中都规定了科研工作量,如规定论文的数量,当超过这一数量但不属于奖励期刊的范围时,分配时就没有额外体现,等于从制度上不鼓励这种超额。

第二,教学工作量上存在与分配无关的无效劳动。岗位职责中对教学工作量的规定只规定了最低标准,达到这一标准时就可以享受相应的津贴,而超过部分在分配中则没有体现。

第三,在指导研究生数量上存在与分配无关的无效劳动。对于硕士生导师的教授岗和副教授岗,要求的条件是两个,即具有导师资格并实际指导研究生,满足这两个条件就可视为履行了硕士生导师的职责,就可以享受相应的待遇。而指导研究生的数量,没有要求,从现行政策上说,指导 1 名研究生与指导多名研究生享受的待遇是相同的。

第四,党政管理单位和岗位的考核结果中存在与分配无关的无效劳动。无论是对党政管理单位还是其中的岗位,学校文件规定只要考核结果达到 75 分,就视为合格,可以享受足额岗位津贴。换言之,从理论上说 75 分与满分 100 分在分配结果上是一样的。

随着改革的不断深化,岗位管理模式存在的这种分配中的平均主义弊端,越来越成为制约学校快速发展的主要因素,已经到了非改不可的程度了。

3. 以"扣减"的方式兑现分配结果,给当事人带来一种消极的心理感受。在现行岗位管理模式下,岗位津贴的标准是预先定好的,考核结果合格就可以足额享受,考核结果不合格,就要按比例扣减。从理论上说,这是非常合理的,但实际上给考核结果不合格的当事人造成的消极心理影响却是巨大的,使他们在遭受物质损失的同时,精神上也受到一定程度的伤害。由于岗位津贴的标准是事先定好的,应聘人员早就把这一津贴数视为自己当然的应得数,现在突然得不到了或不能完全得到了,当事人的感觉就是把扣发津贴部分视为自己的直接经济损失,同时由于要公布考核结果,使当事人的精神上又受到一次冲击。改革实践表明,这种用"扣减"的方式兑现分配结果不是一种最佳的方式。

4. 不利于实现学校高层次的发展目标。即使岗位管理做到了尽善尽美,所有的岗位职责都完成了,也不一定实现学校确定的发展目标。原因很简单,所有的岗位职责之和并不等于学校的发展目标,因为岗位职责是针对个人的,只能考虑个人的可完成性,而学校的发展目标是比较高的,个人根本没有能力和可能去完成,它必须借助于某个中层单位或某些中层单位去实现,通过集体的力量完成。这就涉及分配中学校对各单位的经费奖励问题,通过学校将整体发展目标分解到各中层单位,然后对单位进行目标完成情况考核,凡是实现目标的单位,除了对单位领导班子进行精神上的鼓励和奖励外,还要给予经费上的奖励,以表达学校的鼓励态度。当各单位都完成了学校分解的目标后,学校的整体发展目标也就达到了,而这种情况是岗位管理模式所不能实现的。

### 三、对岗位管理模式的补充和改进

#### (一)学校对中层单位实施目标管理的必要性和可行性

传统的岗位管理模式是针对职工个人的,随着改革的深化,对校内各中层单位实施目标管理的要求也越来越迫切,几乎成为学校的一种必然选项。

1. 实施目标管理的必要性

首先是学校提升层次和水平的必然要求。改革的目的不仅仅是提高用人效益,归根结底是提高办学质量和办学效益,实现学校的持续发展。这一目标是仅靠岗位管理所不能实现的,因为个人的力量是有限的,必须发挥相对集中的人力资源优势,实现较高发展目标的突破,随着这些目标的不断实现,学校的层次会逐步提高,办学水平也逐步提高。

其次是学校分解发展压力、发挥学校与学院两个工作积极性的必然要求。学校的发展首先靠学校的领导班子,他们负有科学规划学校发展的责任,既要考虑眼前利益,更要考虑长远利益,并带领职工实现发展蓝图。但是,承担学校发展压力的,除了校领导班子外,每一个职工都有责任分担压力,尤其是承担主要执行义务的学校中层领导班子成员。实施目标管理,就可以成功分解学校发展的压力,转化成更多人的工作动力,调动起更多人的工作积极性,更有利于学校整体发展目标的实现。

2. 实施目标管理的可能性

学校的五年规划总目标,为目标分解提供了依据。按照我们国家制定发展规划的惯例,一般以五年为一个阶段,国家有五年发展规划,各个单位也有自己的五年发展规划。对河南省地方本科院校来说,每一个学校都有自己的五年发展规划,包括学科建设目标、师资队伍建设目标、校园建设目标等,这就是目标分解的依据。不同的教学单位和管理单位,根据自己的工作责任和人力资源现状,承担学校发展总目标中的相应部分。

学校的机构设置权和对干部的管理权,保证了学校监督目标实施的调控权。《高等教育法》和国家的相关政策,赋予了学校充分的办学自主权,包括学校的机构设置权和对干部的选拔任用权,这就为学校实施目标分解并保证目标落实提供了组织保证和干部保证。

学校对各中层单位现状和发展潜力的了解,保证了目标难度的现实性。科学地制定目标和分解目标,必须保证目标的可能性和现实性,即必须一切从实际出发,包括学校的实际,也包括各个单位的实际。由于学校充分了解各单位的现状和发展潜力,因此配以科学的目标分解方法,就能够保证各单位实现发展目标的现实性。

在对单位考核后进行奖励的问题上,关键点是要把握以正面鼓励和奖励为主,除非因领导层明显的主观方面的原因导致目标的未完成,一般不进行物质和精神上的惩罚。这是因为制定的目标是相对较高的,挑战性比较大,完成目标既需要职工的努力,更需要中层单位领导班子的组织能力和协调能力,还要受到外部不可知因素的影响,因此采用正面鼓励和奖励为主的激励方式,可以使中层单位在尽可能小的压力下全力开展工作,反而更有利于完成工作目标。

**(二)对职工的管理从岗位管理模式转变为岗位管理与业绩管理相结合的模式的可能性**

1. 岗位管理与业绩管理相结合模式的优点

岗位管理的优点是既能以是否完成岗位职责作为评价职工的重要依据,从而在精神层面对职工进行激励,比单纯的物质层面的激励作用要大和全面,同时又能根据考核结果进行分配,将报酬与职工的劳动和贡献联系在一起,克服了身份管理模式中的平均主义弊端;其缺点是分配中仍然存在效率度不高的现象,按考核结果兑现岗位津贴时用"扣减"的方式对待未完成岗位职责者给当事人造成消极的心理影响;克服这些缺点的有效方法是采用业绩管理的模式,它完全以业绩作为分配的依据,可充分体现效率优先的分配原则,解决了多劳多得、优劳优酬问题,同时在分配时采用的是贡献多少就获得多少的方式,变原来的"扣"为"给",消除了"扣"对职工产生的消极心理影响。这种模式存在的缺点是,它无法解决少劳少得、不劳不得的问题,容易造成一些人出工不出力、出力不出效现象。当把两种模式结合起来后,上述的全部问题就迎刃而解了,两种模式的优点可以充分叠加,缺点则相互抵消。因此,岗位管理与业绩管理相结合的模式就成为单纯的岗位管理模式进一步改进的必然选择。

2. 岗位职责量化的可能性

岗位职责的量化问题,目前已经不再是问题了,从开始改革到现在,一直有不少学校在进行这方面的探索,经过中间的互相交流和取长补短,现在对岗位职责采用量化方式的学校数量越来越多。一般来说,对于专业技术工作的量化,设定的基本基准点是一个标准课时,以此为基础,对教学工作量、科研工作量、指导研究生数量及其他业务工作量进行适当的换算,最后全部以标准课时进行核算;对党政管理人员的岗位职责进行量化,在以前是一个比较难的问题,目前也已经越来越完善了,从原来简单地通过"满意率"来量化,已经转换成与专业技术工作用同一个基准点来衡量了,说明在量化技术上不再存在制约因素了。

解决了岗位职责的量化问题之后,就可以根据各自学校的具体情况,制定各个岗位的合格工作量标准了,然后以此标准对每一个岗位进行评价,同时根据实际完成的工作量享受待遇。

3. 效率优先、兼顾公平原则连续实施的可能性

由于是按量化的业绩工作量进行分配,所以分配中不存在跳跃式的不连续现象,而是一种连续的点对应关系,能够充分体现效率优先的分配原则。

效率问题解决后,还不能忽视公平问题,如果严格按业绩结果用同一标准进行分配,就会使分配经费集中到极少部分人,分配差距明显拉开,造成严重的公平方面问题,所以在这种模式下要特别注意效率优先、兼顾公平问题,采取有效手段进行调控:在岗位合格工作量以内的业绩,分配时的分值要高而且固定,确保绝大多数职工正常地完成岗位职责后得到岗位管理模式下的津贴;对于超工作量部分的业绩,可以采用较低的浮动分值,既鼓励职工超工作量,又兼顾到了分配中的公平问题。用数学曲线来表示,如图7—5。

4. 分配调控的自主性和主动性

这种分配模式还有一个特别明显的优点,即学校可以完全掌握分配调控的自主性和主动性,因为考核的结果体现为量化后的数据,而数据与分配经费的换算标准是可以灵活掌握的,学校完全可以根据能够投入经费的多少,灵活地制定标准,有效地避免了事先制定岗位津贴标准后对学校投入经费反而形成制约因素的情况。

但是要谨慎把握这种灵活性的"度",不能让职工心中无数,时刻担心工作中增量不增收的情况。要划定一个最低的基准数,在这个基础上只能逐年增加而不减少。这不应该是个困难问题,因为国家的经

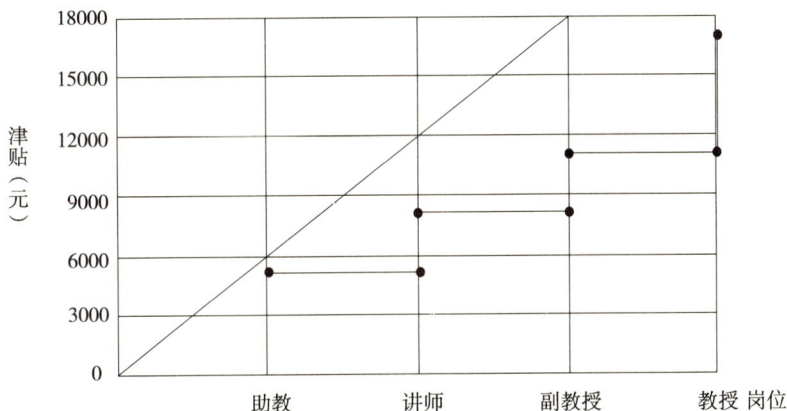

**图7—5 两种分配模式的曲线图比较（以河南师范大学为例）**

（注：折线为岗位管理模式下津贴分配方式，斜线为岗位管理与业绩管理相结合模式下津贴分配方式。）

济在逐年以高速度增长，学校职工的收入也应该逐年增长。

# 第三节 河南代表院校典型分配模式剖析

## 一、河南省地方本科院校采用的改革模式概况

河南省地方本科院校目前的分配模式是三种模式并存：大部分没有硕士点的学校，以教学工作为主，仍然实行以身份管理为主要特点的管理模式，但是属于改进型的身份管理模式，即虽然没有实行聘任制，职工以身份为主享受待遇，但同时也考虑了工作量和贡献度，主要是在考虑职称和职务的基础上通过课时津贴和科研奖励的方式进行分配；一些改革时间比较晚或虽然改革时间比较早但追求稳步推进的学校，仍然实行典型的岗位管理模式，设定岗位后明确各岗位的职责，然后根据考核结果兑现待遇，这部分高校占总数的一半左右；一些一直在改革前沿进行探索的学校，目前已经在试行对中层单位采用目标管理的模式，对岗位采用岗位管理与业绩管理相结合的模式。随着改革实践的深入，新的探索已经初步显示出效果，正在按照预想的目标逐步实现。

河南师范大学是这种新模式的积极探索者,下面将对这种新模式做详细的剖析。

### 二、河南师范大学新的改革模式剖析

1. 对中层单位的目标管理

（1）学校的总体目标

学校的"十一五"发展规划目标是"把学校建设成为具有教师教育特色的高水平综合性大学,走在全国同类院校前列。"

此定性目标的进一步细化后,可以表述为:"立足河南,面向全国",即在河南高校的发展中,紧随郑州大学和河南大学之后,在全国同类师范大学中位居中上游。

此目标的进一步量化后,涉及9个方面,42项,其中确定出制约学校发展的8项关键目标:

①一级博士学位点和二级博士学位点的数量

②国家级、省级科研机构的数量

③SCI、EI、CSSCI论文的数量在全国高校的排名

④国家级和省级重点科研项目的数量

⑤国家级和省级教学科研奖励

⑥横向科研经费数量

⑦师资队伍中双聘院士的数量、具有博士学位教师的比例

⑧学校的社会声誉:生源质量,考研率,就业率

（2）各中层单位的分解目标

按照四个原则将42项指标分配到各中层单位:立足现实,不进则退;变扣为给,以奖为主;重心下移,以院为主;既重目标,又重过程。

（3）对目标完成情况的考核和兑现待遇

对完成目标情况的考核分为四个层次——优秀,良好,合格,不合格。每一个结论对应相应的经费奖励和对领导班子的精神奖励。

2. 对岗位采用岗位管理与业绩管理相结合的模式

（1）岗位职责的量化

整个工作量量化的基准点是 1 个标准课时,单位是"分"。在此基础上对教学工作、科研工作、实验工作、指导研究生工作等业务工作进行量化。

对党政管理岗位也进行了量化,从出勤率、履行岗位职责情况、得到领导和服务对象综合评价情况等方面进行量化计分。

(2)确定各岗位的合格工作量标准

**A. 教学科研及实验岗位** （单位:分）

| 岗位 | 合格工作量 | 合格工作量的层次结构 | | 合格工作量的性质结构 | |
| --- | --- | --- | --- | --- | --- |
| | | 基本工作量 | 岗位工作量 | 教育教学工作量（占70%） | 科研工作量（占30%） |
| 硕导教授 | 1460 | 560 | 900 | 1022 | 438 |
| 普通教授 | 1380 | 530 | 850 | 966 | 414 |
| 硕导副教授 | 1060 | 410 | 650 | 742 | 318 |
| 普通副教授 | 890 | 340 | 550 | 623 | 267 |
| 高级实验师 | 730 | 280 | 450 | 511 | 219 |
| 讲师 | 650 | 250 | 400 | 455 | 195 |
| 实验师 | 530 | 205 | 325 | 371 | 159 |
| 助教 | 400 | 150 | 250 | 280 | 120 |
| 助理实验师 | 320 | 120 | 200 | 224 | 96 |
| 教员、实验员 | 200 | 50 | 150 | 140 | 60 |

**B. 专职教学岗位** （单位:分）

| 岗位 | 合格工作量标准 | 合格工作量的层次结构 | | 合格工作量的性质结构 | |
| --- | --- | --- | --- | --- | --- |
| | | 基本工作量 | 岗位工作量 | 教育教学工作量（占85%） | 科研工作量（占15%） |
| 普通教授 | 1380 | 530 | 850 | 1173 | 207 |
| 普通副教授 | 890 | 340 | 550 | 757 | 134 |

续表

| 岗位 | 合格工作量标准 | 合格工作量的层次结构 | | 合格工作量的性质结构 | |
|---|---|---|---|---|---|
| | | 基本工作量 | 岗位工作量 | 教育教学工作量（占85%） | 科研工作量（占15%） |
| 讲师 | 650 | 250 | 400 | 553 | 98 |
| 助教 | 400 | 150 | 250 | 340 | 60 |
| 教员 | 200 | 50 | 150 | 170 | 30 |

**C. 专职科研岗位**　　　　　　　　　　（单位：分）

| 岗位 | 合格工作量 | 合格工作量的层次结构 | | 合格工作量的性质结构 | |
|---|---|---|---|---|---|
| | | 基本工作量 | 岗位工作量 | 教育教学工作量（占30%） | 科研工作量（占70%） |
| 硕导教授 | 1460 | 560 | 900 | 438 | 1022 |
| 普通教授 | 1380 | 530 | 850 | 414 | 966 |
| 硕导副教授 | 1060 | 410 | 650 | 318 | 742 |
| 普通副教授 | 890 | 340 | 550 | 267 | 623 |
| 讲师 | 650 | 250 | 400 | 195 | 455 |
| 助教 | 400 | 150 | 250 | 120 | 280 |
| 教员 | 200 | 50 | 150 | 60 | 140 |

**D. 专业教辅岗位**　　　　　　　　　　（单位：分）

| 岗位 | 合格工作量 | 合格工作量的层次结构 | | 合格工作量的性质结构 | |
|---|---|---|---|---|---|
| | | 基本工作量 | 岗位工作量 | 服务工作量（占80%） | 科研工作量（占20%） |
| 正高级 | 1060 | 410 | 650 | 848 | 212 |
| 副高级 | 730 | 280 | 450 | 584 | 146 |
| 中级 | 530 | 205 | 325 | 424 | 106 |

| 岗位 | 合格工作量 | 合格工作量的层次结构 | | 合格工作量的性质结构 | |
|---|---|---|---|---|---|
| | | 基本工作量 | 岗位工作量 | 服务工作量（占80%） | 科研工作量（占20%） |
| 初级 | 320 | 120 | 200 | 256 | 64 |
| 员级 | 200 | 50 | 150 | 160 | 40 |

**E. 管理岗位**　　　　　　　　（单位：分）

| 岗位 | 合格工作量标准 | 合格工作量的层次结构 | | 备注 |
|---|---|---|---|---|
| | | 基本工作量 | 岗位工作量 | |
| 正厅级 | 2400 | 900 | 1500 | |
| 副厅级 | 1800 | 600 | 1200 | |
| 正处级 | 1200 | 400 | 800 | |
| 副处级 | 900 | 350 | 550 | |
| 正科级 | 700 | 300 | 400 | |
| 副科级 | 575 | 250 | 325 | |
| 科员 | 400 | 200 | 200 | |
| 办事员 | 300 | 150 | 150 | |

**F. 工勤岗位**　　　　　　　　（单位：分）

| 岗位 | 合格工作量标准 | 合格工作量的层次结构 | | 备注 |
|---|---|---|---|---|
| | | 基本工作量 | 岗位工作量 | |
| 技师 | 420 | 145 | 275 | |
| 高级工 | 345 | 120 | 225 | |
| 中级工 | 275 | 100 | 175 | |
| 初级工 | 205 | 80 | 125 | |

（3）确定分配办法

投入分配的资金——

国家工资中的岗位工资和绩效工资部分（这次改革中新增加资金部分），学校自筹的原来岗位津贴部分。

分配的原则——

①多劳多得，优劳优酬。分配的依据是完成的岗位工作量，保证了多劳多得，优劳优酬原则在分配过程中的贯彻。

②效率优先，兼顾公平。虽然严格按业绩工作量进行分配，但将整个工作量区分为三部分，不同部分的分值是不同的，既保证了效率，又保证了公平。

每个岗位的工作量由基本工作量、岗位工作量、超工作量三部分组成，基本工作量比较低，正常上班和完成基础工作就可以完成，而且分值最高，完成后得到包括岗位工资在内的全部工资；岗位工作量标准比较合适，分值高且固定，标准是 20 元/分，完成岗位工作量就可以得到全部岗位津贴；超工作量没有数量上限，但分值低于岗位工作量的分值，最低标准是 2008 年核算的 7.6 元/分的标准，以后在此基础上根据学校财力情况逐步提高。

这种岗位工作量的构成和分值，体现的分配指导思想就是优先考虑大多数职工的基本利益，同时为做出更多贡献的职工在分配上有所体现和倾斜，比较好地处理了效率与公平的关系。从理论上来说，同样的工作量应该有同样的分值，但如果以此来进行分配，就是纯粹的业绩管理模式，体现的是效率第一的分配理念，而岗位管理与业绩管理相结合的管理模式，分配中要既考虑效率，也考虑公平。

③保证重点，兼顾一般。这次改革方案的一大创新地方是较好地处理了对专业技术人员与党政管理和服务人员的超工作量奖励问题，采用了两类人员分别切块计算发放的办法，规定党政管理和服务人员的人均奖励标准是专业技术人员人均奖励标准的 80%。这一分配办法有三方面的优点：

第一，突出办学的主要依靠力量。专业技术人员为主，管理和服务人员为辅，在分配中也要体现这一特点。

第二,体现学校发展的整体性。学校的发展离不开所有职工的努力,应该共同享受学校发展的收益。尤其是学院的党政管理人员和服务人员,与本单位的专业技术人员的超工作量奖励联系在一起,也就是与自己提供管理和服务的效果联系在一起。

第三,同类人员考核时的可比性比较大。同类人员的工作特点相似性比较大,可比较性就比较大,考核时就可以使用相同或相似的标准。

[评析]:这一套改革方案,是目前河南省地方本科院校在人事分配制度改革探索中的最新做法,它的出台经过了 2007 年一年的论证,既有管理专家的意见,又有校级领导和全部中层领导的意见,还有全部教职工的意见,最后形成的比较统一的意见,经职代会审议通过从 2008 年开始实施。同时,用此方案对河南师范大学 2006、2007 两年的岗位工作完成情况进行了模拟计算,并对计算结果进行合理性分析,所有分析结论表明,这一方案能够实现预期的改革目标,是改革理论与学校实际相结合的一个比较好的实例。在本书截稿之时,适逢该方案实施两周年之际,运行结果已经出来,对员工激励效果之好甚至超乎预期,表现为四方面"空前高涨":教师上课积极性空前高涨,从原来等待学院派课到主动要求承担教学任务,包括教授岗位上工作的人员;研究生导师指导研究生的积极性空前高涨,普遍愿意多指导研究生;专业技术人员的科研积极性空前高涨,科研的数量和质量同步增长,其增长幅度是改革以来最大的,其中获奖层次、承担国家级项目数量、论文层次都是学校历史上的新高度;管理和服务人员的工作积极性空前高涨,管理和服务水平也达到学校历史上的新高度,表现为职工对中层领导班子的能力和工作业绩的高度认同。

责任编辑：王世勇

**图书在版编目(CIP)数据**

地方本科院校人事分配制度深化改革研究/黑建敏 著.
 -北京：人民出版社,2010.8
 ISBN 978-7-01-009047-4

Ⅰ.①地… Ⅱ.①黑… Ⅲ.①高等学校-人事制度-体制改革-研究-
 中国 Ⅳ.①G647.23

中国版本图书馆 CIP 数据核字(2010)第 116171 号

**地方本科院校人事分配制度深化改革研究**

DIFANG BENKE YUANXIAO RENSHI FENPEI ZHIDU SHENHUA GAIGE YANJIU

黑建敏 著

人民出版社 出版发行
(100706 北京朝阳门内大街 166 号)

北京集惠印刷有限责任公司印刷 新华书店经销

2010 年 8 月第 1 版 2010 年 8 月北京第 1 次印刷
开本:710 毫米×1000 毫米 1/16 印张:17
字数:235 千字 印数:0,001-2,001 册

ISBN 978-7-01-009047-4 定价:36.00 元

邮购地址 100706 北京朝阳门内大街 166 号
人民东方图书销售中心 电话 (010)65250042 65289539